गुरु दत्त

गुरु दत्त शानदार फिल्मों की एक विरासत छोड़कर 10 अक्तूबर, 1964 को इस संसार से विदा हो गए। सन् 1980 से विश्व भर में उनकी फिल्में प्रदर्शित हो रही हैं। जब भी दर्शक 'प्यासा' या 'साहब, बीवी और गुलाम' फिल्म देखता है तो उनकी फिल्म-निर्माण कला और अनूठी शैली से अभिभूत हुए बिना नहीं रहता। इस पुस्तक में प्रसिद्ध सिनेमा लेखिका नसरीन मुन्नी कबीर भारतीय सिने जगत् के श्रेष्ठ निर्देशक गुरु दत्त के जीवन और रचनाकर्म को सहज-सरल भाषा में प्रस्तुत कर रही हैं।

गुरु दत्त

हिंदी सिनेमा का एक कवि

नसरीन मुन्नी कबीर

प्रभात पेपरबैक्स
प्रभात प्रकाशन
ISO 9001 : 2008 प्रकाशक का उद्यम
www.prabhatbooks.com

प्रकाशक

प्रभात पेपरबैक्स

4/19 आसफ अली रोड, नई दिल्ली-110002

फोन : 23289555 • 23289666 • 23289777 ❖ फैक्स : 23253233

इ-मेल : prabhatbooks@gmail.com ❖ वेब ठिकाना : www.prabhatbooks.com

संस्करण

प्रथम, 2012

अ.मा.पु.स. 978-93-5048-156-1

★

GURU DUTT *by* Nasreen Munni Kabir

Published by **Prabhat Paperbacks** (A Division of Prabhat Prakashan)
4/19 Asaf Ali Road, New Delhi-2

ISBN 978-93-5048-156-1

भूमिका

1970 के दशक के अंत से मैंने पहले-पहल यूरोप में फिल्म-समारोहों और टेलीविजन के लिए हिंदी फिल्मों की प्रोग्रामिंग शुरू की थी। तभी मुझे स्पष्ट हो गया था कि हिंदी सिनेमा में गुरु दत्त की फिल्में सबसे ज्यादा रमणीय थीं। उनकी तुलना तो सिर्फ उस रहस्यमय और प्रायः त्रासदीवाले किरदार से ही की जा सकती है जिसकी भूमिका गुरु दत्त स्वयं रुपहले परदे पर निभाते थे। मैं जल्दी ही समझ गई कि गुरु दत्त और उनकी फिल्मों में अनवरत पाई जानेवाली लयबद्धता के प्रति आकर्षित होनेवालों में मैं अकेली न थी। हजारों व्यक्तियों—बूढ़े और जवान—से चहेते निर्देशक का नाम पूछे जाने पर उन्होंने गुरु दत्त का नाम लेने में कभी संकोच नहीं किया। हवा में जोर से उड़ते परदे, शरद् ॠतु में पत्तियों की अंतिम फड़फड़ाहट की तरह हवा में उड़ते कागज, छाया और प्रकाश में रहस्यमय तरीके से एकांत में चलता व्यक्ति—जैसा चित्रण अनगिनत व्यक्तियों को झकझोरता रहा है, जिनके लिए उनकी मृत्यु के तीस साल बाद भी उनकी कला एक जीवित शक्ति से ज्यादा रही।

कुछ वर्षों बाद, सन् 1987 में, जब मैं चैनल 4 के लिए हिंदी सिनेमा पर 'मूवी महल' नामक एक वृत्तचित्र शृंखला बना रही थी तो गुरु दत्त पर एक खास कथा-रूपक करना स्वाभाविक था। यद्यपि गुरु दत्त का स्वर्गवास कई दशक पहले हो चुका था (और उनकी पत्नी गीता का स्वर्गवास 20 जुलाई, 1972 को हुआ), मैं बहुत भाग्यशाली थी कि उनके परिवार के अन्य सदस्यों को जानती थी। उनके पुत्र तरुण के साथ मेरी पहली मुलाकात सन् 1982 में हुई और जब मैं दोबारा चैनल 4 के वृत्तचित्र के बारे में बात करने के लिए मिली तो उसने खुशी-खुशी फिल्मों की कतरनें और जानकारी देकर मेरी सहायता की। तरुण की शक्ल अपने पिता से इतनी मिलती है—खासतौर से तब, जब वह प्रीतम या कालू की तरह अर्ध-मुसकान से

मुसकराता है—कि गुरु दत्त की अनुपस्थिति और भी ज्यादा महसूस होती है। 'इन सर्च ऑफ गुरु दत्त' (1989) के लिए अनुसंधान, जिससे वृत्तचित्र तीन भागों में बना, में गुरु दत्त के परिवार, दोस्तों और उन व्यक्तियों, जो उनके दुःखद 'छोटे' जीवनकाल में बहुत उनके करीब रहे और उनके साथ काम किया, के साथ गहन इंटरव्यू सम्मिलित हैं। इन भेंटवार्त्ताओं के सारांश के साथ गुरु दत्त की फिल्मों की बहुत सारी कतरनों से 'इन सर्च ऑफ गुरु दत्त' का सार मिला। वृत्तचित्र का शीर्षक गुरु दत्त के मामा बी.बी. बेनेगल के साथ सन् 1986 की एक शाम को हुई मुलाकात के अनुभव से आया। कलकत्ता में उनके स्टूडियो के तीन जीनों की सीढ़ियों को जैसे ही मैंने चढ़ना शुरू किया, बिजली चली गई और मैं अँधेरे में रह गई। अपने हाथों और पैरों से एक-एक सीढ़ी को ढूँढ़कर ऊपर चढ़ते हुए मैं यह सोच रही थी कि अंतिम प्रोग्राम 'इन सर्च ऑफ गुरु दत्त' कहा जाना चाहिए। अंत में जब मैं मिस्टर बेनेगल के दरवाजे पर पहुँची, उन्होंने दरवाजा खोला और फ्लैशलाइट मेरी आँखों पर डालते हुए कहा, "आपकी टॉर्च कहाँ है ? आपको मालूम होना चाहिए कि यह कलकत्ता है।"

गुरु दत्त अपनी फिल्मों या अपने जीवन के बारे में खुद कभी नहीं बोलते थे। यह तथ्य अनुसंधान के दौरान सबसे ज्यादा निराश करनेवाला था। बहुत सारे कलाकारों की देर से पहचान एक क्रूर व्यंग्य है। यदि हम 'प्यासा' के कवि विजय की मरणोपरांत पहचान के बारे में सोचें तो यह कहा जा सकता है कि गुरु दत्त को उन्हीं कलाकारों की श्रेणी में होने का पूर्वाभास हो गया था। वास्तव में भारतीय सिनेमा में उनके योगदान की पूरी पहचान सन् 1964 में उनकी मृत्यु के कुछ वर्षों बाद ही हुई। इस संदर्भ में जॉन बर्गर ने इटैलियन शिल्पकार जियाकोमेटी के जीवन पर लिखी पुस्तक 'अबाउट लुकिंग' (पैंथियन बुक्स, न्यूयॉर्क, 1980) में जो लिखा है, वह गुरु दत्त पर पूरी तरह लागू होता है—

> हर कलाकार का काम उसकी मृत्यु के बाद बदल जाता है। अंततः कोई याद नहीं करता कि उसका काम कैसा था, जब वह जीवित था। कभी पढ़ने को मिल सकता है कि समकालीन व्यक्ति उसके बारे में क्या कहते थे। महत्त्व और व्याख्या के अंतर का प्रश्न मुख्यतः ऐतिहासिक विकास का है। लेकिन कलाकार की मृत्यु विभाजक रेखा भी है। जियाकोमेटी

की मृत्यु से उसके काम का पूरी तरह से बदल जाने का कारण यह प्रतीत होता है कि उसका काम काफी हद तक मृत्यु के अहसास पर आधारित था। ऐसा लगता है कि उसकी मृत्यु उसके काम की पुष्टि करती है—अगर कोई उसके काम को एक पंक्ति में व्यवस्थित करे, जो उसकी मृत्यु की तरफ ले जाता है, उस पंक्ति के व्यवधान या समाप्ति स्थापित करने से ज्यादा वह पंक्ति उसके विपरीत यह स्थापित करती है कि उसके जीवन भर के काम की सराहना के वापसी अध्ययन के लिए यह आरंभिक बिंदु है।

पिछले कुछ वर्षों में मैंने महसूस किया कि गुरु दत्त पर अनुसंधान के दौरान इकट्ठी की गई साक्षात्कार सामग्री मुद्रण में उपलब्ध होनी चाहिए, क्योंकि इसमें समकालीन व्यक्तियों द्वारा उनके बारे में दिए गए मूल्यवान् साक्ष्य हैं, जिनका अपना इतिहास गुरु दत्त की कहानी से अलग नहीं किया जा सकता। इस पुस्तक को लिखने के पीछे यही विचार है, जिसमें मैंने गुरु दत्त के कैरियर को उनकी फिल्मों के जरिए दरशाने की कोशिश की है। उनके जीवन-वृत्तांत को उनके बहुत करीबी लोगों की यादों से प्रकाशमान किया गया है। यह पूरी जीवनी नहीं है; लेकिन एक ऐसे व्यक्ति के लिए यादगार और श्रद्धांजलि है, जिसे अच्छे निर्देशक, साथी कलाकार, सहकर्मी, भाई, पिता, पुत्र या कला-गुरु के रूप में देखा और प्यार किया गया।

पुस्तक में दस्तावेजी साक्ष्यों का इस्तेमाल हुआ है; लेकिन उन लोगों के मौखिक साक्ष्यों पर भी अधिक निर्भर है, जो गुरु दत्त को जानते थे और जिन्होंने उनके साथ काम किया था। दु:खद यह है कि जिन लोगों के विचारों से यह पुस्तक लिखी गई है, उनमें से कुछ गुजर गए हैं। उनमें गीतकार मजरूह सुल्तानपुरी और कैफी आजमी, संगीतकार आर.डी. बर्मन, हास्य अभिनेता जॉनी वाकर एवं महमूद और निर्देशक राज खोसला शामिल हैं। इसी तरह अफसोस कि गुरु दत्त की अपनी माँ और दो भाई भी दिवंगत हो गए हैं। इतने महान् प्रतिभाशाली व्यक्तियों की यह क्षति भारतीय सिनेमा के इतिहास को दर्ज करके रखने के काम को और भी तात्कालिक आवश्यकता बना देती है—और यह स्पष्ट है कि इस इतिहास पर गुरु दत्त के व्यापक प्रभाव को सिने-प्रेमियों ने पहचाना।

दु:ख की बात यह है कि सन् 1985 से बहुत से लोग गुजर गए, जिनके मैंने

इंटरव्यू लिये थे—बी.बी. बेनेगल, पं. नरेंद्र शर्मा, तरुण दत्त, राज खोसला, आर.डी. बर्मन और आत्माराम इनमें सम्मिलित हैं, और जीवन की अनिश्चितता संस्मरणों व दृष्टिकोणों को सँभालकर रखने के महत्त्व की याद दिलाती है।

गुरु दत्त का देहांत आज से पैंतालीस साल पहले 10 अक्तूबर, 1964 को हुआ था। 1980 के दशक के मध्य से उनकी फिल्मों की प्रशंसा और उस व्यक्ति एवं निर्देशक के प्रति आकर्षण बहुत तेजी से बढ़ने लगा। जहाँ भी उनकी फिल्में दिखाई जाती हैं—वह चाहे पेरिस या सिएटल हो, टोक्यो या दिल्ली हो—दर्शक उनकी काव्यात्मकता और विषाद की गहरी समझ-बूझ से अभिभूत हुए बिना नहीं रहते। 'प्यासा' देखने के बाद एक अमेरिकन विद्वान् ने टिप्पणी की—'यदि गुरु दत्त का काम उनके जीवनकाल में ही विश्वविख्यात होता तो उनकी गिनती भी डगलस सर्क और बिली विल्डर जैसे व्यक्तित्वों में होती।' भारत में जो पीढ़ी गुरु दत्त की फिल्मों के साथ बड़ी हुई है, वह अभी भी उन्हें बार-बार लगातार देखती है। इसके अलावा आज की पीढ़ी, जिसमें आज के फिल्म निर्माता भी सम्मिलित हैं (जैसे संजय लीला भंसाली और आशुतोष गोवारिकर), गुरु दत्त की फिल्मों को श्रेष्ठ सिनेमा के लिए मॉडल मानते हैं। वर्ष 2003 में 'आउटलुक' पत्रिका द्वारा किए गए जनमत सर्वेक्षण में भारत में बनी दस सर्वश्रेष्ठ अति प्रभावशाली फिल्मों में से तीन गुरु दत्त की थीं (वोट देनेवाले खुद फिल्म निर्माता थे)। गौरतलब है कि खुद अपनी फिल्मों में गुरु दत्त सृजनात्मक कलाकार की मरणोपरांत प्रसिद्धि के बारे में इंगित करते हैं, जिसके असली महत्त्व को उसकी मृत्यु के बाद पहचाना जाता है।

गुरु दत्त के परिवार और सहकर्मियों द्वारा दिल खोलकर मुझे अपनी कीमती यादों में सहभागी बनाने के फलस्वरूप यह पुस्तक संभव हो सकी है। सबसे पहले मैं उन सबका आभार व्यक्त करती हूँ, जिनकी बातचीत इस पुस्तक का सार तत्त्व है। गुरु दत्त की जीवनी लिखने के लिए अबरार अल्वी, वी.के. मूर्ति, एस. गुरुस्वामी, जॉनी वाकर, वहीदा रहमान, कैफी आजमी, मजरूह सुल्तानपुरी, श्याम बेनेगल, देव आनंद, मोहन सहगल, सत्यवती गोपालन, महमूद, वाई.जी. चव्हाण और तनुजा की मदद बहुत ही महत्त्वपूर्ण थी। मैं गुरु दत्त के पूरे परिवार को धन्यवाद देती हूँ, जिनमें उनकी माँ स्व. वसंती पादुकोण; उनके तीन भाई देवी दत्त, विजय पादुकोण

और स्व. आत्माराम; उनके बड़े पुत्र स्व. तरुण दत्त और उनके छोटे पुत्र अरुण दत्त, जिन्होंने उदारता के साथ अपना समय और फोटोग्राफ्स के अपने कीमती संग्रह को इस्तेमाल की इजाजत दी, शामिल हैं। मैं विशेष रूप से गुरु दत्त की बहन ललिता लाजमी की आभारी हूँ, जिन्होंने इस दौरान मेरे लिए फोटोग्राफ्स एवं सामग्री इकट्ठा की और मेरे इस प्रयास में मेरा हमेशा उत्साह बढ़ाया।

मैं फिल्मफेयर, नेशनल फिल्म आर्काइव्स ऑफ इंडिया, पूना और बहुत से दोस्तों का, जिन्होंने इस प्रोजेक्ट में सहयोग दिया है—गोपाल गांधी, पीटर चैपल, उर्वशी बुतालिया, खालिद मोहम्मद, पी.के. नायर, वॉल्फ सुसित्ज्की, अनिल तेजानी और स्व. उदय राव कवि—धन्यवाद करती हूँ।

मेरा विशेष धन्यवाद मेरे पति रुपर्ट स्नेल को, जिन्होंने बहुत सावधानी से इस पुस्तक का संपादन किया और मुझे प्रेरित करने में कोई कमी नहीं रखी।

—नसरीन मुन्नी कबीर

विषय-सूची

पादुकोण परिवार

अपने विशाल परिवार से घिरी हुई गुरु दत्त की दुर्बल माँ वसंती पादुकोण ने अपना पचासीवाँ जन्मदिन वर्ष 1993 में बंबई के एक मध्यवर्गीय आवासीय इलाके माटुंगा के एक किराए के छोटे से फ्लैट में मनाया। माटुंगा का फ्लैट पादुकोण के घर के रूप में सन् 1942 से था, जब वे कलकत्ता में कई साल बिताने के बाद वहाँ आए। पादुकोण घराने में एक नानी और पाँच बच्चे थे—गुरु दत्त, आत्माराम, ललिता, देवी और विजय। बंबई में गुरु दत्त का शुरुआती वर्षों का अधिकतर समय तंगहाली और छोटी जगह में बीता। उन दिनों वह बिना किसी शिकायत के उस बिस्तर पर सोते थे, जो आधा अंदर के आँगन में था और आधा बाहर के आँगन में। वसंती पादुकोण के पचासीवें जन्मदिन की तसवीरें यह दरशाती हैं कि कैसे अब बड़े हो चुके उनके बच्चे गर्व से अपने-अपने बेटे-बेटियों और मुसकराते हुए पोते-

(बाएँ से दाएँ) बी.बी. बंगाली पार्क, कलकत्ता (1937) में शिवशंकर पादुकोण, गुरु दत्त, ललिता, वसंती पादुकोण और आत्माराम

पोतियों के साथ खड़े हैं। साल के बाकी दिन अकसर श्रीमती पादुकोण के अत्यधिक उत्साहित पड़ोसियों की आवाजें ही इन दो साधारण कमरों में गूँजती हैं, जिनमें जिंदगी भर की यादों से बचना नामुमकिन है।

मूलतः मैंगलोर का रहनेवाला वसंती पादुकोण का परिवार कुछ साल बर्मा में रहा और वहीं सन् 1908 में वसंती का जन्म हुआ। जब वह तीन साल की थीं तब उनके माता-पिता भारत लौट आए; क्योंकि उनके दादाजी मरणासन्न थे। कुछ ही सालों बाद वसंती के पिताजी को उनके साझेदार ने धोखा दिया, फलस्वरूप उन्हें अपना पैतृक घर बेचना पड़ा। उनके माता-पिता अलग-अलग रहने लगे और उनके पिता, जिनसे वह बहुत प्यार करती थीं, बंबई व पूना में रहने लगे; क्योंकि वे कभी कोई स्थायी काम नहीं कर पाए। वसंती पादुकोण का बचपन बहुत ही दुःखदायी और अस्थिर रहा, क्योंकि उन्हें एक रिश्तेदार से दूसरे रिश्तेदार के घर उड़िपी से बंबई, फिर बंबई से सिकंदराबाद और फिर सिकंदराबाद से मद्रास भटकना पड़ा। जैसा कि उन दिनों आम रिवाज था, जब वसंती बारह वर्ष की थीं तब उनकी माँ ने उनकी शादी शिवशंकर राव पादुकोण से तय कर दी, जो कि वसंती के भाई रमानाथ के कॉलेज के दोस्त थे। रमानाथ कासरगोड़ में रहते थे, लेकिन मद्रास में पढ़ाई करते थे।

गुरु दत्त के माता-पिता दोनों ही मैंगलोर के सारस्वत समुदाय से थे। यह एक ब्राह्मण जाति है, जो कि मूलतः उत्तर भारत में थी और बाद में वे लोग देश की अलग-अलग जगहों में जाकर रहने लगे। उनकी जाति का नाम पारंपरिक रूप से कश्मीर की सरस्वती नदी से जोड़ा जाता है, जबकि कई सारस्वत परिवार गोवा के पास के तटीय जिलों में रहते हैं। कोंकणी-भाषी मैंगलोर के सारस्वत समुदाय में से कई लोग बड़े-बड़े कलाकार और बुद्धिजीवी हुए हैं। शिवशंकर एक साधारण लेकिन पढ़े-लिखे परिवार से थे और वह स्वयं भी अपनी बी.ए. की डिग्री के लिए पढ़ रहे थे, जब उनकी शादी बीस साल की आयु में हुई। उनके नौ बड़े भाई थे और तीन बहनें। तेईस बच्चों में वह सबसे छोटे बेटे थे। जब वह तेरह साल के थे तब उनकी माँ चल बसीं। ज्यादातर पादुकोणों में इतने बड़े परिवार के अंदर ही शादियाँ कर दी जाती थीं। वसंती ही एक बाहर से आनेवाली महिला थीं। वसंती के जवान होने पर उनका विवाह संपन्न हुआ। इसके कुछ ही दिनों बाद यह युवा दंपती पानांबुर चले गए। यह मैंगलोर के पास एक गाँव है, जहाँ शिवशंकर गाँव की पंचायत के द्वारा चलाए जानेवाले स्कूल के हेडमास्टर थे। एक-दो साल के बाद, 1924 में वह बैंगलोर आ गए, जहाँ वह बैंक में काम करने लगे। वसंती और उनकी

माँ भी उनके साथ वहाँ रहने लगीं। यहीं1925 के जुलाई माह में बरसात के मौसम में गुरु दत्त का जन्म हुआ।

वैसे तो उनके अपने पहले बच्चे के जन्म को पचहत्तर साल बीत चुके हैं, लेकिन गुरु दत्त के लिए वसंती पादुकोण का प्यार पहले से अधिक बढ़ा ही है। उनके जीवन से जुड़ी हुई चीजें उनकी माँ के लिए अपनी व अपने अन्य बच्चों के जीवन से जुड़ी चीजों से अधिक महत्त्व रखती हैं। अगर वसंती पादुकोण अपने अतीत से छुटकारा पाना चाहतीं तो भी माटुंगा के इस फ्लैट में रहकर यह नामुमकिन था। फ्लैट का हर हिस्सा विभिन्न प्रकार की यादें जगा देता है। उन्हें आज भी याद है, जब बलराज साहनी ने उस कमरे में बैठकर उनके बेटे की पहली फिल्म के संवादों पर काम किया था और कैसे गुरु दत्त ने खिड़की के पास रखी लकड़ी की मेज पर बैठकर 'प्यासा' फिल्म की कहानी लिखी। खिड़की में लगी लोहे की सलाखों पर लगे हरे रंग के परदे में से छनकर आती सूरज की सुनहरी किरणें उस मेज की साधारणता को छिपा देती हैं। 'प्यासा' फिल्म के रोल में गुरु दत्त की एक ब्लैक ऐंड व्हाइट बड़ी फोटो एक साधारण लकड़ी के फ्रेम में उनकी माताजी के कमरे में लगी है। उस फोटो पर एक फूलमाला चढ़ी है।

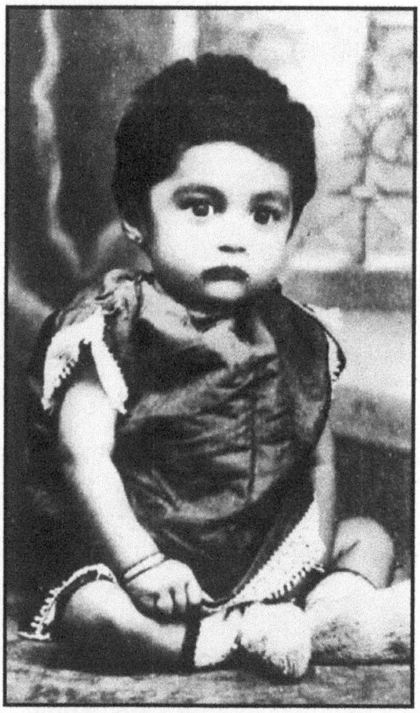

14 माह के गुरु दत्त पादुकोण, बंगलौर, 1926

वसंती पादुकोण

मैं सिर्फ बारह साल की थी, जब मेरी शादी हुई। मुझे जीवन के बारे में कुछ भी मालूम नहीं था। मेरा बेटा गुरु दत्त जब जनमा था, मैं बहुत छोटी थी, मात्र सोलह साल की। जब वह पैदा नहीं हुआ था, उसी समय एक ज्योतिषी ने कहा कि तुम्हें एक साल के अंदर एक लड़का होगा, जो बहुत मशहूर होगा। तब मुझे बच्चे नहीं हुए थे, तो बहुत शर्म आई। मुझे मालूम नहीं था कुछ, तो मैंने ज्यादा कुछ पूछा नहीं। 9 जुलाई, 1925 को गुरु दत्त का

जन्म हुआ, बारह बजे। उस दिन हॉस्पीटल में सात लड़कियाँ और वह एक ही लड़का पैदा हुआ था।

जब गुरु दत्त एक साल का था, किसी को भी देखकर बहुत हँसता था। किसी की बात नहीं मानता था। अपने दिल में अगर ठीक लगा तो ही वह मानता था। और गुस्सेवाला बहुत था।...और बचपन में बहुत नटखट था। प्रश्न पूछना उसका स्वभाव था। कभी-कभी उसके प्रश्नों के जवाब देते-देते मैं परेशान हो जाती थी। लेकिन वह मुझे नहीं छोड़ता था। बोलना ही पड़ता था उससे।

सन् 1979 में 'इम्प्रिंट' में छपे एक संस्मरण में वसंती पादुकोण ने गुरु दत्त के बचपन को विस्तार से बताया, जिसमें उन्होंने अपने 11 दिन के छोटे बच्चे के साथ जब वह घर लौटीं तो उसके बाद जो-जो घटनाएँ हुईं, उनका वर्णन किया—

बारहवें दिन पालने की रस्म हुई। कुछ रिश्तेदार और पड़ोसी आमंत्रित थे। मेरे बड़े भाई (विट्ठल) ने मेरे बेटे के लिए दो नाम चुने थे—'वसंत कुमार' और 'गुरु दत्त', क्योंकि जिस दिन बच्चे का जन्म हुआ था उस दिन गुरुवार था (जो कि गुरु का दिन होता है)। गुरु दत्त के दूसरे जन्मदिन (1926) पर मैंने उसे लाल कपड़े पहनाए, जो उसका पसंदीदा रंग था, उसे जेवर पहनाए और उसे मकान मालिक के घर शुभकामनाओं के लिए भेजा। दोपहर हो गई थी, जब वह भागते हुए घर वापस आया। वह एक कुएँ के पास गिर गया। उसके माथे पर काफी चोट लग गई थी। मैं उसे नजदीक के डॉक्टर के पास ले गई। रात में उसे बहुत ही तेज बुखार हो गया, जो दो हफ्तों तक चला। हम बारी-बारी से बच्चे के पास बैठते थे। भगवान् की कृपा से वह कठिन समय टल गया। उसने धीरे से कहा, 'अम्मा'। मैंने उसे चम्मच से पानी दिया, जो उसने धीरे-धीरे पिया। दूर से मुझे किसी के गाए स्वामी समर्थ रामदास के श्लोक की आवाज सुनाई दी—

दुनिया में सबसे ज्यादा खुश कौन है ?
जानने के लिए पूछो अपने मन से,
हे मन! जो तुम्हारे साथ घटता है, तुम्हीं उसके जिम्मेदार हो ?

> कुछ लोगों ने कहा कि गुरु इस वजह से बीमार हुआ था कि उसके अंदर एक आदमी, जो कि कुएँ में गिरकर मर गया, उसकी आत्मा घुस गई है। इसलिए हमने तांत्रिक को शैतानी आत्मा निकालने के लिए बुलवाया। उसने हमें बताया कि बच्चे का नाम वसंत कुमार नहीं होना चाहिए, जो कि हमारे द्वारा दिया गया पहला नाम था। तब से उसका नाम 'गुरु दत्त' हो गया।

सन् 1927 में जब महात्मा गांधी बैंगलोर आए तो वसंती पादुकोण उनके उपदेश से बहुत ही प्रेरित हुई थीं। वसंती ने गांधीजी को पत्र लिखकर कहा कि वह अपने पति और छोटे बच्चे को छोड़कर उनके आश्रम में आना चाहती थीं। गांधीजी ने उनको ऐसा न करने को कहा और कहा कि उनका कर्तव्य अपने परिवार की देखभाल करना तथा अपने बेटे को पालना है, ताकि वह अच्छा चरित्रवान् बन सके। शिवशंकर पादुकोण ने फिर से अपनी बैंक की नौकरी से इस्तीफा दे दिया और मैंगलोर चले गए, जबकि उनकी पत्नी कुछ समय के लिए अपने छोटे बच्चे गुरु दत्त के साथ कलकत्ता अपने चचेरे भाई से मिलने चली गईं। शिवशंकर को मैंगलोर में सदानंद प्रिंटिंग प्रेस का मैनेजर नियुक्त कर दिया गया, जहाँ कन्नड़ साप्ताहिक 'राष्ट्रबंधु' छपता था।

वसंती पादुकोण का वैवाहिक जीवन भी अपने माता-पिता की तरह सुखी नहीं था। अपने पति के साथ भेदभाव और मनमुटाव समय के साथ बढ़ रहा था। शादी के इन शुरुआती वर्षों के उनके विवरण से उनकी बेचैनी झलकती है और पता चलता है कि जिंदगी की वास्तविकता से पलायन की उन्हें कितनी जरूरत थी। वर्ष 1928 में वसंती को पता चला कि बंबई के जे.जे. अस्पताल में उनके पिताजी की मृत्यु हो गई और जब उनकी मृत्यु हुई, तब कोई भी परिजन उनके पास नहीं था। यह बात उन्हें परेशान कर रही थी। वह कुछ महीनों पहले उनसे मिलने जाना चाहती थीं; लेकिन उनके पास किराए के पैसे नहीं थे। जब वसंती दूसरी बार गर्भवती हुईं, तभी उनके पति ने अपनी प्रिंटिंग प्रेसवाली नौकरी से इस्तीफा दे दिया। वसंती के अनुरोध पर उनके भाई रमानाथ, जो अब मद्रास से अहमदाबाद आ गए थे, ने उन्हें अपने पास आने के लिए पैसे भेजे। 20 से 26 जून, 1987 की 'ईव्स वीकली' में छपे एक लेख में वसंती पादुकोण ने अपने भाई के घर में वह कैसे रहीं, उसका वर्णन किया—

> रमानाथ ने हमारा स्वागत किया, लेकिन बहुत खुशी से नहीं। उसकी आर्थिक स्थिति अच्छी नहीं थी और उसकी खुद की काफी परेशानियाँ थीं। उसकी पत्नी की तबीयत काफी खराब थी, इसलिए वह काफी कमजोर थी। जब उसे पता चला कि मैं गर्भवती हूँ तो इससे उसकी हमारे प्रति नाराजगी और बढ़ गई। यह बात दिसंबर 1928 की है। रमानाथ के मुँहबोले अंकल को पागलपन के दौरे आते थे, जिस वजह से वह चिल्लाने लगते थे। यह सब देखकर गुरु दत्त डर के मारे मुझसे लिपट जाता था। वह मुझसे विनती करता था कि माँ, चलो कहीं और चलते हैं।

इस घटना के कुछ ही समय बाद वे कलकत्ता के लिए रवाना हो गए। शिवशंकर पादुकोण भी वहाँ आए। पहले उन्होंने सेल्समैन की नौकरी ढूँढ़ी और फिर बर्मा शेल कंपनी में क्लर्क की नौकरी की, जहाँ उन्होंने तीस साल काम किया। वर्ष 1929 में वसंती पादुकोण ने अपने दूसरे बेटे शशिधर को जन्म दिया, जो सात महीने की उम्र में ही चल बसा। वसंती को याद है कि कैसे शशिधर की मौत के बाद गुरु दत्त को मानसिक आघात पहुँचा। उसे अपने छोटे भाई की मौत के बाद बहुत तेज बुखार हुआ। पादुकोण पद्दापुकुर रोड से एश्टन रोड के फ्लैट में और फिर वहाँ से भवानीपुर के बोलाइ मैंशन के एक फ्लैट में रहने लगे। वर्ष 1930 में वसंती को तीसरा बेटा हुआ—आत्माराम, जिसके बाद उनकी इकलौती बेटी ललिता का जन्म 1932 में हुआ। उन्हें दो और बच्चे हुए—देवी (जिसका जन्म 1938 में हुआ) और विजय (जिसका जन्म 1941 में हुआ)। भवानीपुर के पास में एक खुली जगह थी, जहाँ बंगाली जात्रा प्रदर्शित होते थे। गुरु दत्त एक भी नाटक नहीं छोड़ते थे और उस समय वह बंगाली बोलना भी सीख गए थे। अपने छोटे भाई-बहनों को हँसाने के लिए गुरु दत्त अपने चेहरे पर पाउडर लगा लेते थे और अपने शरीर पर एक धोती की तरह कपड़ा बाँधकर जिन अभिनेताओं को देखते, उनकी नकल करते थे।

> **वसंती पादुकोण**—मुझे याद है, 1935 में जब उदय शंकर का ट्रुप बंबई आया। तब मैं जाने लगी तो वह भी बोला, मैं आऊँगा। मैंने कहा—तुम नहीं आ सकते। बड़ा लोचा हुआ और (उसने) तीन दिन तक खाना नहीं खाया। जब मैंने उससे वादा किया कि तुम्हें मैं ले जाऊँगी, तब खाना खाया और वादा किया कि एक दिन मैं भी तुम्हें स्टेज डांस दिखाकर बताऊँगा। मैंने सोचा बच्चे की बात है।

कलकत्ता में रामायण, महाभारत के जात्रा होते थे। जात्रा यानी पूरी रात उनके नाटक का जलसा। मना करने पर वह गुस्सा हो जाता था। तब वह बहुत छोटा था। सात साल का था। और अगर कहीं पपेट शो हो तो वहाँ जा के वह देखता था। वह बहुत पढ़ता था, दिन-रात किताब हाथ में रहती थी। इस वजह से उसकी ज्ञान-शक्ति बढ़ गई। एकेडमिक एजुकेशन ज्यादा नहीं होने पर भी उसको नॉलेज बहुत था। वह जो कुछ करना चाहता, करके ही छोड़ता था।

पाँच साल का होने से पहले ही गुरु दत्त अपनी माँ के साथ बैंगलोर से कलकत्ता, कलकत्ता से मद्रास वाया मैंगलोर और मैंगलोर से अहमदाबाद और अंत में अहमदाबाद से कलकत्ता की यात्राओं पर गए। ये शुरुआत की यात्राएँ छोटे गुरु दत्त के लिए रोमांचक तो रही होंगी, लेकिन अस्थिर करनेवाली भी थीं। आखिरकार कलकत्ता में उनके माता-पिता, भाई (आत्माराम) और बहन (ललिता) एक साथ रहने लगे और आर्थिक तंगी के बावजूद उनके घर ने परिवार का स्वरूप तो पा लिया था, जहाँ बचपन और किशोरावस्था सहज भाव से पनपते रहे। गुरु दत्त का इस शहर के प्रति बाद का लगाव यह दरशाता था कि वह वहाँ खुश रहे थे। यह लगाव स्पष्टत: केवल बौद्धिक नहीं बल्कि आत्मिक और

पादुकोण परिवार

भावनात्मक भी था।

वसंती पादुकोण के लिए कलकत्ता में कम तनहाई थी, क्योंकि वह आर्थिक व नैतिक सहयोग के लिए अपने चचेरे भाई बी.बी. बेनेगल पर भरोसा कर सकती थीं, जिनका पादुकोण बच्चों पर भी काफी प्रभाव था। बेनेगल जिंदगी भर कलकत्ते में ही रहे थे, धरमतल्ला स्ट्रीट के पासवाले भीड़भाड़वाले इलाके में। उम्र के सत्तरवें साल में भी वह फिल्मों के होर्डिंग बनाने के लिए लंबे समय तक काम करते थे। वह कभी मुख्य कलाकार के रूप में नहीं जाने गए, उनका काम ज्यादातर विज्ञापन आर्ट का था; लेकिन उन्हें अपनी प्रतिभा पर भरोसा था। बेनेगल की आधे कपड़े पहने एक युवा आदमी की पेंटिंग थी, जिसमें साँप उसके शरीर पर लिपटा था। यह तसवीर गुरु दत्त को काफी रोचक लगी और उन्होंने अपने मामा की इस पेंटिंग से प्रेरित होकर एक स्नेक डांस किया। बी.बी. बेनेगल का पादुकोण परिवार पर विशेष प्रभाव यह था कि वह कलात्मक लोगों की प्रकृति को समझते थे और उन्होंने अपनी जिंदगी एक कलाकार के रूप में ही गुजारी थी।

बी.बी. बेनेगल

उनका परिवार वर्ष 1929 में कलकत्ता आया। गुरु दत्त सिर्फ चार साल का था; वह एक प्यारी-सी गुड़िया जैसा दिखता था। उसके पिता को एक पत्रकार की नौकरी मिली और फिर उन्होंने बर्मा शेल में काम किया। उन्होंने दो नौकरियाँ कीं। वह एक अच्छे पत्रकार थे, लेकिन कठिन परिस्थितियों की वजह से काफी निराश थे। वह जो चाहते थे, उन्हें नहीं मिल रहा था। उनके लिए इन सबसे लड़ना काफी मुश्किल था, क्योंकि उनके पास साधन सीमित थे, परिवार की कई परेशानियाँ थीं और इसलिए भी क्योंकि उन्हें हर दो साल में बच्चे हो रहे थे। इसलिए जाहिर सी बात है कि वे परेशान से थे। वसंती मेरी सबसे प्यारी चचेरी बहनों में एक थी, इसलिए मैंने अपनी तरफ से थोड़ी-बहुत मदद करने की कोशिश की। उस समय वर्ष 1931 में मैंने हाल ही में अपना स्टूडियो खोला था। मुझसे जितना हो सका मैंने मदद की; लेकिन यह काफी नहीं थी।

यह तब तक चलता रहा जब तक 1939 में विश्व युद्ध शुरू हुआ। वसंती अपना घर चलाने के लिए, कन्नड़ या हिंदी या जो विषय जानती थी, उसमें ट्यूशन लेती थी। उसे इससे थोड़ी आमदनी हो जाती थी, जिससे

वह अपनी माँ तथा बच्चों का खयाल रखती थी। मैंने वसंती को कह दिया था कि वह जब चाहे, अपने बच्चों को मेरे घर भेज सकती है। मैंने उससे कहा, 'गुरु दत्त को मेरे पास छोड़ दो। मैं उसका खयाल रखूँगा।' मैंने उसे डेविड हेयर्स स्कूल में दाखिला दिला दिया, जिसे कैथोलिक ईसाई चलाते थे। उससे पहले वह एक दक्षिण भारतीय स्कूल में पढ़ता था। अब अंग्रेजी माध्यम स्कूल में पढ़कर वह काफी खुश था। वहाँ वह पढ़ाई भी अच्छी कर रहा था और हर विषय में पास भी हो गया था। वह एक अच्छा विद्यार्थी था। उस बीच मैंने देखा कि उसके अंदर रचनात्मक कार्य करने की प्रतिभा थी। जिस तरह से वह अपना कार्य करता था, उससे मुझे साफ दिख रहा था। वह घर में भी बहुत अच्छे से रहता था। वह मेरी पत्नी से कहता था कि हमें ऐसे नहीं ऐसे करना चाहिए। कभी-कभी वह मेरा कैमरा ले लेता था। मैं उसे इस्तेमाल करने से मना करता था, लेकिन फिर वह मेरी पत्नी से पूछकर ले लेता था। अपने कैमरे के बारे में मैं जरा सख्ती बरतता था। बाद में गुरु दत्त ने मुझे एक 16 एमएम का बेलार्ड बोलेक्स कैमरा लंदन से लाकर भेंट किया।

मुझे यह साफ दिख रहा था कि उसके अंदर नृत्य की प्रतिभा है और संगीत से उसे बहुत प्यार है। मेरे पास एक खूबसूरत एचएमवी डीलक्स मॉडल ग्रामोफोन एक एक्जीबिशन साउंड बॉक्स के साथ था। वह एस.डी. बर्मन का संगीत उस पर बजाता था—फिल्मी संगीत नहीं, बल्कि लोक संगीत। गुरु दत्त एस.डी. बर्मन के संगीत को बेहद पसंद करता था। (संगीत निर्देशक एस.डी. बर्मन ने धुन बनाना और रिकॉर्ड करना, जिसमें बंगाली फिल्म संगीत भी शामिल था, वर्ष 1939 से शुरू किया था और वह 1944 में बंबई आए थे।)

गुरु दत्त तथा उनके भाई आत्माराम में पाँच साल का अंतर था। आत्माराम खुद तो बहुत ही शांत स्वभाव का था, लेकिन उसे हुड़दंगी बड़े भाई से संघर्ष करना पड़ता था। वसंती पादुकोण को याद है कि गुरु दत्त अपने भाई से बहुत प्यार करते थे और दूसरी ओर आत्माराम को भलीभाँति पता था कि गुरु दत्त ही माँ के दुलारे थे। जब आत्माराम बीसवें साल में थे, उन्होंने गुरु दत्त के साथ चार फिल्मों में सहायक की तरह काम किया (बाज, जाल, आर-पार और मिस्टर ऐंड मिसेज 55) और बाद

प्रसिद्ध गायिका एवं गुरु दत्त की पत्नी गीता दत्त

में उन्होंने 'बहारें फिर भी आएँगी' का निर्माण किया था। जब गुरु दत्त की मौत हुई तब आत्माराम ने गुरु दत्त पर बीस मिनट का वृत्तचित्र बनाया, जिसका नाम था 'श्रद्धांजलि'। इस छोटी फिल्म में विभिन्न फिल्मी स्थितियों पर लिये गए गुरु दत्त के बहुत से फोटो थे और उसमें अबरार अल्वी की कमेंट्री के साथ फिल्मों के काफी सारे उद्धरण भी थे।

बाद में आत्माराम एक प्रसिद्ध निर्माता-निर्देशक बन गए और अँधेरी में अपने नटराज स्टूडियो में काम करते थे। यह गुरु दत्त के पुराने स्टूडियो से थोड़ी दूरी पर था, जहाँ उन्होंने 'चौदहवीं का चाँद' और 'साहिब, बीबी और गुलाम' फिल्में बनाई थीं। एक बहुत ही विशाल मंच था, जो वास्तव में अलेक्जेंडर कोडा के लिए बनाया गया था (जो कि ताजमहल बनाना चाहता था, जो फिल्म बाद में बंद हो गई), उसे 1956 में गुरु दत्त ने स्टूडियो में बदल दिया था। गुरु दत्त स्टूडियो की इमारत सन् 65-70 के बीच गिरा दी गई थी, क्योंकि वह बॉम्बे हाइवे नंबर 4 के बीच में पड़ती थी।

बाकी कमरों की तरह, जिनमें गुरु दत्त का परिवार व इष्ट मित्र अपना अधिकतर समय बिताते थे, आत्माराम के दफ्तर में भी गुरु दत्त का एक विशाल श्वेत-श्याम चित्र टँगा हुआ है। आत्माराम हमेशा ही एक सज्जन व शांत स्वभाव के व्यक्ति रहे हैं। वे अपने भाई के बारे में नियंत्रित या शांत भाव से बात करते हैं—

> हम एक निम्न मध्यवर्गीय परिवार से थे, इसलिए जिंदगी में कुछ अच्छा करने की ढेर सारी महत्त्वाकांक्षाएँ थीं। सफलता बहुत ही महत्त्वपूर्ण थी। जिंदगी में सही काम करना बहुत ही आवश्यक था। मेरी माँ ने उस महत्त्वाकांक्षा को प्रेरणा दी। स्कूल में गुरु दत्त कक्षा में अव्वल तो नहीं थे, पर वह होशियार जरूर थे। उन्होंने अपनी मैट्रिक की पढ़ाई खत्म कर ली, लेकिन वह कभी कॉलेज नहीं गए। वह हिंदी काफी अच्छी बोल लेते थे, लेकिन अंग्रेजी व बंगाली बोलने में वह माहिर थे। घर पर हम कोंकणी में बात करते थे, लेकिन अंग्रेजी का इस्तेमाल भी काफी होता था। वह अंग्रेजी में सोचते और लिखते भी अंग्रेजी में थे, यही सच्चाई है। उनकी पटकथा के नोट्स को ही देख लो।
>
> गुरु दत्त को पढ़ने का शौक था। उन पर यह प्रभाव मेरे पिता का था। मेरे पिताजी ने अंग्रेजी साहित्य पढ़ा था। जब हम छोटे थे, गुरु दत्त बहुत ही चंचल थे। वह खेलते भी बहुत थे। उनका एक अच्छे दोस्तों का ग्रुप था, जिसमें दो पड़ोसी भी शामिल थे—नवीन और रत्तीलाल। मैं हमेशा उनके

> साथ जाना चाहता था, लेकिन वह नहीं ले जाते थे। उनके बचपन के दिन बहुत ही रोमांचक व मस्ती से भरपूर थे। घर में हम पूर्णत: शाकाहारी थे। अधिकतर मेरी नानी ही खाना पकाती थीं। एक दिन गुरु दत्त कुछ अंडे घर ले आए और जब मेरी नानी बाजार गईं तब उन्होंने आमलेट बना दिया। उन्हें खाना पकाना बहुत अच्छा लगता था। जब नानी घर लौटीं और उन्हें अंडों की महक आई तो वह काफी नाराज हुईं।

गुरु दत्त की इकलौती बहन ललिता लाजमी एक प्रसिद्ध चित्रकार और कलाकार हैं। वह अपने पति कैप्टन गोपालकृष्ण लाजमी के साथ बंबई के एक उपनगर अँधेरी के लोखंडवाला कॉम्प्लेक्स में रहती हैं। उनके दो बच्चे हैं—एक बेटी कल्पना, जो कि फिल्म निर्माता है और एक बेटा देवदास, जिसने अपने पिता की भाँति ही मर्चेंट नेवी का कैरियर चुना है। ललिता की खुद की कलात्मक संवेदनशीलता ने बड़े भाई के प्रति उनकी श्रद्धा को और बढ़ा दिया। गुरु दत्त आज भी उनके विचारों में जिंदा हैं। कमरे की एक मेज पर, जहाँ वह चित्रकारी करती हैं, गुरु दत्त की एक तसवीर रखी हुई है। वह किसी फिल्म से लिया गया फोटो नहीं है बल्कि परिवार की कई तसवीरों में से एक है, जिनसे ललिता को बहुत लगाव है। इस ब्लैक ऐंड व्हाइट फोटो में गुरु दत्त चश्मा पहने हुए हैं (क्योंकि उनकी आँखें काफी कमजोर थीं)। उनका चेहरा पार्श्व दृश्य में है और उनकी निगाहें कहीं दूर देखती लगती हैं। एक बहुत पुरानी फाइल, जिसे ललिता बहुत सँभालकर रखती हैं, उसमें से एक पत्र, जो कभी गुरु दत्त ने उन्हें लिखा था, नीचे गिर जाता है। उसमें उनकी लिखावट बड़ी और तिरछी है।

ललिता कहती हैं कि कैसे जीवन का प्रभाव और अनुभव आपके काम में रूपांतरित होकर सामने आते हैं। हर पादुकोण में कलकत्ता के लिए जो भावना है, वह आज भी जिंदा है। ललिता एक पुरानी पेंटिंग की ओर इशारा करते हुए एक छत की सीमित करनेवाली दीवारों को दिखाती हैं—यह कलकत्ते की वास्तुकला की खासियत है। वह बताती हैं कि गुरु दत्त ने ऐसी ही पृष्ठभूमि 'प्यासा' फिल्म के गाने 'आज सजन मोहे…' में इस्तेमाल की थी।

> जहाँ भी आप रहते हैं, वहाँ के वातावरण की आपके जीवन में बड़ी भूमिका होती है, खासकर अगर आप कलात्मक हैं। मेरे खयाल से ये सब चीजें बहुत महत्त्वपूर्ण होती हैं। हमारा कलकत्ते का घर बहुत ही छोटा

था—एक बैडरूम, एक लिविंग रूम और बीच में एक किचन। मेरी माँ एक स्कूल में पढ़ाती थीं, इसलिए हमारी नानी हमारे लिए खाना बनाती थीं। हम नीचे फर्श पर बैठकर बीचवाले कमरे में खाना खाते थे। दूसरे कमरे में हमारी नानी अपनी पूजा किया करती थीं। वह एक दीया जलाती थीं और हर शाम प्रार्थना करती थीं। कमरे के एक ओर की दीवार पर गुरु दत्त शैडो प्ले करते थे। दीये की रोशनी में वह अपने हाथों और उँगलियों की मदद से आकृतियाँ बनाते थे।

मेरे मामा मि. बेनेगल हमारे लिए एक बड़े प्रभावशाली व्यक्ति थे। वे एक लुभावने आदमी थे। वे भी कलाकार थे, व्यावसायिक कलाकार। कलकत्ता में फिल्मों के होर्डिंग्स पेंट करते थे। मेरे मामा का एक बड़ा स्टूडियो था और उसके नीचे उनके रहने के कमरे थे। हम कई बार सप्ताह के अंतिम दिन उनके घर पर ही बिताते थे। वह उन पुरानी इमारतों में से एक में रहते थे, जो कि कलकत्ता के सबसे पुराने सिनेमाघर ज्योति सिनेमा के पास थी। यह धरमतल्ला स्ट्रीट पर था। मेरे पिता बर्मा शेल में क्लर्क थे, इसलिए सिनेमाघर में जाकर फिल्म देखना हमारे लिए संभव नहीं था; लेकिन मेरे मामा को फ्री टिकटें मिल जाती थीं, इसलिए कई बार तो हम दिन में दो या तीन विदेशी और भारतीय दोनों तरह की फिल्में भी देख लेते थे।

मुझे याद है कि गुरु दत्त को तोते पालने का बहुत शौक था। वह उनके साथ बात करते थे और हर सुबह उन्हें खाना देते थे। उन्हें पतंग उड़ाने का भी बहुत शौक था और दीवाली पर पटाखे जलाना भी बहुत अच्छा लगता था। उन दिनों कलकत्ता में बॉल गायक सड़कों पर गाते थे। मुझे याद है कि हम उन्हें कभी पैसे नहीं देते थे बल्कि मुट्ठी भर चावल देते थे। वे भवानीपुर के हमारे घर के सामने से गुजरते थे, अपने एकतारा के साथ चलते हुए और अपने भक्तिपूर्ण गाने गाते हुए। गुरु दत्त ने बॉल की तरह की गायिकी 'प्यासा' फिल्म में इस्तेमाल की है; लेकिन उन्होंने इस गाने को एक औरत, जो कि 'आज सजन मोहे', पर फिल्माया है, जबकि कलकत्ता में बॉल गायक अधिकतर मर्द होते हैं। भवानीपुर में रहने से पहले हम बोलई मैंशन नाम की एक इमारत के एक छोटे फ्लैट में रहते थे। वह काली मंदिर के पास था। हम अकसर वहाँ पूजा देखने जाते थे। शायद इन कार्यक्रमों से गुरु दत्त काफी प्रभावित हुए, क्योंकि उस समय

की घटनाओं की झलक उनकी फिल्मों में है, खासकर 'प्यासा' में।

वसंती पादुकोण, जिनकी बचपन में शिक्षा अधूरी रह गई थी, वह अपनी शिक्षा पूरी करना चाहती थीं। उन्होंने 1940 में अपनी मैट्रिक परीक्षा पास की—गुरु दत्त से एक साल पहले, जिन्होंने अपनी परीक्षा 1941 में पास की। आर्थिक परेशानी अभी भी थी और परिवार की आमदनी में सहायता करना आगे की पढ़ाई से ज्यादा महत्त्वपूर्ण था। सोलह साल की उम्र में गुरु दत्त को अपनी पहली नौकरी एक मिल में टेलीफोन ऑपरेटर की मिली। उनकी मासिक तनख्वाह 40 रुपए थी। आत्माराम और ललिता को याद है कि उनके भाई ने अपनी पहली तनख्वाह से सारे परिवार के लिए तोहफे खरीदे थे।

गुरु दत्त अपना अधिकांश अतिरिक्त समय अपने चचेरे बड़े भाई और दोस्त सुदर्शन बेनेगल (जो कि आर्ट पढ़ रहा था) के साथ चिड़ियाघर में जानवरों की तसवीरें खींचने में या कलकत्ते के बोटैनिकल गार्डन में पौधों की तसवीरें खींचने में बिताते थे। गुरु दत्त को बेनेगल परिवार से हमेशा प्रोत्साहन मिलता था।

> **बी.बी. बेनेगल**—उसे मेरी पेंटिंग 'दी स्ट्रगल फॉर एक्जिस्टेंस' (जिसमें कि एक आदमी अपने शरीर पर लिपटा साँप पकड़े खड़ा है) से बहुत प्रोत्साहन मिला। मैंने उसे अपने विद्यार्थी जीवन में पेंट किया था और मुझे उसके लिए एक पुरस्कार भी मिला था। जब गुरु दत्त ने पेंटिंग देखी तो उसने कहा, "अंकल, इसे देखकर नाचने का मन हो गया है।" उसे नाचना नहीं आता था, लेकिन किसी तरह उसने वह सपेरेवाला नाच अपने आप बना लिया। उसने उसकी खोज की। उसने वह नृत्य हमारे सारस्वत एसोसिएशन के कार्यक्रम में पेश किया तो उसे बहुत प्रशंसा मिली, जिससे वह और अधिक प्रोत्साहित हुआ। उसके एक्शन बड़े खूबसूरत, स्वच्छ और एकदम सटीक व आवेगी थे।
>
> आप देख सकते हैं कि वह साँप के साथ खेल रहा है, उसे पकड़ने की कोशिश कर रहा है और साँप भागने की कोशिश कर रहा है, उसने हमें इतनी खूबसूरत चीज दिखाई। मैंने पहली बार उसका यह नृत्य ईडन गार्डन में देखा था। फिर मैंने उससे कहा, "कल मैं तुम्हारा नृत्य रंगीन फिल्म में रिकॉर्ड करूँगा।" अगले दिन सुबह-सुबह मैं और गुरु दत्त ईडन गार्डन गए। वहाँ सूर्योदय का सुंदर दृश्य था। यह नवंबर की बात

है। उसने मेरा लाल शॉल अपने सिर पर और एक पीला कपड़ा अपनी कमर में बाँध लिया। उसने कहा, ''अंकल, मुझे थोड़ा मेकअप दे दीजिए।'' मैंने उसका मेकअप किया। वह एकदम सपेरे जैसा दिख रहा था। जब वह नाच रहा था तब वहाँ कोई संगीत नहीं बज रहा था, वह अपने दिमाग में ही संगीत सोच रहा था।

बी.बी. बेनेगल की आदमी और साँप की पेंटिंग में कुछ संदिग्धता है। वैसे तो उसका शीर्षक 'द स्ट्रगल फॉर एक्जिस्टेंस' संघर्ष का द्योतक है, लेकिन गुरु दत्त ने उस पेंटिंग की व्याख्या खिलवाड़ी और निडरता के रूप में की। वह सर्पनृत्य, जो गुरु दत्त ने कलकत्ता के सारस्वत समुदाय के समारोह में किया था, उनका मंच पर पहला प्रदर्शन था। आत्माराम को याद है कि गुरु दत्त को पुरस्कार के रूप में पाँच रुपए एक प्रभावित मित्र मिस्टर भंडारकर से मिले थे, जो कई साल बाद गुरु दत्त प्रोडक्शंस द्वारा 1956 में निर्मित फिल्म सी.आई.डी. के बंबई के वितरक बने।

बी.बी. बेनेगल—वह मुश्किल से पंद्रह साल का था, जब उसने मुझसे आकर कहा, 'अंकल, मैं चाहता हूँ कि आप मुझे उदय शंकर से मिलवाओ।' उस समय उदय शंकर कलकत्ता में थे। मैंने कहा, 'गधे, क्या तुम पागल हो गए हो? इसलिए क्योंकि मैं उसे जानता हूँ। लेकिन क्यों?' उसने कहा, 'मैं अल्मोड़ा में उनके नृत्य केंद्र में दाखिला लेना चाहता हूँ।' मैंने उससे कहा कि वह पागल न बने और कुछ इंतजार करे। लेकिन उसने कहा, 'मैं जाना चाहता हूँ।' उसने कुछ दोस्तों की मदद से उदय शंकर को एक ऑडिशन दिया। किसी तरह गुरु दत्त ने वह सर्पनृत्य उदय शंकर के सामने पेश किया, जो उसकी कला देखकर बहुत प्रभावित हुए। अगले दिन गुरु दत्त ने कहा, 'अंकल, मैं उदय शंकर से मिला।' 'तुम उदय शंकर से मिले? उन्होंने क्या कहा?' उन्होंने कहा, 'अल्मोड़ा आ जाओ।' मैंने उदय शंकर के पास जाकर उनसे बात की। उनकी स्मारिका, विज्ञापन आदि को डिजाइन करने की जिम्मेदारी मेरी थी। उदय शंकर ने कहा कि उन्हें गुरु दत्त के आने से कोई आपत्ति नहीं है; लेकिन केंद्र के प्रबंधक मिस्टर बर्स को मनाना होगा। अल्मोड़ा केंद्र अमेरिकी सहायता से चलता था, जॉर्ज बर्स भी एक अमेरिकी थे। मैंने अपने एक मित्र हेम्मद (जो कि कलकत्ता का एक जाना-माना डिस्ट्रिब्यूटर था और एक सारस्वत ब्राह्मण

भी था) को बर्स से बात करने को कहा। उन्होंने कहा, 'उसे आने दो। हम उसका खयाल रखेंगे और कोई शुल्क भी नहीं लेंगे।' वैसे भी उसका परिवार फीस देने में सक्षम नहीं था। मुझे याद है कि जब गुरु दत्त ने यह सुना कि वह अल्मोड़ा जा सकता है तो वह खुशी से पागल हो गया। फिर मैंने उसे पैसे और कुछ कंबल दिए। मैंने कहा, 'ये कंबल ले जाओ, क्योंकि वहाँ बहुत ठंड होती है। अगर तुम्हें कोई परेशानी हो तो मुझे खत लिखना।' उन दिनों मैं 183 धरमतल्ला स्ट्रीट में रहता था। हम वहाँ वर्ष 1931 से 1943 तक रहे। गुरु दत्त पहले एक मिल में काम करता था। उसने वहाँ सिर्फ डेढ़ महीना ही काम किया था। उसने अपनी आखिरी तनख्वाह भी नहीं ली थी। वहाँ पर काम कर रहे एक मारवाड़ी ने मुझसे कहा, 'क्या बात हो गई? आपके भतीजे ने अपना पैसा तक नहीं लिया। वह कहाँ भाग गया?' मैंने कहा, 'वह कहीं भागा नहीं, अल्मोड़ा गया है।'

□

शुरुआती वर्ष

बी. बी. बेनेगल और एक पारिवारिक दोस्त श्री एस.आर. हेम्मद की मदद से गुरु दत्त ने अल्मोड़ा के उदय शंकर इंडिया कलचर सेंटर में अध्ययन के लिए 75 रुपए प्रतिमाह का वजीफा पाया। उदय शंकर के पिता झालावाड़ (कोटा और उज्जैन के बीच) के महाराजा के दीवान थे। जब वह सेवानिवृत्त हुए तो पेंशन की बदौलत उनका परिवार बनारस में रहने लगा, जबकि उदय शंकर अपने पिता के साथ लंदन चले गए। उन्होंने वहाँ वकालत की, लेकिन वर्ष 1920 के मध्य में संगीत कार्यक्रम भी मंचित किए। शुरू में उदय शंकर पेंटर बनना चाहते थे। उन्होंने रॉयल कॉलेज ऑफ आर्ट, लंदन में पढ़ाई भी की। लेकिन जल्दी ही नृत्य के प्रति रुझान उनकी अन्य रुचियों से महत्त्वपूर्ण हो गया। वह लंदन में दस साल रहे और इसी बीच उन्होंने कुछ समय के लिए मशहूर रूसी बैले डांसर अन्ना पावलोवा के साथ काम किया। सन् 1929 में उदय शंकर नर्तकों और संगीतकारों की एक मंडली बनाने भारत आए, जिन्हें वे पेरिस में रहने और कार्यक्रम प्रस्तुत करने के लिए वापस यूरोप ले गए। इस मंडली में उनके छोटे भाई रवि शंकर भी शामिल थे।

वर्ष 1938 में उदय शंकर भारत लौट आए और ललित कलाओं के लिए एक सांस्कृतिक केंद्र खोलने का अपना सपना पूरा किया। उदय शंकर के सांस्कृतिक केंद्र ने बहुत सारे संगीतकारों को आकर्षित किया; जैसे कि महान् उस्ताद अलाउद्दीन खाँ और उनके साथ उनके दो शिष्य, उनका अपना पुत्र अली अकबर खाँ और रवि शंकर। इन दोनों ने अल्मोड़ा में थोड़ा समय व्यतीत किया। बहुत सारे प्रतिभाशाली नर्तकों ने भी इस केंद्र में कार्य किया, जिनमें फ्रांस की सिमकी और उदय शंकर की पत्नी अमला शामिल हैं। मैडम सिमकी राजकपूर की फिल्म 'आवारा' (1951) में एक शानदार स्वप्न-दृश्य के नृत्य का निर्देशन करने के लिए बंबई में प्रसिद्ध हुईं। इस नृत्य की शैली उदय शंकर द्वारा की गई

अपनी फिल्म 'कल्पना' (1948) के नृत्य के निर्देशन से प्रेरित है। अपनी आत्मकथा 'माई म्यूजिक, माई लाइफ' (जोनाथन केप, लंदन, 1969) में रवि शंकर अपने भाई के इस केंद्र का वर्णन करते हैं :

> उदय ने यह सांस्कृतिक केंद्र लगभग बीस एकड़ भूमि पर शुरू किया। उन्होंने नृत्य, ड्रामा और संगीत के लिए आधुनिक स्टूडियो बनाए, जिनके अंदर मंच, वेशभूषा के कमरे, कार्यशाला और अभ्यास के लिए कमरे थे। वह भारत के जाने-माने गुरुओं को वहाँ लाए। इनमें एक शंकरन नंबूदरी थे। वह अपने समय के महान् कथकली नर्तक थे। दादा (उदय शंकर) ने उनसे नृत्य की दीक्षा ली। दादा के जीवन में वही एक मात्र वास्तविक गुरु रहे। वहाँ पर भरतनाट्यम के जाने-माने गुरु कंदप्पन पिल्लै, मणिपुरी गुरु अमोबी सिन्हा और वाद्य संगीत के संचालन के लिए अलाउद्दीन खाँ भी थे। यह केंद्र पुराने आश्रम की तरह के स्कूल और पश्चिम के मुक्त संस्थानों की आधुनिक कार्यशाला जैसे वातावरण का एक आदर्श संगम था। शिक्षक और विद्यार्थी सब एक-दूसरे के बहुत नजदीक थे और उदय अपने व्यक्तित्व के आकर्षण व ऊर्जा से पूरे केंद्र का संचालन करते थे।

इस सांस्कृतिक केंद्र ने पूरे भारत से विद्यार्थियों को आकर्षित किया। उदय शंकर ने यह सुनिश्चित किया कि गुरु दत्त जैसे सीमित साधनोंवाले विद्यार्थियों के लिए भी यहाँ दीक्षा पाना संभव हो। उनका चयन करने का मुख्य मापदंड था कि विद्यार्थी नृत्य में वास्तविक रुचि रखता हो। अल्मोड़ा के बहुत से विद्यार्थी अपने आप में जाने-माने कलाकार बने, सिर्फ नृत्य में ही नहीं, बल्कि अन्य क्षेत्रों में भी। मोहन सहगल, जिनको प्रसिद्ध निर्माता-निर्देशक बनना था, वह उदय शंकर के इस केंद्र में गुरु दत्त के समसामयिकों में से एक थे।

मोहन सहगल

> अल्मोड़ा में गुरु दत्त मुझसे एक साल सीनियर थे। यद्यपि शुरू में उन्होंने फिल्मों में नृत्य निर्देशक के तौर पर काम किया, मैं समझता हूँ कि वह सिर्फ फिल्म उद्योग में प्रवेश पाने के लिए था। गुरु दत्त एक अच्छे नर्तक नहीं थे, लेकिन वह तकनीक जानते थे। उदय शंकर प्रायः कहते थे कि उनका उद्देश्य सिर्फ नर्तक नहीं बल्कि बहुमुखी कलाकार तैयार करना

है। शंकर कहते थे, 'मैं आपकी रचनात्मक क्षमता का विकास करना चाहता हूँ, ताकि आप अच्छे इनसान बन सकें।' विभिन्न विषयों के विशेषज्ञ हमें पढ़ाते थे। प्रमुख रहस्यवादी हिंदी कवि सुमित्रानंदन पंत ने हमें साहित्य पढ़ाया, प्रोफेसर मत्तरानी ने मनोविज्ञान पढ़ाया। वहाँ बहुमुखी मानसिक विकास पर जोर दिया जाता था, सिर्फ एक या दो प्रकार के नृत्यों पर ही नहीं। सृजनात्मकता पर पूरा जोर दिया जाता था। हमें दी गई एक स्थिति पर नृत्य का सृजन करना होता था, जिसकी बाद में हमारे सहकर्मी समीक्षा किया करते थे।

उदय शंकर हमेशा कहते थे, 'तुम्हारा एक विशेष प्रथा के लिए मूलभूत प्रशिक्षण होना चाहिए, और बाद में जब तुम रचना कर रहे हो तो तकनीक के बारे में नहीं सोचो, अभिव्यक्ति के बारे में सोचो। यदि तुम किसी शुद्ध व स्वच्छ नृत्य का सृजन करना चाहते हो तो तुम कर सकते हो। लेकिन यदि तुम एक आधुनिक विचार की अभिव्यक्ति करना चाहते हो तो नृत्य के उन सभी प्रकारों को भूल जाओ, जो तुमने सीखे हैं। उनकी अभिव्यक्ति तो स्वतः ही हो जाएगी, क्योंकि उन्हें तुमने सीखा है और वे तुम्हारे अवचेतन में हैं।'

मोहन सहगल की तरह प्रसिद्ध नर्तकी सत्यवती गोपालन उदय शंकर के शिक्षण से अत्यधिक प्रभावित थीं और वर्ष 1941 में इस केंद्र के साथ जुड़ गई थीं। सत्यवती गोपालन की आयु अब सत्तर वर्ष से अधिक है। वह बंबई के कोलाबा में दो कमरे के साफ व सुसज्जित अपार्टमेंट में अकेली रहती हैं। जब वह अपनी पुरानी सँजोई हुए एलबम को देखती हैं तो उनकी आवाज जीवंत हो उठती है, जिसके फोटो थोड़े धुँधले पड़ चुके हैं। ब्लैक ऐंड व्हाइट फोटोग्राफ्स अल्मोड़ा के पुराने दिनों की याद दिलाते हैं—

कक्षाएँ मुख्य स्टूडियो में चलती थीं। वहाँ लगभग पचास विद्यार्थी होते थे। शंकर हमें बताया करते थे, 'यदि तुम नहीं जानते कि नृत्य कैसे करें तो और भी अच्छा है, क्योंकि तब मैं अपने तरीके से अपना स्टाइल सिखा सकता हूँ।' उन्होंने कक्षा की शुरुआत हमें एक लय देकर की और हम उस लय पर चले। वह एक कोने में बैठ गए और हमारे शरीरों और हमारे हाथों की स्थिति को देखा। फिर वह हमें हमारी बाँहों की चाल को

इस्तेमाल करते हुए एक खास ताल पर एक थोड़ा सा मूवमेंट करने को कहते थे। इस छोटे मूवमेंट से हमने बड़े मूवमेंट का विकास किया। एक बड़े मूवमेंट से एक बड़ा पोज। तब वह हमसे अभिव्यक्ति पर काम करवाते थे। एक खास शैली की अभिव्यक्ति नहीं। वह कहते थे, 'मुझे गुस्सा दिखाओ, मुझे प्यार दिखाओ, मुझे मुसकराहट दिखाओ, मुझे शरमीलापन दिखाओ।' हममें से कुछ को यह मालूम नहीं था कि हम अपने साथ क्या करें। शंकर कहते थे, 'जो तुम्हें पसंद है, करो, बात करो।' यह उनका विचार था—सिर्फ करो।

मैं भूल गया, सन् 1941 के अंत में या संभवत: 1942 की शुरुआत में गुरु दत्त हमारे साथ जुड़े। वह बहुत अच्छी बँगला बोलते थे, क्योंकि इससे पहले वह कलकत्ता में रह चुके थे। उदय शंकर उन्हें पसंद करते थे और उन्हें अपना कैमरा भी इस्तेमाल करने के लिए दिया, क्योंकि गुरु दत्त इसे सही तरीके से इस्तेमाल करना जानते थे। इन्हें अकसर फोटोग्राफ लेते हुए देखा जा सकता था। मेरे खयाल में गुरु दत्त इस केंद्र के सबसे सुंदर जवान थे। सबकी आँखें उन्हीं पर टिकी रहती थीं। लेकिन वह बहुत विनम्र थे और शरमीले भी। वह किसी भी रंग के कपड़ों में अच्छे दिखते थे। उनके बहुत काले बाल सुंदर थे और बहुत शांत चेहरा, कुछ भोलापन भी। लेकिन उस शांति के अंदर बहुत कुछ था। वह कभी ज्यादा नहीं बोलते थे और जब बोलते तो उनका स्वर किसी बच्चे सा लगता।

मुझे रामलीला की रिहर्सल याद है। सचिन शंकर (उदय शंकर के चचेरे भाई) राम बने और गुरु दत्त लक्ष्मण। गुरु दत्त बहुत विनम्र, निरभिमान और शरमीले होने के कारण बिलकुल लक्ष्मण दिख रहे थे। हम सबको रामलीला में भाग लेना ही था, मैंने तीन अभिनय किए। जिस सप्ताह के दौरान हमने अभिनय किया, सभी गाँववाले हमें देखने आए। उदय शंकर इस नाटक की प्राकृतिक सैटिंग चाहते थे। जरा सीन की कल्पना कीजिए, हिमालय की पृष्ठभूमि में हम पहाड़ी से नीचे आए अपनी पोशाकें पहने हुए और जलती हुई मसालें हाथों में लिये हुए। पूरा जुलूस गाँववालों के बीच में से होकर गुजरा, जो जोश में नारे लगा रहे थे—'जय राम, जय सीता, जय लक्ष्मण।' हमारे मंच की तरफ जाते समय ढोल बज रहे थे और हमने एक बहुत बड़े सफेद परदे के पीछे स्थान ग्रहण किया। पूरा

नाटक एक छाया नाटक की तरह अभिनीत किया गया। उदय शंकर इंडोनेशिया, बाली और जावा जा चुके थे। उन्होंने इस तरह के नाटक देखे थे, इसलिए वह भी एक छाया नाटक करना चाहते थे। प्रकाश को कैसे व्यवस्थित करें कि आकार छोटा या बड़ा हो जाए, यह बड़ा ही कठिन होता है। शंकर की रामलीला बहुत ही खूबसूरत थी, खासकर वह सीन, जिसमें हनुमान छोटे हो जाते हैं और फिर दोबारा बड़े हो जाते हैं। सभी ने जोरदार तालियाँ बजाईं। यह एक यादगार स्मृति है।

एक तरफ जहाँ गुरु दत्त अल्मोड़ा के वातावरण का आनंद ले रहे थे, वहीं दूसरी तरफ उनकी माँ, भाई और बहन ने जनवरी 1942 में कलकत्ता छोड़ दिया, जैसे ही शहर में जापान के द्वारा बमबारी की खबरें फैलने लगीं। वसंती पादुकोण अपने बच्चों को अपने बहनोई स्वामी रामदास के पास रहने के लिए चली गईं, जिनका दक्षिण भारत (कर्नाटक) के कान्हागढ़ में 'आनंदाश्रम' नामक एक आश्रम था। शिवशंकर पादुकोण कलकत्ते में ही रह गए; लेकिन जब बर्मा शेल ने अपने कर्मचारियों को बंबई भेजने का निर्णय लिया तो शिवशंकर भी बंबई आने को तैयार हो गए। जब उन्होंने एक अपार्टमेंट किराए पर ले लिया तब उनकी पत्नी व बच्चे वहाँ आ गए। 9 अगस्त, 1942 को, जिस दिन 'भारत छोड़ो' आंदोलन का 'करो या मरो' आंदोलन शुरू हुआ था। वसंती पादुकोण ने परिवार की आय को बढ़ाने के लिए सीताराम पोद्दार स्कूल में पढ़ाना शुरू किया। वह लघुकथाएँ भी लिख रही थीं और एक बंगाली उपन्यास का कन्नड़ में अनुवाद भी कर रही थीं। इसी प्रकार से वसंती पादुकोण गुरु दत्त को अल्मोड़ा में उनके खर्च के लिए पाँच रुपए प्रतिमाह भेज पा रही थीं।

दिसंबर 1942 में उदय शंकर अपने मंच की कला रामलीला के छाया नाटकवाले रूप को सचिन शंकर और गुरु दत्त के साथ बंबई लाए। अपने लंबे व लहराते बालोंवाले सत्रह वर्षीय गुरु दत्त को उदय शंकर और उनके नर्तकों के साथ देखकर पादुकोण परिवार बहुत ही खुश और गर्वित हुआ। गुरु दत्त ने अपनी संरचना हंस नृत्य सुंदरी श्रीधारणी के साथ मंच पर पेश की। जब तक उनका डांस ग्रुप बंबई में था तब तक गुरु दत्त अपने परिवार के साथ अपने माटुंगा के फ्लैट में रहते थे। हर सुबह वह अपने गुरु उदय शंकर की तसवीर पर अपनी श्रद्धा दिखाने के लिए फूलों का हार चढ़ाते। उसके बाद वह घर के कामों में हाथ बँटाते और अपने छोटे भाई

विजय का खयाल रखते थे। उदय शंकर के ग्रुप ने गुजरात, उत्तर प्रदेश और महाराष्ट्र में मार्च 1943 तक अदाकारी की, जिसके बाद वे फिर अल्मोड़ा चले गए। वहाँ गुरु दत्त ने एक और साल गुजारा।

1940 के दशक के शुरुआती वर्षों में उदय शंकर कल्चर सेंटर ने इप्टा (एक प्रगतिशील और वामपंथी थिएटर आंदोलन, जिसका गठन 1942 में हुआ और जो कम्युनिस्ट पार्टी के साथ जुड़ा था) और चेतन आनंद (जो कि इप्टा के साथ जुड़े थे) के साथ मिलकर सरकार से एक खास वर्ग के अंतर्गत फिल्में बनाने का आवेदन किया। लड़ाई के दौरान फिल्म निर्देशन पर लगी पाबंदी के बावजूद उन्हें तीन फिल्में बनाने का लाइसेंस मिला। इसका परिणम था तीन मौलिक फिल्में, जो आज भी उस समय के मुग्ध करनेवाले कीर्तिमान को बनाती हैं—'धरती के लाल' (1946 में इप्टा द्वारा निर्मित, कृशन चंदर की कहानी पर आधारित और के.ए. अब्बास द्वारा निर्देशित) 'नीचा नगर' (1946 में चेतन आनंद द्वारा निर्देशित) और 'कल्पना' (1948, उदय शंकर द्वारा नृत्य-निर्देशित और निर्देशित)।

लड़ाई की वजह से अधिकतर विदेशी मदद रुक गई थी और इस कारण इंडिया कल्चर सेंटर बंद हो गया। उदय शंकर के कई शिष्य घर लौट गए। उन्होंने अपने आपको शंकर द्वारा रक्षित माहौल से बाहर पाया। सन् 1944 में गुरु दत्त अल्मोड़ा के तीन साथियों के साथ बंबई लौटे—आनंदी, मोनी और घनश्याम। आठ सदस्यीय पादुकोण घराने की पैसे की कमी के बावजूद गुरु दत्त ने अपने दोस्तों की दो महीनों तक अच्छी मेहमाननवाजी व खातिरदारी की, जब तक कि उन्हें रहने को घर नहीं मिला।

सेंटर के बंद हो जाने के बाद उदय शंकर ने 'कल्पना' पर अपना काम शुरू किया, जिसको बनाने में चार साल लगे। फिल्म गुरु शंकर नंबूदरी को समर्पित थी। सेंटर में कैसे शिष्यों को नृत्य सिखाया जाता था, यह फिल्म उसे बड़े ही रोमांचक तरीके से दरशाती है और साथ में वह दर्शन भी दरशाती है, जिससे उन्हें प्रेरणा मिली। 'कल्पना', जो कि हिंदी में बनाई गई थी, मद्रास के जैमिनी स्टूडियो में फिल्माई गई थी। यह कहानी उदयन की है (जिसको उदय शंकर ने निभाया)। एक युवा जो हिमालय के पर्वतीय प्रदेश में एक कला केंद्र खोलने का सपना देखता है। अल्मोड़ा पर आधारित इस फिल्म में उदय शंकर ने कलाकारों की पवित्रता और प्रतिबद्धता तथा धनवानों के स्वार्थ व भ्रष्टाचार का साथ-साथ चित्रण किया है। उदयन, जो कि एक महत्त्वाकांक्षी युवा है, अपनी महत्त्वाकांक्षाओं की पूर्ति में

असफल हो जाता है और इस नतीजे पर पहुँचता है कि हमारे समाज में कलाकारों के लिए कोई स्थान नहीं है। फिल्म की कमजोरी, खासकर संवादों में, के बावजूद 'कल्पना' एक प्रभावशाली अति यथार्थ एवं एक अद्‌भुत नृत्य-संरचना से परिपूर्ण फिल्म है। उसने भारतीय सिनेमा को एक रास्ता दिखाया, जिस पर वह चल सकता था, लेकिन चला नहीं।

गुरु दत्त उसे नहीं भूले, जो उन्होंने उदय शंकर के साथ अल्मोड़ा में सीखा था, न ही वह भूले कलकत्ते में बिताए अपने बचपन के समय को। जीवन भर वह बंगाली संस्कृति से जुड़े रहे। न सिर्फ इस वजह से कि उन्होंने गीता राय से शादी की थी, बल्कि बंगाली संगीत की वजह से भी (उदाहरण के तौर पर एस.डी. बर्मन और हेमंत कुमार को वह संगीत निर्देशक के रूप में लेते थे), उसका साहित्य (उनका बँगला उपन्यास 'साहिब, बीबी और गुलाम' का फिल्मी रूपांतर) और सबसे महत्त्वपूर्ण वहाँ का सिनेमा। खासतौर पर निर्देशक पी.सी. बरुआ का काम। बरुआ ने सामाजिक, भावोत्तेजक नाटक जैसे कि 'देवदास' (1936) बनाया था, जिसको बँगला लेखक शरतचंद्र चट्‌टोपाध्याय ने लिखा था। पारिवारिक समस्याओं पर आधारित कहानियों का गुरु दत्त पर गहरा प्रभाव पड़ा। गुरु दत्त का बाद का रुपहले परदे पर व्यक्तित्व देवदास की मनोदशा से बहुत कुछ मेल खाता था। गुरु दत्त हमेशा ही बंगाल की संस्कृति और वहाँ के लोगों की ओर आकर्षित होते थे, ठीक उसी तरह जैसे वह अपने बचपन में होते थे। उदय शंकर के केंद्र का बंद होना और गुरु दत्त की किशारोवस्था की समाप्ति लगभग एक समय में हुई। बंबई में उनके शुरुआती महीने आशंका से भरे थे।

गुरु दत्त को पता नहीं था कि उन्हें आगे क्या करना है। यह साफ था कि वह अब नृत्य की शिक्षा नहीं लेना चाहते थे। एक बार फिर गुरु दत्त के अंकल बी.बी. बेनेगल ही थे, जिन्होंने गुरु दत्त को एक नई दिशा दी और उन्हें अपने मददगार दोस्त बाबूराव पाई से मिलवाने पूना ले गए। पाई प्रभात फिल्म कंपनी और स्टूडियो के मुख्य अधिकारी थे। बाद में उनकी कंपनी फेमस पिक्चर्स ने प्रभात की फिल्मों का वितरण किया। गुरु दत्त बाबूराव को पहले अल्मोड़ा में मिले थे, जब एक बार पाई उदय शंकर के पास एक फिल्म प्रोजेक्ट, जो कभी आगे नहीं बढ़ पाया, की चर्चा के लिए आए थे। बाबूराव पाई के कहने पर गुरु दत्त को प्रभात में नृत्य निर्देशक की नौकरी तीन साल के अनुबंध पर मिली। संयोगवश देव आनंद को प्रभात में नौकरी दिलाने में भी बाबूराव का ही हाथ था, जो देव के लंबे फिल्मी कैरियर में पहला कॉण्ट्रैक्ट था।

शुरू में प्रभात फिल्म कंपनी का गठन वर्ष 1929 में नागपुर में वी.जी. डामले, एस. फतेहलाल, एस.वी. कुलकर्णी और वी. शांताराम ने किया था। वे सभी फिर वर्ष 1933 में पूना आ गए, जहाँ उन्होंने अपने काफी बड़े व सभी उपकरणों से सज्जित सुंदर स्टूडियो बनाए। प्रभात, न्यू थिएटर और बॉम्बे टॉकीज 1930 में उत्तर भारत के बहुत ही प्रसिद्ध स्टूडियो माने जाते थे, जहाँ एक से बढ़कर एक बेहतरीन फिल्में बनती थीं। जब कंपनी 1953 में बंद हुई तब तक प्रभात के ट्रेडमार्क, जिसमें एक युवा महिला को तुरही बजाते हुए दिखाया गया है, ने करीब पच्चीस सालों तक उसके अस्तित्व को गौरवशाली बनाए रखा। प्रभात आज भी एकदम उच्च श्रेणी के स्क्रीन ड्रामा बनाने के लिए याद किया जाता है, जैसे कि धार्मिक फिल्म 'संत तुकाराम' (1936); सामाजिक फिल्में, 'दुनिया ना माने' (1936) और 'आदमी' (1939) तथा ऐतिहासिक फिल्में जैसे 'रामशास्त्री' (1944) आदि।

वर्ष 1941 में जब वी. शांताराम बंबई चले गए, प्रभात ने अपना सबसे महत्त्वपूर्ण सदस्य खो दिया। वहाँ शांताराम ने अपनी खुद की फिल्म कंपनी बनाई—राजकमल कला मंदिर। लेकिन स्टूडियो ने फिर भी अपने स्तर को ऊँचा बनाए रखा और अपने कर्मचारियों को फिल्म बनाने के सभी तरीकों को सीखने का अवसर प्रदान किया। वैसे तो गुरु दत्त स्टूडियो में कोरियोग्राफर थे, लेकिन उन्होंने सहायक निर्देशक और एक अभिनेता का रोल भी निभाया।

गुरु दत्त प्रभात की कुछ 'बी' ग्रेड फिल्मों के छोटे-छोटे रोल में दिखे, ऐसे रोल जिनमें सिर्फ उनके परिवारवाले ही उन्हें पहचान पाते थे। वसंती पादुकोण को याद है कि कैसे उनका परिवार कितना खुश हो गया था, जब उन्होंने गुरु दत्त को एक नृत्य समूह में देखा था—उनकी हँसी जल्द ही आँसुओं में बदल गई थी, जब अगले दृश्य में गुरु दत्त लक्ष्मण की भूमिका में दिखे, जिसमें उसे एक खंभे पर बाँधकर उसकी पिटाई की गई थी। शुरुआत में स्क्रीन पर वे 'लखरानी' (1945) में दिखे थे। उस फिल्म में गुरु दत्त ने विश्राम बेडेकर के सहायक निर्देशक के रूप में काम किया। प्रभात द्वारा निर्मित एक और फिल्म 'चाँद' (1944) डी.डी. कश्यप द्वारा निर्देशित थी। उसमें बेगम पारा और सप्रू अदाकार थे। ऐसा माना जाता है कि इसमें भी गुरु दत्त ने भगवान् कृष्ण का एक छोटा सा अभिनय किया था। 'हम एक हैं' (1946) देश की एकता को दरशानेवाली फिल्म थी। पी.एल. संतोषी द्वारा निर्देशित इस फिल्म में गुरु दत्त ने हुस्नलाल-भगतराम के संगीत का नृत्य निर्देशन किया और साथ-ही-साथ सहायक निर्देशक का भी काम किया।

पूना में बिताए गए उन वर्षों में जब गुरु दत्त वहाँ रहे और काम किया, उनके सबसे घनिष्ठ मित्र थे अभिनेता देव आनंद, रहमान और रामसिंह। उनकी यह दोस्ती गुरु दत्त के लिए सेट पर काम करने के साथ-साथ उनके व्यक्तिगत जीवन में भी महत्त्व रखती थी। रहमान के साथ उनकी दोस्ती बरसों तक चली। रहमान को गुरु दत्त की प्रसिद्ध फिल्मों में काम भी मिला। रामसिंह ने भी गुरु दत्त की पहली फिल्मों में काम किया और गुरु दत्त व देव आनंद की दोस्ती की वजह से ही उन्हें वर्ष 1951 में फिल्म निर्देशन करने का मौका मिला।

देव आनंद, जिन्होंने प्रभात में एक साधारण शुरुआत की, जल्द ही हिंदी सिनेमा के बड़े स्टार बन गए। उन्होंने दिलीप कुमार व राजकपूर जैसे अभिनेताओं के साथ दो दशक तक राज किया। 1980 के दशक के बाद से देव आनंद अपने खुद के निर्माण में ही नजर आए। ये फिल्में, जो वे हर साल निर्देशित करते थे। वे स्पष्ट रूप से मानते हैं कि कैसे उन्हें अपने बीते सालों के बारे में सोचना पसंद नहीं है, कैसे उन्हें अपनी पुरानी फिल्मों को देखना पसंद नहीं है और कैसे आज में जीना सबसे ज्यादा महत्त्वपूर्ण है। वे पुराने जमाने के अदब-कायदे व सम्मोहन के साथ गजब की ऊर्जा से भरपूर हैं। जब उन्होंने प्रभात में कदम रखा था, तभी से उनमें ये गुण झलकने लगे थे। तब का विवरण उनके अपने शब्दों में—

> मैं मिस्टर बाबूराव पाई के बंबई के दफ्तर में जबरदस्ती घुस गया। यह 1946 की बात है। उन्होंने कहा, 'ठीक है, मैं तुम्हें मिलूँगा' और मैं अंदर चला गया। मेरे खयाल से तो वह मुझसे काफी प्रभावित हुए और इस वजह से उन्होंने कहा, 'मैं तुम्हें टिकट देता हूँ। तुम पूना जाकर ऑडिशन दो। डेक्कन क्यून से जाना।' मैं बहुत ही खुश हुआ। उन्होंने मुझे प्रथम श्रेणी की टिकट दी और मैं पूना चला गया। मैं प्रभात के गेस्ट हाउस में रुका और अगले दिन मैंने निर्देशक पी.एल. संतोषी को ऑडिशन दिया। फिर मैं बंबई वापस आ गया। सात दिन बाद मुझे एक टेलीफोन आया। उन्हें मेरा काम अच्छा लगा था। उन्होंने मुझे 350 रुपए प्रतिमाह वेतन और तीन साल का कॉण्ट्रैक्ट पेश किया। उन दिनों 350 रुपए बहुत ही बड़ी रकम थी। उस राशि में से 60 रुपए प्रतिमाह मैं अपनी बहन को भेज देता था, जो लाहौर में पढ़ रही थी। मेरे पहले काम की शुरुआत 'हम एक हैं' से हुई। यह फिल्म हिंदू-मुसलिम एकता पर आधारित थी। रहमान ने मुसलिम पात्र का अभिनय किया और मैंने हिंदू का। लोगों को फिल्म

पसंद आई और उसने उम्मीद से अधिक बिजनेस किया। यह राष्ट्रीय एकता पर आधारित थी—ऐसी एकता, जो कि भंग हो गई थी।

मैं गुरु दत्त से प्रभात में मिला था। हम दोनों का धोबी एक ही था, जिसने मेरी धुली कमीजें गलती से गुरु दत्त को दे दीं और उनकी मुझे। गुरु दत्त बेडेकर के साथ काम कर रहे थे और 'हम एक हैं' में उनका छोटा सा रोल था। गुरु दत्त, रहमान और मैं पूना की सड़कों पर साथ-साथ साइकिल पर घूमते थे। हमउम्र थे, इसलिए बहुत ही अच्छे मित्र बन गए। गुरु दत्त और मैंने एक-दूसरे से वादा किया कि अगर उन्हें निर्देशन करने का मौका मिला तो वह मुझे ही नायक के रूप में लेंगे। और अगर मुझे फिल्म बनाने का मौका मिला तो मैं उन्हें निर्देशन का मौका दूँगा।

वसंती पादुकोण पूना के उन दिनों की एक व्यक्तिगत बात को अपने जीवन वृत्तांत (इंप्रिंट, 1979) में याद करती हैं। इसमें वह एक शुरुआती प्रेम संबंध के बारे में बताती हैं। गुरु दत्त का एक युवा नृत्यांगना विजया के साथ प्रेम हो गया था। उस नृत्यांगना का एक शादीशुदा आदमी के साथ भी संबंध था। उस व्यक्ति की ईर्ष्यालु पत्नी विजया से छुटकारा चाहती थी। उसने गुरु दत्त, जो कि उस समय सिर्फ 19 वर्ष के थे, पर विजया के साथ शादी करने का काफी दबाव बनाया।

किसी तरह वह मुसीबत टल गई। सबकुछ ठीक हो गया। मैंने सोचा कि इससे पहले कि गुरु फिर किसी मुसीबत में पड़े, हमें उसकी शादी करा देनी चाहिए। इसलिए मैंने अपने एक हैदराबादी चचेरे भाई की बेटी स्वर्णा को चुना। उसने लड़की को देखा और मान गया। गुरु और स्वर्णा एक-दूसरे को पत्र आदि लिखने लगे। फिर अचानक सारे मेल-मिलाप बंद हो गए और उनके परिवार ने हमसे नाता तोड़ लिया तथा अपनी लड़की की शादी किसी और के साथ तय कर दी।

श्रीमती पादुकोण को जल्द ही उनके चचेरे भाई के मन के बदलाव का कारण पता चल गया। वह था एक पत्र, जो गुरु दत्त ने खुद अपने मामा को विजया वाला प्रसंग बताते हुए लिखा था। गुरु दत्त ने सोचा कि उनकी यह सच्चाई शायद शादी के बाद किसी मतभेद को उभरने नहीं देगी। गुरु दत्त की इस सच्चाई ने उनके मामा को प्रभावित नहीं किया। वह भी समाज के एक आम

आदमी की तरह ही फिल्मी जगत् को अच्छा नहीं मानते थे। वैसे आज इतने वर्षों के बाद चीजें कुछ बदल गई हैं; जैसे और अधिक कलाकार उसी आम समाज से आए हैं, लेकिन फिर भी फिल्मों में काम करना अब अच्छा ही माना जाता है। बहुत लोग एकदम दृढ़ता के साथ मानते हैं कि फिल्मों में काम करनेवाले लोग अन्य लोगों से अलग नैतिकता के साथ रहते हैं। प्यार संबंध, दूसरी शादियाँ ये सब फिल्म जगत् में आम बात है और इनसे शादी करना उन दिनों कुछ ठीक नहीं माना जाता था। वसंती पादुकोण के चचेरे भाई का भी सोचना यही था। गुरु दत्त ने अपनी भावनाएँ किसी को नहीं बताईं और किसी को नहीं पता था कि सुवर्णा से शादी न होने का उन्हें कितना दुःख था या नहीं।

वर्ष 1947 में बाबूराव पाई ने प्रभात फिल्म कंपनी में अपनी साझेदारी छोड़ दी और बंबई आ गए। यहाँ उन्होंने अपनी खुद की कंपनी शुरू की—फेमस पिक्चर्स ऐंड स्टूडियोज। वसंती पादुकोण के अनुरोध पर पाई ने गुरु दत्त को अपने बॉम्बे स्टूडियो में फिल्म 'मोहन' (1947) के निर्देशक आनंदीनाथ बनर्जी के सहायक का काम दिया। देव आनंद ने तब तक प्रभात छोड़ दिया था और स्वतंत्र कलाकार हो गए थे। उन्होंने 'मोहन' में अभिनय किया। प्रभात में दो साल रहने के बाद गुरु दत्त अपने पारिवारिक घर माटुंगा वापस आए।

पादुकोण परिवार के लिए उनकी आर्थिक परेशानी खत्म होने का नाम ही नहीं ले रही थी। वसंती को स्कूल में पढ़ाने के साथ-साथ प्राइवेट ट्यूशन भी लेने पड़ रहे थे। आत्माराम को छुट्टी के लिए कलकत्ता भेज दिया गया था, लेकिन वापस आने पर उन्हें काम की तलाश में अपनी पढ़ाई छोड़नी पड़ी। सन् 1947 के अंत में बाबूराव पाई के साथ किए गए कॉण्ट्रैक्ट के खत्म होने पर गुरु दत्त करीब एक साल तक बेकार रहे। दिशाहीन होने का दुःख और निराशा गुरु दत्त पर हावी हो रही थी। अब तक अपनी छोटी उम्र में उन्होंने काफी ख्वाब पूरे कर लिये थे। उनका नृत्य के प्रति रुझान उन्हें अल्मोड़ा ले गया। उनकी फिल्म बनाने की चाह उन्हें प्रभात ले गई। लेकिन अब उन्हें अपने सामने वास्तविक रुकावटें दिख रही थीं।

गुरु दत्त को अब यह मालूम पड़ रहा था कि आज की भौतिकतावादी जिंदगी में एक कलाकार की कीमत कितनी कम थी और कैसे एक रचनात्मक दिमाग को संतुष्ट करने के लिए व्यक्तिगत प्रतिभा ही काफी नहीं होती। उन अवसादपूर्ण दिनों में, बँटवारे के कुछ दिनों बाद, गुरु दत्त ने 'प्यासा' का पहला ड्राफ्ट लिखा। तब उन्होंने इसका नाम 'कशमकश' रखा था। पैसे की दिक्कत और उनके माता-पिता के

बीच की परेशानी की वजह से परिवार में बढ़ती अशांति ने गुरु दत्त की सफल होने की इच्छा को बढ़ाया और उनकी एक पहचान बनाने की चाह भी बढ़ी। उन दिनों का मूड और तनाव 'प्यासा' में साफ झलकता है। उनका दुनिया का हताश चेहरा दिखाना उनके बीते हुए कठिन समय को झलकाता है। उनकी बहन ललिता को याद है कि कैसे गुरु दत्त ' दि इलस्ट्रेटेड वीकली ऑफ इंडिया' के ब्रिटिश संपादक सी.आर. मैंडी के पास अपनी लघु कथाएँ भेजते थे; लेकिन उनकी कहानियाँ हमेशा एक अस्वीकृत नोट के साथ वापस आ जाती थीं। आत्माराम और गुरु दत्त काम पाने के अवसर की कमी से इतने हताश हो गए थे कि उन्होंने माटुंगा में किंग सर्कल के पास एक किताबों की दुकान खोलने का विचार किया।

आखिरकार महीनों की परेशानी के बाद गुरु दत्त अमिय चक्रवर्ती के सहायक का काम पाने में सफल हो पाए। चक्रवर्ती 1940 के दशक के चुनिंदा निर्देशकों में से एक थे और उन्होंने प्रसिद्ध बॉम्बे टॉकीज को चलाने में देविका रानी के साथ काम किया था। (1940 में उसके संस्थापक हिमांशु राय की मृत्यु के बाद) 1943 तक बॉम्बे टॉकीज अंदरूनी विवादों के कारण दो गुटों में बँट गया। देविका रानी और चक्रवर्ती को शशधर मुखर्जी तथा उनके साथियों से खिलाफत मिल रही थी (जिसमें शामिल थे ज्ञान मुखर्जी, अशोक कुमार और राय बहादुर चुन्नीलाल)। इसका नतीजा यह हुआ कि राय बहादुर चुन्नीलाल, एस. मुखर्जी, अशोक कुमार और ज्ञान मुखर्जी ने बॉम्बे टॉकीज छोड़ दिया। मार्च 1943 में उन्होंने अपनी खुद की कंपनी फिल्मिस्तान गोरेगाँव के पुराने शारदा मूवीटोन स्टूडियोज में खोली। 1949 तक अमिय चक्रवर्ती ने भी बॉम्बे टॉकीज छोड़ दिया था और वे एक स्वतंत्र बैनर के नीचे काम कर रहे थे, जब उन्होंने 'गर्ल्स स्कूल' (1949 में रिलीज हुई थी) बनाई। गुरु दत्त जब 'गर्ल्स स्कूल' में एक सहायक की तरह काम कर रहे थे तो उन्होंने फिल्म की अभिनेत्री गीता बाली के साथ दोस्ती बढ़ाई।

'गर्ल्स स्कूल' के बाद गुरु दत्त ज्ञान मुखर्जी की बॉम्बे टॉकीज की फिल्म 'संग्राम' (1950) में उनके सहायक बन गए। यह फिल्म एक क्राइम थ्रिलर थी, जिसमें अभिनय अशोक कुमार और नलिनी जयवंत ने किया था। ज्ञान मुखर्जी गुरु दत्त के लिए एक रोल मॉडल थे। वह उन्हीं की तरह फिल्म जगत् में एक बाहरी व्यक्ति की तरह थे। मुखर्जी इलाहाबाद यूनिवर्सिटी से पढ़े हुए थे और उन्होंने कलकत्ता में इंडियन साइंस इंस्टीट्यूट में वैज्ञानिक की नौकरी की। उनके दोस्त शशधर मुखर्जी ने उन्हें बॉम्बे टॉकीज में उनकी टीम में एक लेखक के तौर पर आने के लिए जोर दिया था।

आत्माराम

गुरु दत्त ने वर्ष 1947 में प्रभात छोड़ दिया, उस साल जब हमें आजादी मिली और देश का बँटवारा हुआ। उस समय फिल्मी जगत् को काफी झटका लगा और गुरु दत्त करीब एक साल तक बेकार थे। उसके बाद उन्होंने ज्ञान मुखर्जी के साथ काम किया, जिनका उन दिनों व्यावसायिक सिनेमा में बड़ा नाम था। उन्होंने 'किस्मत' फिल्म (1943) का निर्देशन किया था, जो कि एक ही सिनेमा हॉल में करीब चार या पाँच साल चली थी। 'किस्मत' उस समय की बहुत हिट फिल्म थी। गुरु दत्त ज्ञानजी के बड़े करीबी थे, जो बहुत प्रतिभाशाली थे। बॉम्बे टॉकीज की हिट्स के पीछे जो दिमाग था, वह उन्हीं का था। उनकी एक बड़ी व अच्छी लाइब्रेरी थी और वह बहुत पढ़े-लिखे थे। बॉम्बे टॉकीज में एक स्टोरी वर्कशॉप थी, जहाँ कि चार-पाँच लेखक एक साथ काम करते थे—पी.एल. संतोषी, शाहिद लतीफ, ज्ञान मुखर्जी और एस. मुखर्जी स्वयं। गुरु दत्त ज्ञानजी को बहुत सम्मान देते थे। ज्ञानजी का नाम बड़ा था, लेकिन फिर भी उनकी बाद की फिल्में सफल नहीं हुईं।

1947 में बँटवारे के वक्त कई मुसलिम टेक्नीशियन और कलाकार पाकिस्तान चले गए। बँटवारे की वजह से पूर्व बंगाल, सिंध और पश्चिम पंजाब से कई हजार हिंदू आ गए। कई हजार शरणार्थी बंबई की बढ़ती और बदलती फिल्म इंडस्ट्री में आए। फिल्में अब स्टूडियो में नहीं बनती थीं, बल्कि स्वतंत्र रूप से बनती थीं। फिल्मों का स्टूडियो से अलग बनाने का जो बदलाव था, वह '40 के दशक की शुरुआत से ही शुरू हो गया था, जब फाइनेंसर उस समय के प्रसिद्ध कलाकारों को अधिक फीस (जिसमें कैश पेमेंट भी शामिल था) की पेशकश करने लगे थे, जो उन्होंने लड़ाई के समय में ब्लैक मार्किट से कमाया था। अधिक पैसा कमाने का खयाल लोगों के लिए एक बड़ा प्रलोभन था और कई अभिनेता, संगीत निर्देशक और टेक्नीशियन स्वतंत्र फिल्म सेक्टर में फिल्में बनाने के अनुबंध करने लगे।

स्टूडियो सिस्टम को एक और झटका लगा, यह था लड़ाई के दौरान फिल्में बनाने के लिए फिल्म स्टॉक मँगवाने पर निर्बंधन। इसका मतलब था कि स्टूडियो एक तो कम फिल्में बनाएगा और साथ ही उन्हें अतिरिक्त और खाली कर्मचारियों को भी पैसा देना पड़ेगा। लड़ाई के वर्षों में स्टूडियो को लड़ाई संबंधी फिल्म बनाने को मजबूर होना पड़ा, जो कि ताजा स्थिति पर आधारित हों। स्टूडियो को चलाने के लिए आर्थिक समस्या तब और बढ़ गई जब या तो उनके संस्थापक मर गए (उदाहरण के तौर पर, बॉम्बे टॉकी के हिमांशु राय की वर्ष 1940 में मृत्यु हो गई)

या उन्होंने अपनी खुद की प्रोडक्शन कंपनियाँ खोल लीं। '50 के दशक के शुरू में द न्यू थिएटर (कलकत्ता), प्रभात फिल्म कंपनी पूना और बॉम्बे टॉकीज को अपना कारोबार बंद करना पड़ा।

बंबई का फिल्म प्रोडक्शन अधिकतर हिंदी-उर्दू बोलनेवाले पंजाबियों और थोड़े बंगाली ग्रुप, जिसमें गुरु दत्त अपनी कलकत्ता की पृष्ठभूमि के कारण अधिक घुल-मिल सकते थे, वे ही नियंत्रित करते थे। अब वे अपना पारिवारिक नाम शिवशंकर पादुकोण इस्तेमाल नहीं करते थे। अब तो सिर्फ गुरु दत्त के नाम से जाने जाते थे। (लेकिन उनके सारे कानूनी दस्तावेज और करारों पर उनका पूरा नाम ही होता था)। कई लोग उन्हें बंगाली समझते थे, क्योंकि दत्त एक बंगाली उपनाम है।

वैसे तो गुरु दत्त और उनके समसामयिक स्टूडियो पद्धति पर निर्भर नहीं हो सकते थे। लेकिन जिन निर्देशकों ने स्टूडियो के जमाने में महारत हासिल की थी, उन्होंने निर्देशकों की इस पीढ़ी को भी प्रभावित किया। ज्ञान मुखर्जी की 'किस्मत' (1943), जिसे बॉम्बे टॉकीज ने बनाया था, खोने और पाने के इस विषय (एक बार-बार दोहराई गई प्रसिद्ध कहानी, जिसमें बच्चे अपने माता-पिता से बचपन में बिछड़ जाते हैं और फिर भाग्य से दोबारा मिल जाते हैं) का पहला उदाहरण था। 'किस्मत' ने एक और प्रसिद्धि ली। यह था खलनायक का आना। यह मध्य वर्गीय परिवार का एक पढ़ा-लिखा आदमी होता है, जो जीवनयापन करने के लिए अपराध का रास्ता चुन लेता है। एक और बड़ा प्रभाव डाला महबूब खान की 'अंदाज' (1949) ने। एक प्रेम त्रिकोण का ड्रामा, जिसमें यह दिखाया गया था कि शहर में रहनेवाले अमीर आधुनिक भारत में पूर्वी और पश्चिमी सभ्यता के मूल्यों के मिश्रण से कैसे परेशानी में पड़ते हैं।

हिंदी सिनेमा में संगीत और गानों के प्रयोग की प्रथा शुरुआती निर्माण से ही बिना किसी बदलाव के चली आ रही है; लेकिन 1950 के दशक की फिल्मों ने काफी क्षेत्रों में, जिसमें संगीत भी शामिल है, अपनी पहचान बनाई। वर्ष 1940 के दशक के मध्य से फिल्मी गाने नियमित रूप से पार्श्व गायकों के स्वर में रिकॉर्ड किए होते थे। इसका मतलब यह था कि गाने अब संगीत की विविधता में लिखे जा सकते थे। 1940 के दशक के अंत और 1950 के दशक के शुरू में उर्दू के कई प्रसिद्ध कवियों ने फिल्मों के लिए गाने लिखने शुरू किए, जिससे फिल्मी गानों को बेहतर काव्यात्मकता मिली। पार्श्व गायकों के आने से और ज्यादा कलाकारों को अभिनय करने का मौका मिला, क्योंकि अब उन्हें गाने की

आवश्यकता नहीं थी। अभिनय का जो तरीका था, वह भी जल्दी ही थिएटर के तरीकों की अपेक्षा अधिक स्वाभाविकता में बदल रहा था। फोटोग्राफी और पटकथा लेखन में सामाजिक यथार्थ का प्रतिपादन करनेवाले नवप्रवर्तन ने बंबइया सिनेमा में एक नए युग का सूत्रपात किया।

1940 के दशक के अंत तक देव आनंद एक काफी अच्छे अभिनेता बन चुके थे। सन् 1948 की बॉम्बे टॉकीज की फिल्म 'जिद्दी' उनकी पहली बड़ी हिट फिल्म थी, जिसका निर्देशन शाहिद लातिफ ने किया था। बाकी अन्य निर्माताओं का अनुसरण करते हुए देव आनंद और उनके बड़े भाई चेतन आनंद ने सन् 1949 में अपनी खुद की प्रोडक्शन कंपनी 'नवकेतन' खोली। चेतन आनंद ने अपनी दूसरी फिल्म 'अफसर' (1950) नवकेतन के साथ बनाई। जब उदय शंकर का सेंटर बंद हुआ तो उसके कई कलाकार और पुराने विद्यार्थी बंबई के इप्टा में शामिल हो गए। देव आनंद ने गुरु दत्त से जो वादा किया था, उसे वह भूले नहीं। गुरु दत्त जब ज्ञान मुखर्जी के सहायक के रूप में काम कर रहे थे, तब उन्होंने उनको नवकेतन की दूसरी प्रोडक्शन का निर्देशन करने के लिए कहा। गुरु दत्त की पहली फिल्म 'बाजी' बंबई के स्वस्तिक सिनेमा में 15 जून, 1951 को रिलीज हुई।

□

NAV KETAN'S
BAAZI

बाजी

एक मशहूर फिल्मी मैगजीन 'फिल्म इंडिया' के अगस्त 1951 के अंक में गुरु दत्त की पहली फिल्म की मिश्रित समीक्षा छपी। इस पत्रिका के संपादक बाबूराव पटेल (जो पहले निर्माता थे, पर बाद में बहुत प्रभावशाली फिल्म पत्रकार बन गए) थे।

'बाजी' के नृत्य व गानों में काफी खूबसूरत पल आते हैं। कई बहुत ही उम्दा डायलॉग हैं। बहुत अनुपम कलाकार गीता बाली के अभिनय में खूबसूरती है। अगर आप निर्देशक और उन दो नई लड़कियों (रूपा वर्मन एवं कल्पना कार्तिक) के द्वारा की गई गड़बड़ को नजरअंदाज कर दें तो 'बाजी' उसके खूबसूरत दृश्यों के लिए देखी जा सकती है।

'बाजी' 1951 में रिलीज हुई। यह एक बेरोजगार ट्रैक्सी ड्राइवर और जुआरी मदन (देव आनंद) की कहानी है, जो अपनी बीमार बहन रूपा (रूपा वर्मन) का बहुत खयाल रखता है। पेड्रो (राशिद खान) मदन की ताश खेलने में जीत से बहुत प्रभावित हो जाता है। वह उसे स्टार क्लब जाने के लिए उत्साहित करता है, जिसे धोखेबाज गैंगस्टर चलाते हैं। जब मदन क्लब में जाता है तो कैबरे डांसर नीना (गीता बाली) उसे तुरंत ही चाहने लगती है और उसे यह बताने में भी देर नहीं करती। मदन की नीना में कोई दिलचस्पी नहीं है। वह एक डॉक्टर रजनी (नई अदाकारा कल्पना कार्तिक, जिससे 1954 में देव आनंद ने शादी की) से प्यार करने लगता है, जिससे वह एक स्थानीय डिस्पेंसरी में मिलता है।

मदन को पता चलता है कि उसकी बहन को तपेदिक है और उसे किसी भी तरह से उसके इलाज के लिए पैसे चाहिए। अब उसके पास स्टार क्लब में उन चालबाजों के साथ काम करने के अलावा और कोई उपाय नहीं है। क्लब का निष्ठुर मालिक (के.एन. सिंह) रजनी का पिता है। जब मदन उसकी असलियत जान लेता

है तो वह मदन को मरवाना चाहता है। नीना मदन को चेतावनी देती है कि उसकी जान खतरे में है और ऐसा करने में वह खुद मौत का शिकार हो जाती है। हत्या का अपराध मदन पर थोप दिया जाता है। मदन इस कत्ल को कबूल कर लेता है, इस डर से कि कहीं उसकी बहन को कुछ न हो जाए। उस पर मुकदमा चलता है और उसे फाँसी की सजा हो जाती है। रजनी के बचपन का दोस्त पुलिस अफसर रमेश (धवन) मदन की सहायता करता है और रजनी के पिता से चालाकी से गुनाह कबूल करवा लेता है। खलनायक पकड़ा जाता है। मदन को धोखाधड़ी और जुए के लिए कुछ समय की सजा होती है और फिर उसे रिहा कर दिया जाता है। वह रजनी को जेल के बाहर उसका इंतजार करते पाता है।

'बाजी' की पटकथा फॉर्मूले से ऊपर नहीं उठती। कथानक का अधिकांशतः अंदाजा लगाया जा सकता है और फिल्म की शैली हलकी-फुलकी रोमांचक अपराध कथावाली है। सबसे बेहतरीन दृश्य फिल्म के गानों का चित्रांकन है। इसकी बारीकी और नफासत उस शैली की उम्मीद जगाती है, जिसकी महारत गुरु दत्त में आगे चलकर दिखती है। गुरु दत्त दृश्यों को साधारण से थोड़ा अलग तरीके से दिखाते हैं। इसका एक उदाहरण वह दृश्य है, जिसमें मदन पहली बार स्टार क्लब जाता है। जैसे ही मदन क्लब में घुसता है, एक कैबरे डांस शुरू हो जाता है और वह अपने आपको उस नाचनेवाली के चंगुल में फँसा पाता है, जिसे वह अपने गाने के बोल 'शरमाए काहे, घबराए काहे' से अपनी ओर खींचती है। उसका इस तरह जाल में फँसना न सिर्फ डांसर नीना की चाहत के बारे में बताता है, बल्कि यह प्रतीक है उस अपराध के जाल का, जिसमें मदन आगे जाकर फँस जाएगा। एकदम हॉलीवुड फिल्म की तरह अगले ही दृश्य में मदन एक लंबे कॉरीडोर में जाता हुआ दिखाया जाता है, जिसमें कि एक दरवाजा दूसरे में और दूसरा तीसरे में खुलता है, जो कि अंत में काफी रहस्यमय दरवाजों में से होते हुए मदन डॉन के दरवाजे तक पहुँच जाता है।

'सुनो गजर क्या गाए' गाने का चरम बिंदु गुरु दत्त की संपादन में क्लोज-अप्स और लय का एक बेहतरीन उदाहरण है। नीना को मदन को मारने की चाल का पता चल चुका है। वह उसे चेतावनी देने की कोशिश करती है, लेकिन नहीं दे पाती; क्योंकि उस पर नजर रखी जा रही है। रात हो जाती है और नीना का कैबरे पेश करने का समय हो जाता है। मदन मेहमानों के साथ एक टेबल पर बैठा है और हत्यारे 'बार' के पास खड़े हैं। नीना मदन को उसकी जिंदगी पर मँडराने वाले खतरे की अपने गाने के माहौल के तनाव से चेतावनी देती है। गुरु दत्त माहौल बड़ी खूबी

से बनाए रखते हैं। तीनों एक्शन, जिनमें नीना डांसर, संदेह–विहीन मदन और उसे मारने का सही मौका ढूँढ़ते हत्यारों के बीच के टेंशन को बहुत ही सही तरीके से उन्होंने बनाए रखा है। गाने का चरम बिंदु चौदह शॉट्स में बँटा हुआ है, जिसे एक लगातार चलती हुई क्रेन शॉट (ऊपर से नीचे) से काटा गया है। नीना और डांसर्स तथा सबकी आँखों का क्लोजअप। हम नीना का एक शॉट देखते हैं, उसके बाद एक क्लोजअप, जिसमें एक जैकेट से रिवॉल्वर बाहर निकलता है, फिर दोबारा नीना, फिर उसे काटकर वापस हत्यारे की आँखों का क्लोजअप, फिर दोबारा नीना, फिर उसे काटकर मदन की आँखों का क्लोजअप इत्यादि। गाने की अंतिम पंक्ति के बाद हम गोली की आवाज की उम्मीद करते हैं। लेकिन मदन को गोली नहीं लगती; बदले में दृश्य का अंत तालियों की गड़गड़ाहट की आवाज से खत्म होता है।

पार्श्व गायिका गीता राय की प्रस्तुति 'तदबीर से बिगड़ी हुई तकदीर बना ले', जिसका अभिनय गीता बाली ने किया है, एक और अच्छा उदाहरण है। गुरु दत्त में यह स्वाभाविक गुण था कि वह गीतों का प्रयोग न केवल उनकी काव्यात्मक व कलात्मक सुंदरता से आकर्षण पैदा करने के लिए बल्कि कहानी को आगे बढ़ाने के लिए भी इस्तेमाल करते थे। गाने के बोल 'अपने आप पर भरोसा रखो और पासा फेंको' ने मदन के लिए एक उत्प्रेरक का काम किया। उसका अपनी आत्मा के साथ संघर्ष खत्म हो जाता है और सीन के अंत में मदन सोचता है कि अपने जीवन के साथ जुआ खेलेगा और स्टार क्लब में शामिल हो जाएगा।

राजकपूर की 'आवारा' (जो कि उसी वर्ष रिलीज हुई जिस साल 'बाजी' हुई) में राज की तरह मदन भी बिलकुल 1950 के दशक का हीरो है। एक अकेला इनसान, जो कि किसी परिवार और वर्ग से वंचित है। जो जीने के लिए नैतिक मूल्यों को भी बदलने को तैयार है। 'बाजी' में अपराधीकरण, सामाजिक गतिशीलता के लिए एक आसान रास्ते की तरह देखा गया है। टैक्सी ड्राइवर मदन जब अपराधी बनकर अच्छे कपड़े पहनने लगता है, तब वह डींगें मारता है कि कॉलेज की लड़कियाँ उस पर मरती हैं। यहाँ यह बताने की कोशिश की गई है कि अब उसे सभी वर्गों में मान्यता मिल गई है। सही और गलत के पूरे विचार धुँधला जाते हैं, क्योंकि मदन के मूल्य अब पारंपरिक आस्था की जगह जिंदा रहने पर निर्भर हैं। बाजी में मदन की भूमिका की लोकप्रियता ने चेतन आनंद को उसी चरित्र पर एक फिल्म बनाने के लिए प्रेरित किया, जिसका नाम था 'टैक्सी ड्राइवर' (1954)। इसमें भी अभिनय देव आनंद ने ही किया। 'बाजी' की नायिका सामाजिक अंतर को

गुरु दत्त की पहली फिल्म 'बाजी' (1951) में देव आनंद और गीता बाली

नजरअंदाज करती है और वह मानती है कि गुनाहगारों को भी प्यार से बदला जा सकता है। दर्शक भी इस नए हीरो के साथ तादात्म्य स्थापित कर सकते थे, क्योंकि वे खुद भी सामाजिक परिवर्तन के दौर में थे।

गुरु दत्त की खुद की एक छोटी झलक इस फिल्म में कुतूहल उपजाती है। बाजी का पहला शॉट एक देहरी का लो एंगल व्यू है, जो कि मुश्किल से नजर आता है। एक अनजान व्यक्ति वहाँ सड़क की तरफ टकटकी लगाए बैठा है। जैसे ही एक गाड़ी सीन में आती है, वह युवक (गुरु दत्त) क्षण भर के लिए कैमरे की तरफ देखता है और फिर दूसरी ओर देखने लगता है। पैड्रो (अभिनेता राशिद खान) गाड़ी से निकलकर द्वारपथ में जाता है, जिसका पीछा उस व्यक्ति की टकटकी निगाहें करती हैं, जो कि पूरी तरह अपनी किस्मत का मारा है।

निर्देशकों का अपनी फिल्मों में एक छोटी झलक में आना कोई नई बात नहीं है। इसका सबसे प्रसिद्ध उदाहरण है एल्फ्रेड हिचकॉक। हिचकॉक का परदे पर आना उनके काम का ध्यान बाँटने का एक तरीका है, क्योंकि जब वे स्क्रीन पर आते हैं (ज्यादातर फिल्मों की शुरुआत में) तो दर्शक उनको देखने के बजाय अपना ध्यान कहानी पर केंद्रित करते हैं। ज्यादातर मौकों पर समझदार दर्शकों को दिए ये छोटे-

फिल्म 'बाजी' का एक दृश्य

छोटे इशारे इस बात के द्योतक होते हैं कि निर्देशक स्टार स्टेटस रखता है। गुरु दत्त, जो अपने कैरियर की इस अवस्था में दर्शकों के लिए अनजान थे, वह एक भुला देनेवाले राहगीर की तरह नहीं बल्कि उस अभिनेता की तरह थे जो कि आगे की फिल्मों 'प्यासा' का विजय या 'कागज के फूल' का सुरेश सिन्हा हो सकता था—निराश और हताश।

गुरु दत्त आगे आनेवाली फिल्मों में उन पृष्ठभूमियों और चरित्र चित्रणों को, जो कि 'बाजी' में थे, दोहराते हैं। एक चलती गाड़ी में एक हीरो और हीरोइन के बीच या यात्री और ड्राइवर के बीच का वार्त्तालाप दोबारा फिर 'आर-पार' और 'मिस्टर ऐंड मिसेज 55' में है। गाड़ी या टैक्सी सामाजिक अंतर को दिखाने का एक सही स्थान है। हीरो काम करनेवाला ड्राइवर है और यात्री बहुत प्राधिकृत है, और यात्रा का अवसर भिन्न पृष्ठभूमिवाले व्यक्तियों के लिए एक स्वाभाविक संदर्भ प्रदान करता है। (जैसा कि प्राय: भारतीय वृत्तांतों में होता है।) बाजी के हास्य गीत 'दिल ये क्या चीज है' को किशोर कुमार ने देव आनंद के लिए 1940 के दशक के तरीके से गाया, जिसमें सड़क पर चलते आम आदमियों ने भी हिस्सा लिया, जो गुरु दत्त की बाद की हास्य फिल्मों में आम बात थी। मदन और कालू (आर-पार) के

व्यवहार में भी समानता है। दोनों में लज्जा और प्रभावशाली व्यक्तित्व को दरशाया गया है—ढीठ किस्म के नायक स्नानघर से निकलते हुए आधे वस्त्रों में दिखने से बचने के लिए छिपते हैं, जब उनके प्रियजन सामने आ जाते हैं।

विजय पादुकोण

> सन् 1950 में हम पाँच—गुरु दत्त, आत्मा, लल्ली, देवी और मैं—माटुंगा के पड़ोस के अन्य बच्चों के साथ ट्राम पर चढ़ गए। (उन दिनों बंबई में ट्राम चलती थी) हम गणतंत्र दिवस (26 जनवरी) मना रहे थे। पूरा शहर सजा हुआ था। उस समय मैं नौ वर्ष का था।
>
> गुरु दत्त मुझसे अपने लिए गोल्ड फ्लेक सिगरेट खरीदने को कहते। यह उन दिनों की बात है, जब देव आनंद ने उन्हें 'बाजी' के लिए साइन किया। गुरु दत्त महालक्ष्मी की फेमस सिने बिल्डिंग बस से जाते थे, जहाँ देव आनंद का ऑफिस था। फिल्म निर्माण के दौरान देव साहब की वैन गुरु दत्त को रोज सुबह लेने के लिए आती थी। शूटिंग फेमस में होती थी। मैं दस वर्ष का रहा हूँगा, जब मैं रात की शूटिंग देखने के लिए सेट्स पर गया। वह गीता बाली और देव आनंद के बीच एक गंभीर सीन की शूटिंग कर रहे थे। एक ब्रेक के दौरान गीता ने मुझे पीने के लिए एक कोक दिया। जब अगला शॉट तैयार था और डायलॉग शूट किए जा रहे थे, तभी मैंने जोर से डकार ली। गुरु दत्त अपना आपा खो बैठे। वह मेरी तरफ आए और मुझे डाँटा। उन्होंने कहा, 'इस लड़के को वापस घर ले जाओ।' गीता ने मुझे बचाया। तब मैंने पहली बार उन्हें सेट्स पर देखा था।

पहली फिल्म बनाने के उत्साह के साथ-साथ 'बाजी' ने गुरु दत्त को बहुत सारे प्रतिभाशाली व्यक्तियों के साथ काम करने का मौका दिया। हालाँकि मशहूर शायर साहिर लुधियानवी फिल्म 'नौजवान' के लिए 1950 में लिख चुके थे, लेकिन 'बाजी' के गीतों की सफलता ने उन्हें एक फिल्म गीतकार के रूप में स्थापित करने में सहायता की। संगीत निर्देशक एस.डी. बर्मन की बहुत सराहना हुई। विशेषत: उनके गीत 'तदबीर से बिगड़ी हुई तकदीर बना ले' ने अत्यधिक उत्तेजना पैदा कर दी। दर्शक बार-बार इस गाने को सुनने के लिए सिनेमा हॉल में आ रहे थे। वर्ष 1983 में सिनेमा विजन ने एक विशेष संस्करण निकाला था 'द गोल्डन एज ऑफ हिंदी फिल्म म्यूजिक'। सिद्धार्थ काक द्वारा संपादित इस संस्करण में

एस.डी. बर्मन ने एक लेख 'फार अवे फ्रॉम द वर्ल्ड ऑफ म्यूजिक' लिखा, जिसमें बर्मन ने टिप्पणी की है—

> इस फिल्म का सबसे मुख्य प्रयोग था एक गज़ल—'तदबीर से बिगड़ी हुई तकदीर बना ले'। इसे पाश्चात्य संगीत की शैली में ढाला गया था इसे पार्श्व गायिका गीता राय ने गाया था। जब फिल्म रिलीज के लिए तैयार थी तो मैं भी चिंतित था। क्या मैंने गलती की? जब मैं छुट्टी बिताने कलकत्ता गया तो 'बाजी' के रिकॉर्ड्स बाजार में आ चुके थे। कुछ दिनों बाद मेरे एक मित्र ने मछली पकड़ने के लिए इच्छापुर जाने का सुझाव दिया। फुटबॉल और मछली पकड़ने से मेरा हमेशा ही प्यार रहा है। हमने कोई मछली नहीं पकड़ी। वास्तव में नटखट बच्चों का एक झुंड पानी में खेल रहा था। उनसे घबराकर मछलियाँ तल में जा छिपी थीं। मैं उन नटखट बच्चों को वहाँ से भगाना चाहता था। लेकिन जब मैं उनके पास गया तो मैंने उन्हें गाते हुए सुना। मैं मछली पकड़ने के बारे में भूल गया, क्योंकि प्रयोग सफल रहा था। वे 'तदबीर से बिगड़ी हुई…' गाना गा रहे थे।

फिल्म 'बाजी' का एक दृश्य

गुरु दत्त ने 'बाजी' की कहानी का श्रेय बलराज साहनी के साथ बाँटा, जो वर्ष 1949 तक इप्टा में प्रमुख स्थान रखते थे। इप्टा के बहुत से प्रतिभाशाली सदस्यों के काम की वजह से उसका हिंदी सिनेमा पर परोक्ष परंतु शक्तिशाली प्रभाव था, जिसने इसमें सामाजिक सरोकार की सच्ची संवेदना आई। अब्बास की 'धरती के लाल' से साहनी ने 1946 से फिल्मों में काम करना शुरू किया और कभी-कभी रूसी फिल्मों की हिंदी डबिंग की। डबिंग महालक्ष्मी स्थित फेमस स्टूडियोज में होती थी, जहाँ चेतन और देव आनंद ने अपने नवकेतन ऑफिस खोले थे। चेतन आनंद गवर्नमेंट कॉलेज, लाहौर में बलराज साहनी के साथ पढ़े थे और इप्टा के सदस्य थे। उन्होंने साहनी को 'बाजी' पर काम करने के लिए आमंत्रित किया। अपनी जीवनी 'बलराज साहनी बाई बलराज साहनी' (हिंद पॉकेट बुक्स, दिल्ली, 1979) में साहनी ने गुरु दत्त के साथ किए गए काम के तजरबे के बारे में लिखा है।

साहनी ने महसूस किया था कि गुरु दत्त की स्क्रिप्ट बहुत कमजोर थी। उन्होंने दृश्यों व संवादों पर काम करने के लिए और अधिक समय लगाने की इच्छा व्यक्त की थी। साहनी याद करते हैं कि किस तरह पूरी-पूरी रात उनके घर पर या माटुंगा के गुरु दत्त के फ्लैट पर काम करते थे। साहनी का विश्वास था कि पटकथा फिल्म का सबसे मुख्य तत्त्व है, पर उन्होंने महसूस किया कि गुरु दत्त शशधर मुखर्जी के फिल्म-निर्माण की विचारधारा से प्रभावित थे। वह गानों को ज्यादा महत्त्व देते थे। मुखर्जी विश्वास करते थे कि स्क्रीनप्ले कृत्रिम और कमजोर होना चाहिए, जिससे दर्शक गाने के लिए बेचैन हो जाएँ। मुखर्जी सोचते थे कि यदि दर्शक कहानी में ज्यादा तल्लीन हुए तो वे गाने या नृत्य को अवांछित घुसपैठ समझेंगे। साहनी ने फिल्म का अंत ढूँढ़ने में हुई कठिनाई के बारे में लिखा है कि वह और गुरु दत्त कैसे निर्देशक लेखक जिया सरहदी के पास सलाह के लिए गए। सरहदी ने हॉलीवुड की एक पुरानी फिल्म से आइडिया लेकर समस्या का समाधान कर दिया।

'बाजी' और 'हलचल' (1951) फिल्में, जिनमें साहनी उस समय एक्टिंग कर रहे थे, साथ-साथ सेट्स पर थीं, परिणामस्वरूप साहनी कभी भी 'बाजी' के सेट पर नहीं गए। उन्हें फिल्म की प्रगति के बारे में गुरु दत्त के सहायकों राज खोसला और कुलदीप कोहली द्वारा दी गई जानकारी से ही पता लगा। जब साहनी को पता लगा कि पटकथा तीन अतिरिक्त गानों के समावेश के साथ कई बार बदल चुकी है तो उन्होंने चेतन आनंद से शिकायत की। इस मतभेद ने साहनी व गुरु दत्त

के रिश्तों की गर्मजोशी को ठंडा कर दिया और उन्होंने फिर कभी एक साथ काम नहीं किया।

'बाजी' की सफलता का गुरु दत्त के जीवन पर बहुमुखी प्रभाव पड़ा, जिसमें गुरु दत्त का अपने परिवार के माटुंगा के फ्लैट के लिए एक छत के पंखे को खरीदकर उत्तेजित होना सम्मिलित है। तब वह छब्बीस साल के थे और पार्श्व गायिका गीता राय से प्यार करते थे, जिससे उनकी 'तदबीर से बिगड़ी हुई' गाने की रिकॉर्डिंग पर मुलाकात हुई थी। गीता राय का जन्म फरीदपुर (अब बँगलादेश) में हुआ था और बचपन में उन्हें संगीत की शिक्षा गुरु हिरेंद्रनाथ नंदी ने दी। सन् 1942 में 'भारत छोड़ो' आंदोलन के दौरान उनका परिवार पूर्वी बंगाल छोड़कर बंबई में रहने लगा। गुरु दत्त के माता-पिता की तरह ही राय परिवार के पास पैसा कम ही था। वे अधिक समय तक गीता की संगीत की शिक्षा का भार न उठा सके। यद्यपि कॉम्पोजर हनुमान प्रसाद ने उन्हें वर्ष 1946 में भक्त प्रह्लाद में गाने का अवसर दिला दिया था, संगीत निर्देशक एस.डी. बर्मन के द्वारा गीता राय अपने गाने 'मेरा सुंदर सपना बीत गया' से पहली बार मशहूर हुईं। यह गाना फिल्म 'दो भाई' (1947) के लिए रिकॉर्ड किया गया था। निर्माता की आशंका के बावजूद एस.डी. बर्मन ने गीता द्वारा गाना गाए जाने पर जोर दिया। गीता उस समय पंद्रह साल की थीं, लेकिन उनकी आवाज का जादुई प्रभाव त्वरित था और इस गाने के बाद ऐसी बहुत सारी सफलताएँ मिलीं। गीता राय ने अपने समय के लगभग सभी मुख्य संगीत निर्देशकों के साथ काम किया तथा स्टार स्टेटस प्राप्त कर चुकी थीं, जब गुरु दत्त और उनका परिवार पहली बार उनसे 'बाजी' के मुहूर्त के दौरान मिला। उस दिन पहले सीन में गीता राय के गाने 'तदबीर से बिगड़ी हुई' को गीता बाली पर फिल्माया गया।

इसके बाद गीता राय ने माटुंगा में गुरु दत्त से मिलना शुरू कर दिया और अपनी सफलता व प्रसिद्धि के बावजूद उन्होंने विनम्रता दिखाई, जिसने उन्हें पूरे पादुकोण परिवार का चहेता बना दिया। वसंती पादुकोण याद करती हैं कि जब उनका पसंदीदा बँगला गाना 'तुमी जोदी बोलो भालोबाशा' गाया करती थीं, गुरु दत्त जो उसके प्यार में थे, बहुत खुश होते थे। यद्यपि यह युवा जोड़ी शादी के लिए उत्सुक थी, गीता का परिवार घर के लिए पैसा कमानेवाले सदस्य को छोड़ने के लिए तैयार न था और शादी दो वर्ष के लिए स्थगित कर दी गई।

आत्माराम

> 'बाजी' एक बड़ी सफलता थी। यह एक सिनेमाघर में 25 हफ्ते तक चली और इससे गुरु दत्त की निर्देशक के रूप में पहचान बन गई। गीता उस समय के सबसे अच्छे गायकों में से एक थीं। इस तरह वे फिल्म बनाने के दौरान मिले और बाद में शादी कर ली। गीता का बड़ा ही सजीव व्यक्तित्व था। वह एक महान् गायिका थीं और एक बहुत अच्छी इनसान। उनके दो पुत्र हुए—तरुण (जन्म 1954) एवं अरुण (जन्म 1956) और एक पुत्री नीना (जन्म 1962)। शुरू के वर्षों में गुरु दत्त की फिल्मों की सफलता के लिए गीता का काफी योगदान रहा।

'बाजी' से गुरु दत्त के जीवन और पेशे में कई चीजों की शुरुआत हुई, जिसमें कॉमेडियन जॉनी वाकर से मेल-जोल सम्मिलित है। '50 के दशक के मध्य तक जॉनी वाकर हिंदी सिनेमा के एक प्रमुख कॉमेडियन बन चुके थे और बहुत सारी फिल्में बॉक्स ऑफिस पर उन्हीं के नाम पर बिकीं। जॉनी वाकर का जन्म इंदौर में हुआ। उनका असली नाम बदरुद्दीन जमालुद्दीन काजी था। फिर उनका परिवार बंबई में आकर रहने लगा। तब वह किशोर थे। बदरुद्दीन के पास पैसे की तंगी थी। फिल्मों में एक्स्ट्रा का काम करने से पहले उन्होंने कुछ समय के लिए बंबई की बी.ई.एस.टी. पर कंडक्टर का काम किया। सबसे पहले बदरुद्दीन ने शराबी की या 'हलचल' के एक्टर्स के मनोरंजन के लिए लंच ब्रेक के दौरान सड़क के हॉकर की एक्टिंग करके, जिसमें वह एक्स्ट्रा का काम कर रहे थे—अपनी पहचान बनाई।

बलराज साहनी बदरुद्दीन की प्रतिभा से इतने प्रभावित हुए कि उन्होंने उन्हें काम दिलाने का वादा किया और वह अवसर उन्हें 'बाजी' में मिला। साहनी ने बदरुद्दीन से कहा कि नवकेतन के ऑफिस में घुस जाना, जहाँ चेतन आनंद, देव आनंद, गुरु दत्त और साहनी काम कर रहे थे। बदरुद्दीन की शराबी वाली एक्टिंग ने वहाँ सभी को खुश कर दिया और जब बलराज साहनी ने बदरुद्दीन को नमस्कार करने को कहा तो वहाँ सभी एक चिल्लाते शराबी से बहुत शरीफ आदमी में बदलते हुए व्यक्तित्व को देखकर अत्यंत प्रभावित हुए। 'बाजी' के लगभग आधा पूरा होने के बावजूद गुरु दत्त ने उनके लिए फिल्म में एक भूमिका तैयार की।

जॉनी वाकर

> 'बाजी' में एक सीन था, जिसमें मैं एक लेटर लेकर, कैदी बन के—जो शराब पिया हुआ था—अंदर जाकर मदन (देव आनंद) को देता हूँ। गुरु दत्तजी ने कहा, 'इसमें ज्यादा डायलॉग्स वगैरह तो हैं नहीं, तुम ये लेटर लो, अंदर जाओ और उसको दो। जहाँ तक जो तुम्हारी समझ में आए, जैसे ऑफिस में आकर तुमने मुझसे कहा न, वैसे ही तुम शुरू होना। मैंने कहा, चलो ये भी चांस अच्छा मिला। मैंने जनाब इतने जोरदार तरीके से वह हिसाब-किताब जमाया, क्योंकि उस मामले में मैं बहुत परफेक्ट था। और पहली वो पिक्चर 'बाजी' थी, जिसमें लोगों ने मुझे पहचाना कि मैं भी कोई एक्टर हूँ। वरना उससे पहले होता ये था कि मैं दोस्त को टिकट लेकर सिनेमा में ले जाता था और बताता था कि 'देख, अभी मैं आने वाला हूँ'। उसको पता नहीं चलता कब मैं आया, कब मैं निकल गया। 'बाजी' मेरी पहली पिक्चर थी, जिसमें लोगों ने मुझे पहचाना और गुरु दत्त साहब की पहली पिक्चर थी। ऊपरवाले की मेहरबानी ऐसी रही कि उनकी आखिरी पिक्चर तक मैं बराबर काम करता रहा।

यद्यपि 'बाजी' और 'जाल' में उनके असली नाम से क्रेडिट दिया गया है, बदरुद्दीन की 'बाजी' के बाद शराबी के रूप में पहचान उनके लिए अपना फिल्मी नाम एक व्हिस्की ब्रांड के नाम पर रख लेना उचित प्रतीत होता है। जॉनी वाकर की तरह ही राज खोसला ने भी, जो बाद में एक प्रमुख निर्माता-निर्देशक बने, अपने काम की शुरुआत 'बाजी' से ही की। खोखला का प्लेबैक सिंगर बनने का सपना था। लेकिन उनके दोस्त देव आनंद ने सुझाव दिया कि जब तक वह गायकी में अपना नाम बनाएँ तब तक नवकेतन में काम कर सकते हैं। राज खोसला ने चार फिल्मों—'बाजी', 'बाज', 'जाल' और 'आर-पार' में गुरु दत्त के सहायक के तौर पर काम किया। राज खोसला का 'बाजी' में एक छोटा सा रोल है, जिसमें वह एक पुलिस सुपरिंटेंडेंट हैं और विश्वास करते हैं कि नीना की हत्या का दोषी मदन है। राज खोसला के अपने मित्र और गुरु के प्रति सच्चे प्यार के बावजूद उन्होंने कभी विश्वास नहीं किया कि वह गुरु दत्त को वाकई समझ सके हैं। राज खोसला की उनकी दु:ख और खुशी की यादों ने उन्हें हमेशा भाव-विह्वल किया है। कभी-कभी आँसुओं तक—

उन दिनों मैं एक प्लेबैक सिंगर बनने की कोशिश कर रहा था। मैं देव आनंद को जानता था और एक दिन उन्होंने मुझसे कहा, 'राज, गुरु दत्त नाम का मेरा एक दोस्त है।' मुझे वह वाक्य याद है, तुम जानते हो, 'गुरु दत्त नाम का मेरा एक दोस्त'। देव ने यों ही उनके नाम का जिक्र किया और कल्पना करिए कि वही नाम एक दिन सारी दुनिया में चमकना था।

देव ने मुझसे कहा, 'गुरु दत्त मेरी अगली फिल्म निर्देशित करने जा रहे हैं। आप उनके सहायक क्यों नहीं बन जाते? कम ऑन राज, हम एक साथ काम करेंगे, जल्दी ही आप गाएँगे भी।' इसलिए मैं गुरु दत्त से मिला और उन्होंने मुझसे पूछा, 'क्या तुम्हें सहायक के तौर पर काम करने का तजरबा है?' मैंने कहा, 'हाँ, मुझे है।' बकवास, मैं फिल्म-निर्माण के बारे में कुछ नहीं जानता था। दूसरी बात उन्होंने पूछी, 'क्या तुम हिंदी जानते हो?' मैंने उत्तर दिया, 'हाँ, मैं हिंदी जानता हूँ।' मैं हिंदी में लिख नहीं सकता था। मैं पंजाब के गुरदासपुर का रहनेवाला हूँ, इसलिए मैं उर्दू जानता था। उन दिनों पंजाब में उर्दू पढ़ना आम बात थी, यहाँ तक कि आज भी बहुत से पंजाबी, जो चालीस वर्ष से अधिक के हैं, उर्दू लिखना जानते हैं, हिंदी नहीं। गुरु दत्त ने कहा, 'ठीक है, कल से शुरू करो।' मैं वहाँ से भागा और सबसे पहले मैंने हिंदी की वर्णमाला खरीदी। मैंने अक्षर क ख...सीखना शुरू किया।' लगभग छह या सात दिन बाद गुरु दत्त ने कहा, 'इन डायलॉग सींस को लिखो।' उस समय तक मैं कुछ हिंदी सीख गया था। जब मैं एक सीन लिख रहा था, उन्होंने पूछा, 'हिंदी सीखना कब शुरू किया?' मैंने कहा, 'उसी दिन, जिस दिन आपने पूछा कि क्या तुम हिंदी जानते हो।' उन्होंने कहा, 'बहुत अच्छा, इससे कोई फर्क नहीं पड़ता। यह कुलदीप ('बाजी' में गुरु दत्त का दूसरा सहायक) को दे दो, वह लिखेगा इन्हें।' तत्काल हम एक-दूसरे को पसंद करने लगे।

'बाजी' की सफलता के बावजूद चेतन आनंद और गुरु दत्त के बीच तनाव की अफवाहें फैल गईं। ऐसी अटकलें लगाई जा रही थीं कि चेतन आनंद ने कहा कि गुरु दत्त अभिनेत्री कल्पना कार्तिक को उपयुक्त तरीके से निर्देशित नहीं कर रहे।

इसलिए फिल्म की तीन दिन की शूटिंग का कार्यभार उन्होंने खुद सँभाला। गुरु दत्त ने इस्तीफा देने का विचार बनाया; लेकिन उनके दोस्त देव आनंद बीच में आए और सुनिश्चित कराया कि गुरु दत्त को अकेला छोड़ दिया जाए। 'बाजी' के बाद नवकेतन के लिए फिर से काम करना असंभव प्रतीत होता था और गुरु दत्त ने एक नया निर्माता ढूँढ़ा—फिल्म आर्ट्स के टी.आर. फतेहचंद। वह सिंध के एक शरणार्थी थे। उनके साथ गुरु दत्त ने अपनी अगली फिल्म 'जाल' बनाई। यह फिल्म 12 सितंबर, 1952 को बंबई के कमल थिएटर में रिलीज हुई।

□

जाल

गुरु दत्त की दूसरी फिल्म 'जाल' थी। 'फिल्म फेयर' ने अपनी समीक्षा में इस फिल्म में ईसाई मछुआरे समुदाय के वास्तविक चित्रांकन की काफी प्रशंसा की। इस समीक्षा में यह भी कहा गया है कि गुरु दत्त ने अपने निपुण निर्देशन तथा मजबूत चित्रांकन से काफी अच्छा काम किया है। नवंबर 1952 की 'फिल्म इंडिया' पत्रिका की समीक्षा में बाबूराव पटेल गुरु दत्त की प्रच्छन्न प्रतिभा के संदर्भ में कहते हैं—''यह फिल्म उन्हें एक निर्देशक के रूप में स्थापित करती है, जिन्हें अपने काम की पूरी जानकारी है और वे अब 'बाजी' के अपरिपक्व निर्देशक नहीं हैं। अपने सहज निर्देशन से गुरु दत्त ने 'जाल' में सबको रिझाया है तथा भविष्य में वे अगर कुछ और उद्देश्य तथा ऊर्जा प्रस्तुतीकरण में भरेंगे तो बहुत सूझ-बूझवाले निर्देशक कहलाएँगे।''

इस प्रशंसा के बाद फिल्म के निर्देशन की विफलताओं पर ध्यान आकृष्ट किया गया है। गुरु दत्त की लिखी 'जाल' की कहानी का परिप्रेक्ष्य पश्चिम तट पर स्थित एक छोटे से गाँव के मछुआरों के जीवन-संघर्ष तथा विदेशी शासन (पुर्तगाली शासन के अधीन गोवा से अभिप्राय) पर केंद्रित है। आम तौर पर इन किरस्तानी मछुआरों को मौज-मस्ती करनेवाला और जमकर पीनेवाला दिखाया जाता है। लेकिन यहाँ उससे हटकर उन्हें सम्मानित एवं परिश्रमी मछुआरों के रूप में दरशाया गया है। उस समुदाय के शांतिमय जीवन में विघ्न डालने के लिए बंबई से सोने का तस्कर टोनी (देव आनंद) पहुँच जाता है। मारिया (गीता बाली), जो एक खूबसूरत मछुआरिन है, अपने अंधे भाई कार्लो (के.एन. सिंह) तथा मित्र सैमन (रामसिंह) की बातों पर ध्यान नहीं देती। लीसा (पूर्णिमा) भी उस धोखेबाज के चंगुल से बचकर रहने की सलाह देती है। पर मारिया जल्द ही उसकी अदाओं पर लट्टू हो जाती है और यह मानने लगती है कि उसका प्रेम पवित्र है। लेकिन वह अब भी

अपने अपराध की साजिशें करने में लगा है।

आखिरी दृश्य में मारिया पुलिस और टोनी के बीच की गोलीबारी में फँस जाती है। टोनी भागने के फिराक में है। खतरे को जानकर मारिया टोनी की तरफ भागती है। यूँ तो वह उसे मारने की धमकी देता है, परंतु उसे हानि नहीं पहुँचा पाता। मारिया टोनी को समझाती है कि कोई भी इनसान पूरी तरह से बुरा नहीं होता और वह भी चाहे तो बदल सकता है। मारिया की बातों से तथा पवित्र प्रेम से पिघलकर टोनी पुलिस के सामने आत्मसमर्पण कर देता है। उसके मन में यह अहसास होता है कि मारिया इंतजार में उसकी राह देखेगी।

गीता बाली की भूमिका बहुत ही सराहनीय है। उसे ईश्वर तथा धर्म पर पूर्ण विश्वास है। मारिया चर्च के प्रवचनों से प्रेरित होकर उसी में पनाह लेती है। वह यह भी मानने लगती है कि जो इनसान गलत काम करते हैं, उन्हें माफ करना चाहिए। इस विश्वास से प्रेरित होकर वह टोनी को भी बदलती है। उसका यह विश्वास कभी नहीं डगमगाता कि उसका पवित्र प्रेम व ईश्वर टोनी को बचाएँगे। इस फिल्म ने गाँव की पवित्रता तथा शहरों की बुराइयों को टोनी तथा मछुआरों के जीवन के माध्यम से दरशाया है। चर्च की वेदी पर मारिया टोनी से वादा करवाती है कि वह कभी उसे धोखा नहीं देगा। वह जल्दी ही इस वादे को भूलकर उसे बीच समुद्र में छोड़ देता है। फिर भी मारिया उसे भूल नहीं पाती। उसकी हर हरकत को माफ करती है। इस फिल्म की शुरुआत में ही यह बताने की कोशिश की गई है कि जो सही रास्ते से भटकते हैं, उन्हें माफ करना हमारा धर्म है। रविवार के चर्च के उपदेश में पादरी यह कहते हैं—

बुराई करने वालों की तरफ ध्यान न दें
बुराई करने वालों को परखें नहीं
जो अपने रास्ते से भटकते हैं उन्हें रोकें
जिन्होंने
पाप किया है उन्हें क्षमा करें।

गुरु दत्त की 'जाल' उनकी एकमात्र ऐसी फिल्म है, जिसके प्रमुख पात्र धार्मिक शक्तियों से प्रेरित हैं। उनकी व्यक्तिगत इच्छा केवल अपने धर्म तक ही सीमित न रही। एक सारस्वत ब्राह्मण होते हुए भी अन्य धर्मों में उनकी रुचि थी। उनकी फिल्मों के इसलाम और किरस्तानी प्रवचनों से यह पता चलता है कि वे

अपने किरदारों के माध्यम से धर्मनिरपेक्ष भारत की छवि प्रस्तुत करना चाहते हैं। केवल इतना ही नहीं, वे इन किरदारों के बीच सामंजस्य भी दिखाना चाहते हैं। वैसे तो 'जाल' फिल्म किरस्तानी समुदाय के परिप्रेक्ष्य में बनी थी, लेकिन वह चर्च के दृश्यों तक सीमित नहीं रही। मछुआरों के गाँव की आवाजों में हमें इसमें कई बार अजान भी सुनाई देती है।

अप्रैल 1952 में 'स्क्रीन' में गुरु दत्त का एक साक्षात्कार प्रकाशित हुआ था। पुनः फिल्म इतिहासकार फिरोज रंगूनवाला ने अपनी किताब 'गुरु दत्त : 1925-1965 ए मोनोग्राफ' (1973 में नेशनल फिल्म आर्काइव्स ऑफ इंडिया द्वारा प्रकाशित) शामिल किया। इसमें गुरु दत्त कहते हैं—

> किसी निर्देशक के मुख्य उद्देश्यों में से एक होना चाहिए मानव-मूल्यों वाले विषय का चुनाव करना, फिर घटनाक्रम के माध्यम से उनका चित्रांकन करना। जहाँ तक मेरा सवाल है, मैं मध्य मार्ग पर चलते हुए किसी सामान्य विषय को लेता हूँ, जो चित्रांकन से भरपूर हो। मेरी फिल्म 'जाल' इसी तरह की है और वह सफल मानी जा रही है। इससे पहले की फिल्में नायक-विरुद्ध थीं; जैसे ज्ञान मुखर्जी की 1943 प्रोडक्शन 'किस्मत', जो कि सफल रही। लेकिन टोनी के संदर्भ में इसकी गारंटी नहीं थी। 'जाल' की विफलता का कारण उसके चरित्रों का अनियमित विकास तथा एक क्राइम थ्रिलर के रूप में उभरकर सामने न आ पाना रहा। कई दृश्यों, जिनमें टोनी अपने एक सहायक तथा अरब सहभागी (राज खोसला तथा एम.ए. लतीफ, संवाद लेखक) के साथ सोने की तस्करी करने का प्रयास करता है, को इस तरह से प्रस्तुत किया गया है, जिससे यह मानना असंभव हो जाता है कि टोनी एक भयंकर गैंगस्टर है। इस फिल्म के अन्य किरदार—जैसे मारिया, उसका भाई कार्लो तथा पुलिस अधिकारी गोमेज फिल्म के अंत तक नाटकीयता को बनाए रखने में विफल रहे।

यूँ तो गुरु दत्त अपनी फिल्म 'जाल' को एक थ्रिलर के रूप में प्रस्तुत नहीं कर पाए, लेकिन वे इस फिल्म के गानों के चित्रांकन में पूर्ण रूप से सफल हुए। इतना ही नहीं, वे कुछ सामान्य दृश्यों को भी विशेष दृश्यों में प्रस्तुत करने में सफल हुए। उदाहरण के तौर पर, ऐसा ही एक दृश्य है जब टोनी, लीसा एवं मारिया गाँव के मेले

में जाते हैं। लीसा मारिया से कहती है कि वह उसके साथ फेरिस व्हील पर घूमे। टोनी नीचे खड़े होकर उन दोनों को आकाश में घूमते देखने लगता है। लीसा मौके का फायदा उठाकर मारिया से कहती है कि टोनी नृशंस इनसान है, जिसने उसका जीवन तबाह किया है। उस व्हील के एक-एक घुमाव पर टोनी के प्रति मारिया का दृष्टिकोण शारीरिक एवं मानसिक तौर पर बदलने लगता है। लीसा की बातों ने मारिया के संसार में उलट-फेर कर दिया।

इस फिल्म के गाने बहुत ही अच्छे हैं। गुरु दत्त ने इस तरह से गानों को रखा, ताकि हर गाने के बाद एक अच्छा दृश्य हो और उसका असर आगे आनेवाले दृश्यों में भी देखा जा सके। टोनी मारिया से कहता है कि जब भी वह उसे पुकारेगा, वह उसके पास आएगी। वह कठोर होकर कहती है कि उसके दिल में उसके लिए कोई भावना नहीं है। फिर भी टोनी कहता है कि वह उस रात उसे मिलने आएगा। जैसे-जैसे रात होती है और आकाश में चाँद ऊँचा उठता है, टोनी का सम्मोहक गाना 'ये रात ये चाँदनी फिर कहाँ' के बोल हवा के तेज झोंकों के साथ तैरते हुए मारिया के घर तक पहुँचते हैं। ये झोंके मारिया के कमरे के दरवाजे खोल देते हैं। वह अपने आँगन में आकर उस गाने को सुनती है। यह गाना एक नाटकीय क्रेन शॉट से खत्म होता है (निचले से ऊँचे कोण की ओर), जो गाने के क्लाइमेक्स से मेल खाता है। प्यार की जीत से मारिया टोनी की तरफ दौड़ जाती है।

काफी देर तक दोनों के बीच खामोशी छाई रहती है। वह जैसे ही समुद्र तट की ओर जाती है, एक मछली पकड़नेवाले जाल में उलझ जाती है। यह फिल्म के शीर्षक 'जाल' का प्रतीक है और उस प्रेम-जाल का भी, जिसमें वह फँसी है।

गुरु दत्त के सभी भाई और उनके रिश्ते के भाई श्याम बेनेगल फिल्मों के निर्माता-निर्देशक बने हैं। श्याम बेनेगल की शक्तिशाली प्रथम फिल्म 'अंकुर' (1974) एक ऐसा उदाहरण है, जिसने नया परिवर्तन लाया। इस फिल्म ने प्रथम बार अंतरराष्ट्रीय स्तर पर ध्यान आकृष्ट किया है। जब श्याम बेनेगल केवल सोलह वर्ष के थे, तो वे गुरु दत्त से कुछ समय के लिए फिल्म 'बाजी' के सेट्स पर मिले; लेकिन वे उनके तरीके से प्रभावित नहीं हुए। जब वे स्वयं अपनी फिल्म बना रहे थे तो उन्होंने कभी गुरु दत्त की शैली को नहीं अपनाया। नई तरंग के निर्देशकों ने यही अंतर दिखाने की कोशिश की। वे चाहते थे कि हिंदी फिल्मों में गाने न हों। स्वयं गुरु दत्त यह चाहते थे कि फिल्में बिना गानों की हों, फिर भी वे दर्शकों को लुभाएँ। उन्होंने स्वयं वहीदा रहमान से यह कहा कि वे बी.आर. चोपड़ा की फिल्म 'कानून'

(1960) के लिए प्रार्थना करें, जो बिना गानों की फिल्म है। यूँ तो गुरु दत्त चाहते थे कि वे इस पारंपरिक हिंदी सिनेमा से हटकर फिल्म बनाएँ, लेकिन श्याम बेनेगल का मानना है कि गुरु दत्त का फिल्मी गानों का चित्रांकन उनकी महान् प्रतिभा का परिचायक है—

> फिल्म तकनीक की दृष्टि से उन्होंने जो कुछ पीछे छोड़ा है, वह है उनके गानों का चित्रांकन। यह भारतीय सिनेमा के लिए उनका योगदान है, जो आनेवाले अनेक निर्देशकों के लिए प्रेरणा-स्रोत बना है। वे भारतीय सिनेमा की परंपरा के अभिन्न अंग थे। उनके हृदय में एक नवयुवक की रोमानी दृष्टि थी। उनकी तरह के कई निर्देशकों में रोमानी दृष्टि थी; लेकिन गुरु दत्त इसके साथ साहित्यिक मूल्योंवाली विषय-वस्तु का चुनाव करते थे। उनके अंदर काफी हद तक सुरुचि एवं मधुर सोच शामिल थी। यह उनकी पहली फिल्म से ही पता चलता है।
>
> मेरी प्रथम स्मृति उनके बारे में है, जब वह पहली बार हमारे घर हैदराबाद आए थे। गरमी की छुट्टियों में मेरे सब भाई-बहन छुट्टियाँ मनाने घर आते थे। गुरु दत्त उस समय उदय शंकर के साथ अल्मोड़ा में थे। वह हमारे साथ एक सप्ताह रहे थे। मुझे कुछ-कुछ याद है कि अपने लंबे काले बालों के साथ एक सपेरा नृत्य उन्होंने घर की छत पर किया था। वह प्रेरणादायक थे, क्योंकि सफल थे। वह बहुत आगे बढ़ गए थे। वह नवयुवक थे तथा जो असंभव है, उसे संभव कर दिखाते थे। इसी ने मुझे आगे चलकर फिल्मों में काम करने की प्रेरणा दी।

श्याम बेनेगल ने गुरु दत्त के गानों के पिक्चराइजेशन की जो सराहना की है, उसे दर्शकों एवं आलोचकों ने भी स्वीकार किया है। कई उदाहरणों में यह भी एक है कि किस खूबसूरती से वह गाने को नायिका के लिए रूपांतरित करते थे। जैसे 'ये रात ये चाँदनी फिर कहाँ…'। मारिया न चाहते हुए भी टोनी को भूलकर किसी और से शादी करने को राजी हो जाती है। मँगनी के बाद वह अकेले समुद्र के किनारे टहलती है। धूप की तेजी में मारिया कल्पना करने लगती है कि कहीं दूर से उसके कानों में वही गाना गूँजता है, जिसे टोनी ने गाया था। यह गाना 'ये रात ये चाँदनी फिर कहाँ' के कहीं दूर से गूँजते स्वर उनके मधुर मिलन की याद दिलाते हैं। मारिया का गीत उस गाने का जवाब है—'चाँदनी रातें प्यार की बातें खो गईं जाने कहाँ'।

देव आनंद

जब हम 'ये रात ये चाँदनी फिर कहाँ' गाने की शूटिंग कर रहे थे तो मुझे एक दिलचस्प घटना याद आती है। मेरा एक मित्र मुझे इस सेट पर मिलने आया था। वह मुझे एक छोटी झोंपड़ी में ले गया। उस समय गुरु दत्तजी गीता बाली के साथ एक शॉट ले रहे थे। मेरे मित्र ने मुझे एक गिलास फेनी दी। मुझे बहुत अच्छा लगा और एक के बाद एक लेता गया। जब मैं शॉट के लिए वापस लौटा तो अजीब-अजीब हरकतें करने लगा। मैं गीता को पकड़कर सीधा समुद्र की ओर चल पड़ा। मेरे हाथ पर बहुत प्यारी सी घड़ी थी, जो खराब हो गई और मुझे केवल इतना याद था कि हमें पैकअप करना पड़ा। हम पानी से भीग गए थे और मैं जोर-जोर से हँस रहा था। अगले दिन मेरा सिर चकरा रहा था।

फिल्म की कुछ कमजोरियों के बावजूद यह फिल्म कुछ सुंदर आउटडोर लोकेशंस पर चित्राई गई। 'जाल' फिल्म को बंबई और गोवा के बीच स्थित रत्नागिरि के तट पर चित्राया गया, जो हिंदी फिल्म की सेट्स परंपरा के विपरीत था। समुद्री नाव हो या गाँव का मेला, चर्च हो या मछुआरे, सभी कुछ वास्तविकता पर आधारित था। 'बाजी' की तरह इस फिल्म में भी गुरु दत्त एक छोटे किरदार में कुछ पल के लिए दिखाई देते हैं, वह भी एक मछुआरे के रूप में। इस फिल्म में बिना शर्ट के बिना शेव किए एक कैप पहनकर मारिया के उस गाने में शामिल होते हैं, जो सभी मछुआरों से आग्रह करती है कि वे अपने जाल को कसकर खींचें। 'जोर लगाके, पैर जमा के, जान लगा के हैया!'

आत्माराम

मैं गुरु दत्त की फिल्म 'बाजी' में उनका सहायक नहीं था, लेकिन वर्ष 1952 में बनी 'जाल' में उनके साथ काम करने लगा। 'जाल' फिल्म काफी हद तक 'बिटर राइस' (गियुसेप डि सैंटिस की 1948 की इटैलियन फिल्म 'रिसो अमेरो') पर आधारित थी। वह कस के काम लेनेवाले, अनुशासित एवं आत्मसमर्पित व्यक्ति थे। सेट पर यह कहना मुश्किल था कि उनके मन में क्या है। वह हर चीज अपने अंदर ही छिपाकर रखते थे और अपने सहायकों से कुछ भी बात नहीं करते थे।

इससे काम करना मुश्किल हो जाता था। वह सब पर जोर-जोर से चिल्ला पड़ते थे। कई बार शॉट को सेट करते समय वह अपने आर्टिस्टों को व्यू फाइडर से देखकर सेट तैयार करते थे। कई बार मुझे किसी के बदले में खड़ा किया जाता था और चिल्लाया जाता था। उनकी फिल्मों को देखने से पता चलता है कि उनका दृश्यांकन कितना सशक्त है। फिल्म के कई रूप हो सकते हैं, लेकिन सबसे महत्त्वपूर्ण चीज है दृश्यांकन, जो गुरु दत्त की शक्ति है। वे अपने दर्शकों को दृश्यों के माध्यम से संप्रेषित करते थे। यह उनकी खासियत थी।

गुरु दत्त हमेशा बहुत कम बोलते थे। उनकी यह विशेषता थी कि वह अच्छे प्रतिभाशाली लोगों के साथ ही काम करते थे। इसी वजह से वह सफल हुए। जब उन्होंने 'बाजी' फिल्म के लिए उमड़ी भीड़ को देखा तो तुरंत फिल्म कैमरा असिस्टेंट वी.के. मूर्ति की प्रतिभा को जान गए।

वी.के. मूर्ति

'बाजी' बनने के एक महीने पहले गुरु दत्त वर्ष 1950 में बनी 'अफसर' फिल्म के सेट पर चेतन आनंद से बात करने आए थे। मैं सोचने लगा कि यह सुंदर नौजवान कौन है? बाद में जब मैंने देव आनंदजी से पूछा तो उन्होंने बताया कि उनका नाम गुरु दत्त है। हम प्रभात में साथ थे और वे हमारे लिए एक फिल्म का निर्देशन करेंगे। उन दिनों टेक्नीशियंस को स्टूडियो द्वारा नियुक्त किया जाता था, जो निर्माताओं/प्रोड्यूसरों को कैमरा के उपकरण देता था। मैं उन दिनों फेमस स्टूडियो के लिए काम कर रहा था। मुझे उन सभी कैमरामैन की सहायता करनी होती थी, जो शूटिंग करते थे। नवकेतन की 'बाजी' फेमस स्टूडियो में शूट हो रही थी और मैं कैमरामैन वी. रात्रा का सहयोगी था।

फिल्म 'बाजी' में एक बहुत ही मुश्किल शॉट था, जिसके लिए मैंने कुछ सलाह दी, जो गुरु दत्त को पसंद आई। यह शॉट 'सुनो गजर क्या गाए' का है। देव आनंद एक बार के सामने डांस फ्लोर की तरफ पीठ करके खड़े हैं। उस बार के ऊपरी हिस्से पर एक बड़ा आईना टँगा हुआ है। मैंने अपना शॉट उस आईने के सहारे बाद में देव आनंद पर क्लोजअप में लेना शुरू किया। धीरे-धीरे देव आनंदजी उस मंच की ओर चलने लगे, जहाँ

नृत्य हो रहा था। मैं उनके पीछे–पीछे रहा और बाद में नृत्य कंपोज किया। देव आनंद बाद में एक कुरसी पर जा बैठे, जो पीछे की ओर थी। यह कोई पैनिंग शॉट नहीं था, बल्कि ट्रैकिंग एवं ट्रॉली मूवमेंट था। यह मूवमेंट ऊपर से नीचे और आगे की ओर था। उन दिनों कैमरे बहुत भारी–भरकम होते थे। कैमरामैन शॉट नहीं ले सका, क्योंकि वह बहुत मोटा था। मैंने तीन शॉट लिये, जिनमें एक बहुत सही था। एक दिन जब हमने पैकअप किया तो गुरु दत्तजी ने कहा कि मेरी अगली फिल्म से आप ही मेरे कैमरामैन होंगे।

वी.के. मूर्ति का जन्म 1923 में मैसूर में हुआ। उन्होंने मैट्रिक पास करने से पहले ही निश्चय कर लिया था कि फिल्मों में काम करेंगे। वर्ष 1941 में बंबई में काम की चंद असफलताओं ने उन्हें वापस मद्रास जाने को मजबूर किया। संगीत के प्रति गहरी रुचि ने उन्हें वायलिन सीखने को प्रेरित किया। 'भारत छोड़ो' आंदोलन के समय युवा मूर्ति पाँच महीने के लिए कारावास में रहे। इस थोड़े समय के स्वतंत्रता संघर्ष के बाद उन्हें नर्तक राम गोपाल के ट्रूप में छह महीने के लिए वायलिन बजाने का काम मिला। वर्ष 1946 में मूर्ति ने मद्रास के पॉलीटेक्निक इंस्टीट्यूट से सिनेमेटोग्राफर का कोर्स पूरा किया और पुनः मद्रास से बंबई की यात्रा प्रशिक्षण के लिए शुरू हुई। कई युवा टेक्नीशियंस की तरह ही मूर्ति को भी लगा कि किसी कैमरा यूनिट में काम पाना बहुत मुश्किल है। ऐसे समय में वे कुछ हिंदी फिल्मों के लिए वायलिन बजाकर अपनी जीविका चलाने लगे।

काफी संघर्ष के बाद उन्हें फाली मिस्त्री के साथ असिस्टेंट बनने का मौका मिला, जिनको वे बहुत सम्मान देते थे। वे उनके कारण ही लक्ष्मी स्टूडियो छोड़कर फेमस सिने स्टूडियो में चले गए। 'बाजी' में काम करने के पश्चात् उन्होंने गुरु दत्त की सभी फिल्मों में काम किया, जिसकी शुरुआत 'जाल' से हुई। मूर्ति एक सीधे–सादे इनसान हैं, जिन्होंने कभी भी गुरु दत्त की फिल्मों में अपने योगदान की प्रशंसा नहीं की। जब वह अपने पसंदीदा निर्देशक के संदर्भ में बोलते तो उनकी आँखें चमक उठती थीं—

'जाल' उनकी शुरुआती फिल्म थी। इस फिल्म के बाद वह काफी आत्मविश्वासी बन गए। 'जाल' की कहानी लिखने के बाद हम दोनों साथ में काफी दिनों तक बैठे। वह मुझे कहानी सुनाते थे। यह सिलसिला

लगभग एक सप्ताह तक चला। उसके बाद लगभग दो-तीन दिन मैं उनसे नहीं मिला। चार दिन के बाद जब उनसे मिला तो उन्होंने कहा, "मूर्ति, मेरे पास एक और कहानी है।" और वह मुझे 'प्यासा' की कहानी सुनाने लगे। मैंने उनसे अनुरोध किया कि अभी 'प्यासा' न बनाएँ। मैंने कहा कि लोग अब आपको स्वीकारने लगे हैं। 'बाजी' फिल्म क्राइम और एक्शन फिल्म है। 'बाजी' की तरह दो-तीन अन्य फिल्में करो। जब लोग आपको अच्छे निर्देशक के रूप में स्वीकार करें तो 'प्यासा' बनाना।

इस टीम के एक और मुख्य सदस्य एस. गुरुस्वामी थे। गुरुस्वामी 'जाल' फिल्म के दौरान शामिल हुए तथा गुरु दत्त की अंतिम फिल्म तक प्रोडक्शन के इंचार्ज रहे। इससे पहले गुरुस्वामी बॉम्बे टॉकीज (1938) में काम करते थे, जहाँ उनके मामा श्री अय्यर लेखा के प्रमुख थे। सन् 1940 में हिमांशु राय के निधन के बाद से वह देविका रानी के प्राइवेट सेक्रेटरी बन गए। सन् 1947 तक बॉम्बे टॉकीज के प्रोडक्शन सेक्रेटरी भी रहे। गुरुस्वामी एक अच्छे इनसान थे, जिनका जीवन भारतीय सिनेमा के इतिहास के एक महत्त्वपूर्ण अंश से संबद्ध रहा है। उनकी लोगों की परख बहुत अच्छी थी। हालाँकि गुरु दत्त के साथ अपने संबंधों की घनिष्ठता को वह सार्वजनिक नहीं बनाना चाहते, लेकिन समय के साथ उन संबंधों की स्मृतियाँ धुँधलाईं नहीं—

मैं बहुत किस्मतवाला था, जिसे दो अच्छे कलाकारों के साथ काम करने का मौका मिला—एक देविका रानी तथा उनके बाद की युवा पीढ़ी के कलाकार गुरु दत्त। वह बहुत अच्छे दिल और सूझ-बूझवाले थे। हम दोनों एक ही समान सोचते थे। वह मुझे अपने परिवार के सदस्य के रूप में मानते थे तथा मुझसे खुलकर बातें करते थे। 'जाल' की शूटिंग के दौरान हम सब माटुंगा में ठहरे हुए थे। मैं प्रोडक्शन के सारे काम देख रहा था। इस फिल्म की शूटिंग के लिए हम 'मालवान' गए, जो समुद्र तट पर था और रत्नागिरि से पहले पड़ता था। वह बहुत खूबसूरत जगह थी।

एक दिन हम अपना कैमरा फिक्स करने के लिए समुद्र तट पर पहुँचे, क्योंकि अगले दिन शूटिंग थी। मूर्ति और मैं हर समय साथ रहते थे। जिस आदमी को हमें समुद्र पर ले जाना और लाना था, वह लापता हो गया तो हम स्वयं निकल पड़े। पूरी रात हम घूमते रहे थे। जो बढ़ई हमारे साथ था वह समुद्री हवा के कारण बीमार पड़ गया तथा उलटियाँ करने लगा। उस

समय स्वयं मूर्ति को बढ़ई का काम करना पड़ा। अगले दिन सुबह पाँच बजे वह आदमी सामने आया। उस आदमी को खूब खरी-खोटी सुननी पड़ी। दूसरी बार जब गुरु दत्त, मूर्ति और मैं शूटिंग के लिए समुद्र में पहुँचे तो बीच में बोट का इंजन रुक गया। मैंने देखा कि गुरु दत्त काफी परेशान हो गए थे, लेकिन उन्होंने जाहिर नहीं होने दिया। जैसे-तैसे हम वापस लौट आए।

'बाजी' और 'जाल' के कई दृश्यों में समानता है, जैसे गीता बाली और देव आनंद का नाइट क्लब के टेबल पर बैठना। 'बाजी' में भी यह दंपती टेबल पर बैठकर बातें कर रहे हैं और पीछे मुड़कर खलनायक (के.एन. सिंह) को दूसरे टेबल पर बैठे हुए देखते हैं। 'जाल' में भी देव आनंद और गीता बाली उसी प्रकार दिखाई देते हैं, जब वे पीछे मुड़कर देखते हैं तो कुछ नर्तक गाना गाते हुए दिखाई देते हैं— 'दूर कहीं एक तारा करता है इशारा'। यह मारिया को टोनी के गलत इरादों का संकेत है। यह समानता इसलिए हो सकती है कि शुरुआती फिल्मों में उन्होंने कलाकार, संगीत निर्देशक, गीतकार वही रखे थे। गुरु दत्त की शुरुआती फिल्मों में एक ही टीम के साथ काम करना उनकी प्रवृत्ति रही है। जब गुरु दत्त ने 'जाल' फिल्म के लिए दूसरे प्रोड्यूसर को चुना (न कि नवकेतन को) तब भी उन्होंने राज खोसला को सहायक के रूप में काम करने को कहा। चेतन आनंद ने राज खोसला से कहा कि वे फैसला कर लें कि नवकेतन के साथ रहेंगे या गुरु दत्त के साथ।

राज खोसला

मेरी किस्मत मुझ पर मेहरबान थी। मैंने गुरु दत्त को चुना। इस फिल्म में मैंने उनके सहायक के रूप में काम किया। वे मुझसे 'जाल' फिल्म में गवाना भी चाहते थे। 'ये रात ये चाँदनी…' गाने को रिकॉर्ड भी किया गया; लेकिन उस परीक्षा में मैं विफल हुआ। एस.डी. बर्मन ने कहा, "गुरु, अभी नहीं। अभी यह काफी अपरिपक्व है।" गुरु दत्त काफी निराश हुए, क्योंकि वे मुझसे वह गाना गवाना चाहते थे।

मुझे याद है कि गुरु दत्त के मन में 'प्यासा' फिल्म शुरू से ही थी। उस समय वह उसे 'कशमकश' कहते थे। उस फिल्म की स्क्रिप्ट उनके दिल में थी। मैं जान गया कि गुरु दत्त अपने आपको पहचानने की कोशिश कर रहे हैं। मैंने देखा कि वह 'जाल' में हिचकिचा रहे थे; क्योंकि उसकी संपूर्ण पटकथा उनके पास नहीं थी।

'बाजी' फिल्म की पूरी पटकथा उनके पास थी, क्योंकि बलराज साहनी ने उसे लिखा था। गुरु दत्त 'जाल' की पटकथा में फँस गए थे। वह जानते थे कि इसमें कोई कमी जरूर है। वह मुझे अकसर कहते थे, 'राज, लगता है कि कहीं मैं गलत हूँ। मैं चीजों को पकड़ नहीं पा रहा हूँ। मुझे ध्यान नहीं है।' देव आनंद 'जाल' और 'बाजी' के नायक थे। देव आनंद की अपनी शैली है। गुरु दत्त इस कारण चिढ़ जाते थे, क्योंकि वह जो उनसे करवाना चाहते थे, करवा नहीं पाते थे। इतना ही नहीं, वह अच्छे मित्र भी थे। इस कारण उन्हें बाहर भी नहीं कर सकते थे। देव आनंद बदल नहीं सकते थे। अब भी वह उसी तरह हैं। उनकी मुद्रा अभी भी वैसी ही है और वैसे ही गाते भी हैं। इसलिए गुरु दत्त ने निश्चय किया कि वह अभिनेता बनेंगे। वह नायक के चरित्र को उसी रूप में प्रस्तुत करना चाहते थे, जैसे कि होना चाहिए। 'बाज' में वह भद्र एवं सचेत थे। लेकिन उनमें लोहे सी मजबूती थी। 'बाज' की विफलता के बाद कोई दूसरा होता तो टूट जाता, अभिनय छोड़ देता तथा निर्देशन में चला जाता; लेकिन वह टिके रहे।

□

बाज

अप्रैल 1952 में गुरु दत्त बंबई के उपनगर खार के बारहवें रोड पर स्थित सुंदर विला के फ्लैट में चले गए। उनके साथ उनकी माताजी, बहन ललिता, भाई देवी और विजय भी थे। शिवशंकर पादुकोण और आत्माराम माटुंगा के फ्लैट में ही रहे। वसंती पादुकोण खार के उस शांतिमय वातावरण तथा हरियाली को याद करती हैं। वह उस सुनहरे रंग के प्यारे से कुत्ते को भी याद करती हैं, जो गुरु दत्त ने उन्हें भेंट किया था। उसका नाम उन्होंने 'बाजी' के नायक के नाम पर टोनी रखा था। उनकी पड़ोसिन अभिनेत्री कुलदीप कौर अकसर उनके घर आया करती

'बाज' फिल्म (रिलीज 1953) की लोकेशन पर गुरु दत्त और गीता बाली

थीं। उन्हीं दिनों गुरु दत्त गीता राय के परिवार को मनाने में सफल हुए और उनकी मँगनी माटुंगा के पोद्दार कॉलेज में हो गई।

बाद में उसी वर्ष 5 सितंबर, 1952 को गुरु दत्त ने एक प्रोडक्शन कंपनी हरिदर्शन कौर के साथ मिलकर शुरू की, जो गीता बाली की बड़ी बहन थीं। इस कंपनी का नाम दोनों हिस्सेदारों के नामों के पहले अक्षरों को लेकर एच.जी. फिल्म्स रखा गया। उनकी प्रथम फिल्म पुर्तगाली पृष्ठभूमि में रचा गया एक कॉस्ट्यूम ड्रामा था—'बाज'। गुरु दत्त इस फिल्म के नायक के रूप में देव आनंद को नहीं ले सके, क्योंकि उस समय तक वे मशहूर अभिनेता हो गए थे, जिनकी भारी फीस वे अदा नहीं कर सकते थे। गुरु दत्त ने इस फिल्म के लिए शेखर और सज्जन के नामों पर विचार किया। लेकिन अंत में अपने मन को बदलकर उन्होंने स्वयं प्रिंस रवि बनने का निश्चय किया। 'बाज' पहली फिल्म है, जिसमें संपूर्ण नायक के रूप में गुरु दत्त सामने आए। गुरुस्वामी कहते हैं कि यह फिल्म एक जोखिम भरी समुद्री फिल्म का स्वरूप दरशाने में विफल रही—

> गीता बाली की बहन ने गुरु दत्त से कहा, "आप क्यों नहीं अभिनय करते?" वह कभी मानते न थे कि वह अभिनय कर सकते हैं। वह चाहते भी न थे। इस फिल्म के बाद की फिल्मों में भी वह किसी और अभिनेता को लेना चाहते थे। 'आर-पार' के लिए शम्मी कपूर को लेने की काफी कोशिश की गई और 'मिस्टर ऐंड मिसेज 55' के लिए सुनील दत्त का कैमरा टेस्ट भी लिया गया। सभी इंतजाम हो जाने के बाद गुरु दत्त बेचैन हो जाते थे। उपयुक्त नायक न मिलने पर वह खाली तो नहीं बैठ सकते थे, इसलिए उन्होंने स्वयं अपनी फिल्मों में काम करने का निश्चय किया। इसीलिए उन्होंने 'बाज' फिल्म में अभिनय किया।
>
> इस फिल्म की शूटिंग श्रीकांत स्टूडियो में आरंभ हुई, जो चेंबूर के आर.के. स्टूडियो के पास था। स्टूडियो के प्रांगण में हमने एक बड़ी नाव तैयार की। हम रात-दिन काम करते थे। हमने 'बाज' फिल्म के लिए काफी मेहनत की। लेकिन पिक्चर आशाजनक न रही। हो सकता है कि हमने इस फिल्म के स्पेशल इफेक्ट्स पर ज्यादा ध्यान नहीं दिया। उदाहरण के लिए, एक दृश्य में समुद्री जहाज समुद्र के उफान में एक खिलौना नाव सा लग रहा था।

'बाज' फिल्म को सोलहवीं शताब्दी के परिप्रेक्ष्य में बनाया गया था। कालीकट के जमेरिन ने पुर्तगालियों को अपने राज्य में प्रवेश करने से रोक रखा था। लिहाजा हमलावरों ने मलाबार के तट पर अपना ठिकाना बनाया। जनरल बरबोसा (के.एन. सिंह, जिन्होंने 'बाजी' और 'जाल' दोनों में अभिनय किया) वहाँ के एक छोटे राज्य की रानी (सुलोचना देवी) के साथ एक संधि पर हस्ताक्षर करता है। यह संधि पुर्तगालियों को व्यापार करने तथा सुरक्षा प्रदान करने का अधिकार देती है। धीरे-धीरे जनरल बरबोसा रानी के भतीजे की आड़ में राज्य में हस्तक्षेप करने लगता है (इस पात्र को जसवंत ने किया)। जब वह समझ गया कि वहाँ का व्यापार वहाँ के मुसलमान सौदागरों के हाथों में है तो वह उनके दमन का आदेश जारी करता है।

इस सिलसिले में व्यापारी रमजान अली और उसके दोस्त नारायण दास कैद कर लिये जाते हैं। जब नारायण दास की बेटी निशा (गीता बाली) बरबोसा के महल में अपने पिता को बचाने के लिए प्रवेश करती है तो वह भी पकड़ी जाती है। बरबोसा नारायण दास और उसकी बेटी को पुर्तगाल के क्रूर समुद्री लुटेरे को बेच देता है। उसका नाम सेब्रल (राम सिंह) है। उसके बाद वह समुद्री लुटेरा निशा पर अत्याचार करने लगता है। इसी दौरान बरबोसा प्रिंस रवि (गुरु दत्त) को पुर्तगाल आने का निमंत्रण देता है। रवि के साथ समुद्री यात्रा में रोसिता (कुलदीप कौर) साथी बनकर आती है, जो रवि को अपने वश में करने का पूर्ण प्रयास करती है।

निशा अपने पिता के हत्यारे सेब्रल के अनेक अत्याचारों की चश्मदीद गवाह है। वह अपने साथी गुलामों को विद्रोह के लिए उकसाती है। सेब्रल मारा जाता है। अब निशा उस जहाज की नई मालिक है, जिसे 'बाज' कहते हैं। अब वह रानी बनकर पुर्तगालियों के सभी जहाजों को लूटने लगती है। वह उस जहाज को भी अपने कब्जे में लेती है, जिसमें प्रिंस रवि सवार है। रवि के साथ रोसिता तथा राज ज्योतिषी बदरुद्दीन (जॉनी वाकर) भी बंदी बनाए जाते हैं। निशा उनकी जान बख्श देती है, क्योंकि कभी रवि ने उसे पुर्तगालियों के हाथों से बचाया था। रवि भी विद्रोहियों के साथ हाथ मिलाता है, लेकिन अपनी पहचान गुप्त रखता है। इसी बीच निशा और रवि में प्यार हो जाता है। रवि उसे वापस देश लौटने के लिए मनाता है। यहाँ अपने राज्य में रवि यह सुनता है कि गद्दार जसवंत राजा बनने की तैयारियाँ कर रहा है। जब रवि महल में प्रवेश करता है तो उसे बंदी बना लिया जाता है। निशा को रवि की असलियत का पता चल जाता है और वह उसे फाँसी से बचा लेती है। निशा और रवि स्थानीय सरदारों के साथ मिलकर बरबोसा और उसके

साथियों को हरा देते हैं।

इस फिल्म में गुरु दत्त का अभिनय प्रभावशाली नहीं है। रोसिता के साथ उनके संवाद कुछ अच्छे हैं। उनमें गुरु दत्त के उस आत्मविश्वास की झलक मिलती है, जो आगे 'आर-पार' एवं 'मिस्टर ऐंड मिसेस 55' में हम देख सकते हैं। आत्माराम कहते हैं कि हालाँकि गुरु दत्त इस फिल्म में खूबसूरत लग रहे थे, पर प्रेस उनके अनुकूल नहीं था। गुरु दत्त इस फिल्म के संगीतकार के रूप में पहले एस.डी. बर्मन को लेना चाहते थे। जब बर्मन ने इस प्रस्ताव को ठुकराया तो गीता राय ने ओ.पी. नय्यर और मजरूह सुल्तानपुरी को लेने की सलाह दी। इस फिल्म का यह गाना ओ.पी. नय्यर के फिल्म में योगदान का उदाहरण है—'हर जबाँ रुकी-रुकी हर नजर झुकी-झुकी'। इस गाने को गीता राय ने गाया। इस गाने के जबरदस्त बोल एवं नाटकीय संगीत ने निशा को अपने साथी गुलामों को विद्रोह के लिए प्रेरित करने में सहायता की। इस गाने से एक रोमांचक अंत को फिल्माने में सफलता मिली। सेब्रल मर जाता है। शंख-ध्वनि के बीच निशा गर्व और जीत की खुशी में खड़ी दिखाई देती है।

'फिल्म फेयर' के कई लेखों और साक्षात्कारों का अध्ययन करने से पता चलता है कि सन् 1945 में एच.एम.वी. द्वारा की गई प्रतिभा खोज ने ओ.पी. नय्यर को ढूँढ़ निकाला, जो उस समय केवल सत्रह साल के थे और लाहौर में पढ़ते थे। एच.एम.वी. के रिकॉर्ड किए 'प्रीतम आन मिलो' गीत की धुन उन्होंने बनाई थी। इसे आरंभ में सी.एच. आत्मा की मधुर आवाज में रिकॉर्ड किया गया था और यह किसी फिल्म से संबंधित नहीं था। सरोज मोहिनी के द्वारा लिखे गए इस गीत को बाद में 'मिस्टर ऐंड मिसेस 55' में इस्तेमाल किया गया। इन्हीं सरोजजी से बाद में ओ.पी. नय्यर ने शादी भी की। यूँ तो उनकी पहली कंपोजिशन ने सबको आकर्षित किया, लेकिन नय्यर का नाम कभी रिकॉर्ड जैकेट में शामिल न हुआ।

सन् 1951 में ओ.पी. साहब अमृतसर से बंबई आ गए और फिल्मों के लिए गाने कंपोज करने लगे। फिल्म 'बाज' की असफलता की वजह से गुरु दत्त ओ.पी. को पैसे तक नहीं दे सके। इसके बदले में उनसे यह वादा किया गया कि वे उनकी अगली फिल्म 'आर-पार' के लिए भी संगीत देंगे। 'बाज' नय्यर की तीसरी फिल्म थी। मोहम्मद रफी के साथ उनकी पहली मुलाकात 'बाज' की रिकॉर्डिंग 'घटा में छिपके भी बिजली झलक दिखला ही जाती है' के दौरान हुई। नय्यर ने तलत महमूद को 'बाज' के एक गाने के लिए चुना—'मुझे देखो, हसरत की तसवीर हूँ मैं'।

इस गाने को परदे पर गुरु दत्त ने किया। इस फिल्म में तलत को केवल इस गाने के लिए चुना गया था। गुरु दत्त हमेशा मोहम्मद रफी एवं हेमंत कुमार को पसंद करते थे।

एक तरफ 'बाज' के मधुर संगीत में विविधता थी तो दूसरी ओर जिस तरह से गुरु दत्त ने इस फिल्म में 'एक्स्टेंडेड टेक्स' लिये, उनका अपना आकर्षण था। जैसे एक दृश्य में निशा बिना किसी हिचकिचाहट के स्वीकार करती है कि वह रवि से प्यार करती है। इस दृश्य में निशा और रवि जहाज के निचले भाग में हैं और रवि निशा से अपने प्यार का इजहार करता है। इस दृश्य में कैमरे को स्थिर रखकर निशा को आगे-पीछे हटते दिखाया जाता है। निशा रवि के प्रेम से बचना चाहती है। इस दृश्य के केवल दो शॉट थे। इस नाटकीय दृश्य में उनकी संवेदनाएँ चरम तक पहुँचकर उन्हें अपनी आंतरिक दुनिया में ले जाती हैं। इस दृश्य का अंत निशा की आँखों के क्लोजअप से होता है। जब दूसरी बार निशा को देखते हैं तो शॉट की शुरुआत निशा की आँखों के क्लोजअप से होती है, लेकिन फिर कैमरे के पीछे हटाए जाने पर वह सहज लगती है। लेकिन फिल्म की पटकथा की कमजोरियों की वजह से इन दृश्यों का असर भी कम हो गया।

आत्माराम

'बाज' गुरु दत्त की अपनी कल्पना थी। मैंने इस फिल्म पर काफी शोध किया। लेकिन कुछ कारणों से यह फिल्म नहीं चली। इस फिल्म के संवाद सरशार सैलानी ने लिखे, जो एक दूसरे जमाने के संवाद लेखक थे। गुरु दत्त एक आधुनिक फिल्म निर्माता थे। लेकिन वह उस समय उन लोगों के साथ काम कर रहे थे, जो उर्दू के लेखक थे और रंगमंच से संबद्ध थे। स्वाभाविक तौर पर गुरु दत्त को पहले-पहल उन्हीं के साथ काम करना पड़ा। वैसे देखा जाए तो रंगमंच के लिए लिखने में तथा फिल्मों के लिए लिखने में काफी अंतर होता है। वे हमेशा गुरु दत्त को परेशान करते थे और उनकी बातों पर ध्यान नहीं देते थे। गुरु दत्तजी भी तंग आ गए। मुझे सरशार सैलानी के लेखन सेशंस पर जाना होता था। सरशार का एक सहायक था, जो एक पंक्ति को कई बार दोहराता था तब जाकर वह एक और संवाद संपूर्ण करते थे। इस तरह से 'बाज' के संवाद लिखे गए। इन लेखकों में दृश्यांकन की समझ-बूझ का अभाव था। वे चरित्र-चित्रण में

तथा संवाद लिखने में माहिर थे, परंतु उनकी दृश्यांकन पर पकड़ गुरु दत्त जैसी न थी।

मध्यम स्तर के पटकथा लेखकों से निराश होने पर भी गुरु दत्त नए लोगों को आजमाने में कभी हिचकिचाए नहीं। अब तक अपराध-रोमांचवाली फिल्में बनानेवाले इस युवा निर्देशक ने जब वेश-नाटक को चुना तो इससे उनके रचनाकार की भावना का परिचय मिला। वह कभी भी फिल्मी फॉर्मूले पर निर्भर रहना पसंद नहीं करते थे।

वी.के. मूर्ति

उनकी सबसे बड़ी विशेषताओं में एक यह थी कि जो उन्हें आज पसंद है, वह कल नहीं। इसलिए जब 'जाल' के बाद 'बाज' आई तो बुरी तरह से पिट गई। हरिदर्शन कौर, जो इस फिल्म की प्रोड्यूसर थीं, नाराज हो गईं, बल्कि डर गईं, क्योंकि उनके लगभग डेढ़ लाख रुपए डूब गए थे। मेरे खयाल से गीता बाली उन दिनों प्रति फिल्म लगभग 25,000 रुपए कमाती होंगी, डेढ़ लाख गँवाना कोई छोटी बात नहीं थी। जबकि आज के जमाने में यह कोई बड़ी रकम नहीं है। 'बाज' पुर्तगाली शासकों के विरुद्ध एक नारी के विद्रोह की कहानी है। इसमें एक्शन पर जोर दिया जाना चाहिए था, न कि रोमांस पर। लेकिन गुरु दत्त ने इसे प्रेम कहानी के रूप में फिल्माया। मैंने कहा कि वह गलती कर रहे हैं। उन्हें इसे एक एक्शन फिल्म के रूप में बनाने के लिए काफी समझाया, परंतु वह अपने इरादों के पक्के थे। कभी दूसरों की बातों पर ध्यान नहीं देते थे।

कई पटकथा लेखकों के साथ काम करने के निराशाजनक अनुभव के बाद सौभाग्य से उनकी मुलाकात अबरार अल्वी से हुई। अल्वी नागपुर से थे और उन्होंने कानून की शिक्षा प्राप्त की थी। वह नागपुर से बंबई अभिनेता बनने की इच्छा लेकर आए थे। अल्वी के रिश्ते के भाई (जिसने 'बाजी' में जसवंत की भूमिका निभाई थी) ने अल्वी का परिचय राज खोसला से करवाया। जब राज ने जाना कि अल्वी एक अच्छे लेखक हैं तो उन्होंने उनसे 'बाज' के संवादों को पुनः लिखने को कहा। गुरु दत्त उनके काम से प्रसन्न हुए और आगे की फिल्म 'आर-पार' में उनके साथ

काम करने को कहा। फिल्म फेयर में अपनी भेंटवार्ता (मार्च 1985) में अल्वी याद करते हैं कि 'बाज' के निराशाजनक प्रदर्शन के पश्चात् जब गुरु दत्त ने उनसे फिल्म के बारे में राय पूछी तो इस बात को टालते हुए उन्होंने कहा—आप बहुत फोटोजनिक हैं। इस प्रश्न के जवाब में गुरु दत्त ने कहा कि मैं कुछ एक्टोजनिक भी हूँ या नहीं।

गुरु दत्त के काम में अबरार अल्वी का सहयोग आसानी से आँका नहीं जा सकता। कई दिनों और महीनों तक साथ रहने के कारण समय के साथ उनकी दोस्ती बढ़ती गई। आखिरकार गुरु दत्त को एक ऐसा लेखक मिल गया था, जो सिनेमा के माध्यम को समझता था, जिसमें नई ऊर्जा और चेतना थी। '40 के दशक की कई फिल्मों के अधिकतर पात्र, चाहे वह राजा हो या सामान्य व्यक्ति, एक ही शैली में बात करते हुए देखे जा सकते हैं। अल्वी की यही खासियत थी कि वे अपने पात्रों को एक विशिष्ट पहचान दे सके। उनके प्रत्येक पात्र के संवाद उसके समाज तथा क्षेत्रीयता की पहचान दिलाते थे। गुरु दत्त के वास्तविक चित्रांकन में स्थानीय भाषा के इस प्रयोग का काफी हाथ रहा है।

अबरार अल्वी की आवाज में गहराई है। जब वह अपने खास नाटकीय अंदाज में अपने प्यारे दोस्त को याद करते हुए संवाद दोहराते हैं तो 'आर-पार' के रुस्तम या 'मिस्टर ऐंड मिसेज 55' के प्रीतम बन जाते हैं—

> गुरु दत्त हमेशा अपने काम में खोए रहते थे। मुझे याद है कि एक बार बड़ौदा के महाराज 'बाज' के सेट पर आए थे। उनके साथ कुछ अंग्रेज महिलाएँ भी थीं। गुरु दत्त से मैंने कहा कि कुछ शालीनता दिखाएँ; लेकिन वह कभी भी अपने काम में बाधा पसंद नहीं करते थे। अगर उनकी जगह कोई और होता तो वह महाराजा के सामने झुक जाता, लेकिन वह कुछ देर तक बात करके माफी माँगकर पुनः काम में लग गए।

गुरु दत्त गीता राय से शादी करने को बेचैन थे। एक दिन वह उन्हें कल्याण में हाजी मलंग बाबा की दरगाह पर ले गए, यह जानने कि क्या वह उनसे शादी करना चाहती हैं या उस बंगाली लड़के से, जिसे उनके माता-पिता चाहते हैं ? आखिर 26 मई, 1953 को वे विवाह के बंधन में बँध गए, वह भी तीन साल की मँगनी के बाद।

ललिता लाजमी

> गुरु दत्त और गीता की शादी पारंपरिक बंगाली शैली में गीता की माँ के घर सांताक्रुज (बंबई का उपनगर) में संपन्न हुई। 26 की सुबह गीता की कुछ सहेलियाँ गुरु दत्त के 12 खार रोड स्थित उनके फ्लैट पर एक थाल में दीपक, फूल, चंदन लेप लेकर वर को मंगल स्नान कराने पहुँचीं। उन्होंने गुरु दत्त के माथे पर चंदन लगाया। एक सहेली ने शंख बजाया और फिर उनको फूलों का हार पहनाया। बंगालियों में शादी आमतौर पर शाम के समय होती है, इसलिए सप्तपदी देर रात में हुई। जबकि सारस्वतों में इसे 'गोधूलि लग्न' कहते हैं—अर्थात् सूर्यास्त के पश्चात् शादी करना।
>
> गीता लाल रंग की बनारसी साड़ी में अत्यंत सुंदर लग रही थी। माथे पर सिंदूर व चंदन की बिंदियाँ और शरीर पर गहनों से उसकी सुंदरता में चार चाँद लग रहे थे। गुरु दत्त सफेद रेशमी कुरता और धोती में थे। दोनों बहुत प्यारे और बेहद खुश लग रहे थे। उनकी सुहागरात की सेज फूलों से सजी हुई थी। गीता को अपनी माँ से मिले तोहफों तथा गहनों को सबके देखने के लिए रखा गया था। मैंने पहली बार इतने भव्य रूप से शादी रचाते हुए देखा। इतनी चमक-दमक और धूमधाम मैंने पहली बार देखी थी। आज भी मैं शहनाई की गूँज और शंखनाद नहीं भूल सकती।
>
> तीन दिनों के बाद आत्मा और मैं गीता को घर लाने उनके यहाँ गए। माँ ने पारंपरिक दीपक को सजाकर चावल, कुंमकुम और फूल दरवाजे के पास रखे। जब गीता पहुँची, माँ ने आरती उतारकर, कुंमकुम लगाकर और तीन बार सिर पर चावल डालकर आशीर्वाद दिया। उसके बाद गीता ने हमारे घर-परिवार में कदम रखा।

शादी बड़ी धूमधाम से हुई थी। देव आनंद, वैजयंती माला, नूतन, मोतीलाल और फिल्मी दुनिया से संबंधित दूसरे बहुत से लोग इसमें शामिल हुए थे। लेकिन कुछ ही समय में उनके वैवाहिक जीवन में कठिनाइयाँ शुरू हुईं। ऐसा लगा कि गीता एवं गुरु दत्त की पृष्ठभूमि और सामाजिक स्तर के अंतर के कारण परेशानियाँ पैदा हो रही हैं। गीता एक प्रतिष्ठित पार्श्व गायिका थीं, जबकि गुरु दत्त को अभी निर्देशक के रूप में अपनी पहचान बनानी थी। इसके साथ ऐसी अफवाहें भी फैलने

लगीं कि गुरु दत्त ने गीता से केवल पैसों के लिए ही शादी की। वसंती पादुकोण के संस्मरणों (इंप्रिंट, 1979) से पता चलता है कि इस तरह की अफवाहों को उन्होंने खारिज कर दिया था—

उनकी शादी बड़ी धूमधाम से हुई थी। यह इंडस्ट्री में एक रोमांच पैदा करनेवाला समारोह था। लेकिन लोगों और रिश्तेदारों ने यही कहा कि गुरु दत्त ने गीता से केवल पैसों के लिए शादी की।

> गुरु दत्त ने कभी पैसों की फिक्र नहीं की। मैं जानती हूँ कि उन्होंने कभी भी गीता के गहनों की ओर देखा तक नहीं। अपने शुरुआती जीवन की कठिनाइयों में भी कभी पैसे जमा नहीं किए। उन दिनों भी उन्होंने खुद के लिए एक स्पोट्र्स कार ली थी। उन्होंने कभी गीता से पैसे नहीं लिये, न ही उससे पूछा कि वह किस प्रकार खर्च करती है।
>
> 9 जुलाई, 1954 को गुरु दत्त के जन्मदिन पर उनका एक बेटा जनमा, जिसका नाम तरुण रखा गया। तरुण के जन्म के बाद सब सामान्य हो गया। कभी-कभी झड़पें होती थीं, लेकिन गुरु दत्त अपने बेटे से बेहद प्यार करते थे। गुरु दत्त और गीता अकसर खुश रहते थे। उनकी तीन संतानों में तरुण उनका पसंदीदा था।

एच.जी. फिल्म्स ने दो और फिल्में बनाने की घोषणा की, जिनका निर्देशन गुरु दत्त कर रहे थे। एक फिल्म में गीता बाली थीं, जिसका नाम केवल 'बी.एम.टी. 112' था, जिसे बाद में 'आर-पार' नाम दिया गया। दूसरी फिल्म का नाम 'गीतांजलि' था, जो कभी नहीं बन सकी। 'बाज' फिल्म के बुरी तरह पिटने के बाद गुरु दत्त और हरिदर्शन कौर ने अलग-अलग रास्ते चुन लिये। अब गुरु दत्त स्वतंत्र थे। अपनी तरह की फिल्म बना सकते थे, जिनमें उनकी रुचि थी। 'आर-पार' से इसकी शुरुआत हुई।

□

आर-पार

सन् 1953 में गुरु दत्त ने अपनी एक कंपनी 'गुरु दत्त प्रोडक्शंस' खोली (बाद में इसे 'गुरु दत्त फिल्म्स प्राइवेट लिमिटेड' नाम दिया गया), जिसके तहत उन्होंने बाद की सभी फिल्में बनाईं। इस कंपनी के आरंभ में तीन साझीदार थे—आत्माराम, गुरुस्वामी एवं गुरु दत्त। गुरु दत्त प्रोडक्शंस की पहली फिल्म 'आर-पार' 7 मई, 1954 को बंबई के नॉवल्टी सिनेमा में रिलीज हुई थी।

'आर-पार' बंबई के एक टैक्सी ड्राइवर की कहानी है। कालू बिरजू (गुरु दत्त) को तेज रफ्तार से गाड़ी चलाने के जुर्म में कैद कर दिया जाता है। अपने अच्छे स्वभाव के कारण वह समय से दो महीने पहले ही जेल से छूट जाता है। जेल से निकलते समय उसका एक कैदी साथी किसी होटल के मालिक कैप्टन को संदेश देने को कहता है। जिस दिन वह जेल से छूटता है उसी दिन अपने पुराने मालिक से काम के सिलसिले में मिलता है। लेकिन उसका मालिक उसे चलाने के लिए दोबारा टैक्सी देने से इनकार कर देता है। कालू सड़कों पर भटकने लगता है। तभी अचानक उसकी मुलाकात निक्की (श्यामा) से हो जाती है। निक्की एक गैराज मालिक की बेटी है, जिसकी गाड़ी ठीक करने में वह सहायता करता है। कालू को पहली मुलाकात में ही उससे प्यार हो जाता है। एक गली का छोकरा इलैची (जगदीप) कालू की हरकतें देखकर खूब हँसता है। कालू अपने जीजा के घर जाता है तो उसे अपने जुर्म के कारण पनाह नहीं मिलती। उसे फिर से सड़कों पर भटकना पड़ता है। इलैची उसका अच्छा दोस्त बन जाता है। वह उसे सिखाता है कि सड़कों पर कठोर जिंदगी कैसे गुजारी जाती है। कालू कैप्टन को संदेश देने होटल पहुँचता है। वहाँ उसकी मुलाकात कैबरे डांसर (शकीला) एवं एक पारसी बारमैन रुस्तम (जॉनी वाकर) से होती है।

कालू जैसे-तैसे निक्की का गैराज ढूँढ़कर वहाँ उसके पिता (जगदीश सेठी)

फिल्म 'आर-पार' के एक दृश्य में गुरु दत्त और श्यामा

से मिलता है, जो गैराज के मालिक हैं। वह कड़क लेकिन दयालु स्वभाव के पंजाबी हैं। वह कालू के हालात जानकर उसे अपने गैराज में मेकैनिक का काम देते हैं और रात में गैराज में सोने की इजाजत भी दे देते हैं। निक्की और कालू का प्यार गाड़ियों के टूटे इंजनों और पुराने टायरों के बीच पनपने लगता है। जब निक्की के पिता को यह पता चलता है तो वह कालू को गैराज से बाहर निकाल देते हैं। रोजगार के लिए कालू कैप्टन और उसके साथी बदमाशों के पास जाता है। कैप्टन एक बैंक लूटने की योजना बनाने में व्यस्त है। वह सोचता है कि कालू लूट के माल को टैक्सी में डालकर भागने में सहायक होगा। कैबरे डांसर कालू की तरफ आकर्षित होती है। कालू भी उसकी तरफ खिंचता है, क्योंकि निक्की अपने पिता की इच्छा के विरुद्ध उसके साथ भागने से मना कर देती है। वह डांसर जल्दी ही यह जान जाती है कि कालू निक्की से प्यार करता है। वह बदला लेना चाहती है। वह कैप्टन को निक्की का अपहरण करने को राजी कर लेती है। रुस्तम की सहायता से कालू निक्की को बचा लेता है और हीरो बन जाता है। अब निक्की के पिता उसकी शादी कालू से करने को राजी हो जाते हैं।

'आर-पार' रिलीज होते ही सफल हुई। इस फिल्म से कुछ रूढ़िवादी लोग

नाराज भी हुए। निक्की के पिता जैसी ही सोच वाले इन लोगों को कालू का सामाजिक स्तर व उसकी बुर्जुआ मूल्यों की तीखी अवहेलना हजम नहीं हुई। लेकिन कालू कहता है कि उसकी वर्तमान स्थिति परिस्थितियों के कारण है, न कि किसी वर्ग से संबंधित होने के कारण। उसकी महत्त्वाकांक्षा मध्यवर्गीय निक्की की बराबरी करने की है। एक हास्य दृश्य में हम कालू को अंग्रेजी सीखते हुए देख सकते हैं, जहाँ निक्की उसके उच्चारण और वर्तनी की गलतियों को सुधारती है। वह उसे अंग्रेजी में धन्यवाद भी कहता है।

ललिता लाजमी ने एक बार याद किया कि निक्की का चरित्र एक पंजाबी लड़की अमरजीत पर आधारित है। गुरु दत्त तब उसे जानते थे, जब पादुकोण परिवार कलकत्ता में रहता था। उस लड़की के पिता भी एक गैराज के मालिक थे। उन्हें भी अपनी बेटी की गुरु दत्त से दोस्ती नापसंद थी। गुरु दत्त के छोटे भाई विजय मानते हैं कि गुरु दत्त ने अपने जीवन में घटी घटनाओं को फिल्मों में स्थान दिया है। विजय अब टेलीविजन के सीरियल निर्देशित करते हैं—

> मैंने देखा कि परिवार के ऐसे मामले, जिनसे गुरु दत्त को अरुचि थी, अकसर भोजन के समय उठाए जाते थे। कई बार उनके माता-पिता में तकरार शुरू हो जाती थी। तब वे प्लेट छोड़कर उठ जाते। हाथ धोकर गोल्ड फ्लेक का पैकेट लिये बाहर टहलने चले जाते। इसी तरह का एक दृश्य हम 'प्यासा' में देख सकते हैं और 'आर-पार' में भी। जब कालू घर लौटकर आता है और उसकी बहन खाना परोस रही है, उसी समय उसका जीजा उसकी उपस्थिति को देख भड़क जाता है और कालू खाना छोड़ बाहर चला जाता है।

इस फिल्म का प्लॉट एक फॉर्मूला लगेगा (एक गरीब लड़का समाज के सारे बंधनों से संघर्ष कर अपने प्यार को पाता है) और फिल्म का अंत लंबी कार दौड़ के साथ नाटकीय ढंग से खत्म होता है। लेकिन 'आर-पार' में गुरु दत्त एक ताजगी और प्रफुल्लता लाकर इसे अन्य फिल्मों की तुलना में अधिक रमणीय बना देते हैं। गुरु दत्त द्वारा छोटे किरदारों का विकास इस फिल्म को सशक्त बनाता है। यही सामान्य किरदार फिल्म को रोचक बनाए रखते हैं, जैसे कि एक टैक्सी चालक, बारमैन, न्यूजपेपर डालनेवाला—सभी अपने-अपने किरदार में बहुत अधिक चमकते हैं।

कालू और मित्रों का संसार शहरी जीवन के लोकाचार को प्रतिबिंबित करता

है, जहाँ परंपरागत और आधुनिक के बीच तालमेल बैठाने के लिए निजी अनुकूलन व क्षमता की खासियत का होना अत्यंत आवश्यक है। इस फिल्म की पटकथा नवेंदु घोष ने लिखी है। संवाद अबरार अल्वी के हैं। अबरार ने गुरु दत्त को फिल्म का नाम 'आर-पार' सुझाया। लेकिन इस नाम का फिल्म की कहानी से कोई वास्ता बनता न था। इसलिए अल्वी ने एक विशेष दृश्य इसी उद्‌देश्य के लिए लिखा। इसमें निक्की जब यह तय नहीं कर पाती कि वह कालू के साथ भागे या पिता के साथ रहे, तो कालू यह सुझाव देता है कि चलो हम सिक्का उछालते हैं—आर या पार। इस फिल्म के नाम को एक गाने से भी जोड़ा गया—'कभी आर कभी पार लागा तीरे नजर…'।

अबरार अल्वी

मैं जब कॉलेज में पढ़ता था तब उन दिनों फिल्मों के संवाद जिस तरह लिखे जाते थे, उनसे चिढ़ जाता था। लेखक अपनी भाषा को संवाद के रूप में सभी पात्रों पर थोपता था। इसमें चरित्र चित्रांकन की किसी प्रकार की कोई सूझ-बूझ नहीं झलकती थी। संवाद अधिक नाटकीय व परिष्कृत होते थे। यह किताबी भाषा अधिक थी, न कि बोलचाल की। मैं सोचता था कि अगर कभी मुझे मौका मिलेगा तो मैं पात्रों के अनुरूप भाषा में संवाद लिखूँगा। वह पात्र गँवार है या पढ़ा-लिखा या कोई महान् व्यक्ति। किस प्रकार का व्यक्ति है वह? कहाँ से है—पंजाब, गुजरात या यू.पी.? मैं चाहता था कि भाषा से उसकी वास्तविकता झलके। फिल्मों में पूर्ण वास्तविकता दिखाना तो असंभव है।

मैं मानता हूँ कि 'आर-पार' फिल्म से हमने एक आधुनिक लेखन की शुरुआत की। गुरु दत्त ने इसमें मुझे पूरा-पूरा समर्थन दिया। उदाहरण के लिए, नायक कालू मध्य प्रदेश का था, इसलिए उसकी बोलचाल की एक विशिष्ट शैली थी। जब वह अपनी बात कहता है तो वह 'मेरा हाल' न कहकर 'यारों का हाल' कहता है। कालू अधिक पढ़ा-लिखा या सभ्य नहीं था। उसकी भाषा उसके सामाजिक स्तर को दरशाती है। गैराज का मालिक इस फिल्म में एक पंजाबी था, वह पंजाबी लहजे में बोलता है। मैंने हर पात्र की भाषा-शैली में कुछ रंग भरा है।

'आर-पार' के सभी पात्रों में वास्तविकता झलकती है। कोई भी इस फिल्म में रुस्तम या हँसमुख इलैची को नहीं भूल सकता। रुस्तम, जो बहुत अच्छी पारसी बोलता है, एक बारमैन है। उसकी होनेवाली सास की भूमिका हिंदी सिनेमा की महान् हास्य अभिनेत्री उमा देवी (टुनटुन) ने की है। उमा देवी ने अपने कैरियर की शुरुआत प्लेबैक सिंगर के रूप में की थी। उनका गाया गाना 'अफसाना लिख रही हूँ' (फिल्म 'दर्द', 1947) काफी लोकप्रिय हुआ, जिसके कारण उन्हें आगे चलकर रिकॉर्डिंग के अवसर मिले।

जब उमा देवी ने पार्श्व गायन छोड़ने का मन बनाया तो संगीत निर्देशक नौशाद ने उन्हें हास्य अभिनेत्री बनकर अपने इस सहज गुण को अभिव्यक्ति देने की राय दी। उनकी पहली फिल्म 'बाबुल' में उनके हास्य पात्र का नाम 'टुनटुन' था। आगे चलकर वह इसी नाम से प्रसिद्ध हुईं। अप्रैल 1987 की 'इलेस्ट्रेटेड वीकली' में एक साक्षात्कार में वह कहती हैं कि केवल गुरु दत्त ही थे, जिन्होंने मुझे मेरे असली नाम से प्रस्तुत किया था। वह आगे कहती हैं कि 'मिस्टर ऐंड मिसेज 55' में मेरी भूमिका सबसे पसंदीदा है, जो एक ईसाई औरत की है। वह माहिम में रहती थीं, इसलिए यह भूमिका उनके लिए सहज बन गई थी। इसका कारण यह था कि माहिम में उनके बहुत सारे पड़ोसी मित्र ईसाई थे।

जब गुरु दत्त ने 'आर-पार' फिल्म की दो रील बनाईं तो उन्होंने उसे फिल्म वितरकों को दिखाया। उसे देखने के बाद कई वितरकों ने कालू के रूप में गुरु दत्त के अभिनय पर असंतोष व्यक्त किया। गुरु दत्त ने तुरंत उस समय के उभरते सितारे शम्मी कपूर (जो गीता बाली के पति थे) से आग्रह किया कि उनकी जगह कालू की भूमिका स्वीकार करें। शम्मी कपूर ने वे दोनों रील देखने का आग्रह किया। उसके बाद उन्होंने समय न रहने की वजह बताकर उस फिल्म में काम करने से इनकार कर दिया। उनका मानना था कि गुरु दत्त इस भूमिका के लिए उपयुक्त हैं। 'बाज' की तुलना में इस फिल्म में गुरु दत्त ने काफी आत्मविश्वास के साथ अभिनय किया है। गुरु दत्त ने कालू के पात्र में चार्ली चैपलिन की झलक दिखाई है। टिपिकल चैपलिन स्टाइल में कम नाप के पैंट, जो बाहर से ऊपर की ओर मुड़े हों, की वेशभूषा में कालू का जेल से बाहर निकलकर आना, रात में दुकानों के सामने सोना—इन सब में चैपलिनी शैली झलकती है।

निक्की पात्र के लिए पहले वह गीता बाली को लेना चाहते थे, लेकिन जब वह फिल्म से हट गईं तो गीता दत्त ने श्यामा का नाम प्रस्तुत किया। श्यामा ने अपना

कैरियर खुद के नाम से शुरू किया था, जो बेबी खुर्शीद था। वह महज नौ साल की थीं, तब से काम करने लगीं। तब वह वर्ष 1944 में बनी फिल्म 'जीनत' में एक कव्वाली में दिखी थीं। निर्देशक विजय भट्ट ने उनका नाम 'श्यामा' रखा, क्योंकि तब तक कई अभिनेत्रियाँ खुर्शीद के नाम से फिल्मों में काम कर रही थीं।

श्यामा

> सन् 1953 में मेरे पास बीस फिल्में थीं। मैं बहुत व्यस्त थी और 'आर-पार' में काम करने के लिए मेरे पास बिलकुल समय नहीं था। लेकिन गुरु दत्त स्वयं मेरे पास आए और बोले कि निक्की के रोल के लिए उनके मन में मेरा नाम है। मैं उनके ऑफिस गई और उन्होंने मुझे कहानी की रूपरेखा सुनाई। मुझे यह रोल पसंद आया और सोचा कि यह इस श्रेष्ठ कलाकार एवं निर्देशक के साथ काम करने का अच्छा मौका है। इस फिल्म की शूटिंग श्रीकांत स्टूडियोज, चेंबूर में हुई। गुरु दत्त बहुत रोमांटिक थे; लेकिन गीता उन पर अपना अधिकार जतानेवाले स्वभाव की थीं। वह हमेशा उनके साथ रहकर उन पर नजर रखती थी। मुझे इस बात पर हँसी आती थी।
>
> गुरु दत्त हरफनमौला थे। वह हमें किस तरह अभिनय करना है, किस तरह हँसना है, किस तरह नृत्य करना है, किस तरह मुँह बनाना है—बताते थे। एक अभिनेता के तौर पर वह बड़े आत्मविश्वासी थे; लेकिन जब तक संतुष्ट नहीं होते थे, बार-बार एक ही दृश्य शूट करते थे। वह बहुत सहायक थे। वह हमें बताते थे कि किसी शॉट से उनकी क्या अपेक्षा है। उन दिनों कोई नृत्य निर्देशक नहीं होते थे, इसलिए वह हमें नृत्य की भंगिमाएँ सिखाते थे। देखा जाए तो वह एक अच्छे नर्तक भी थे। मुझे याद है कि एक गाने 'सुन-सुन-सुन जालिमा' में वह कैमरा इर्द-गिर्द घुमाते रहे। उस सेट पर कुछ नहीं था, केवल गैराज में रखी गाड़ी के सिवा।

गुरु दत्त की अनेक फिल्मों की तरह इस फिल्म में भी दो नायिकाएँ हैं, जो नायक से प्यार करती हैं। कालू जिस औरत से प्यार करता है वह समाज की नजरों में इज्जतदार है, लेकिन सामाजिक बंधनों को तोड़ने में खुद को असमर्थ पाती है।

कालू के जीवन में जो दूसरी औरत है, वह एक कैबरे डांसर है, जो जाहिल एवं समाज से गिरी हुई है। जब कालू उसे तिरस्कृत करता है तो वह बदले की आग में खलनायिका बन जाती है। इस रोल के लिए गुरु दत्त ने बहुत युवा अभिनेत्री शकीला को चुना था। वह अपने कैरियर में बहुत आगे नहीं गईं, क्योंकि वर्ष 1961 में शादी के बाद वह विदेश चली गईं। शकीला की बहन नूर ने भी गुरु दत्त के साथ काम किया। आगे चलकर उसने जॉनी वाकर से विवाह कर लिया।

शकीला

> गुरु दत्तजी हमें हर चीज समझाते थे। वह बहुत शांत स्वभाव के थे। लेकिन जब उन्हें काम पसंद नहीं आता था तो बहुत गुस्से में आ जाते थे। वह बहुत मीनमेख निकालते थे। एक दृश्य में मुझे नीचे देखते हुए अपने सिर को पीछे की तरफ झटकना था। इस दृश्य के लिए हमने पाँच-छह रीटेक लिये, क्योंकि मुझे उसी तरह से दिखना था, जिसकी उन्होंने कल्पना की थी। वह मेरे बालों के गिरने के अंदाज को भी परखते थे। आगे उनके साथ काम करने का मौका नहीं मिला, लेकिन मैंने राज

फिल्म 'आर-पार' के एक दृश्य में गुरु दत्त, शकीला तथा जॉनी वाकर

खोसला की फिल्म 'सी.आई.डी.' में काम किया, जिसे गुरु दत्त ने बनाया था।

पहले दिन मुझे 'आर-पार' में गुरु दत्त के साथ एक गाने के दृश्य में काम करना पड़ा। मैं सेट पर गई तो देखा, वहाँ पर कई कार्डबोर्ड के डिब्बे हर तरफ पड़े हुए थे। वह कुछ भी नहीं लग रहा था। सबने गुरु दत्त से पूछा कि वहाँ फिल्म कैसे बना सकते हैं। लेकिन उन्होंने कर दिखाया। वह गाना था—'हूँ अभी मैं जवाँ', जिसे बहुत खूबसूरती से फिल्माया गया।

जिस तरह से गुरु दत्त गानों को फिल्माते थे, वह उनके सहयोगियों को अपनी मौलिकता के कारण बहुत प्रभावित करता था। आम परंपरा को तोड़कर गुरु दत्त हमेशा अपने पात्रों को विस्तृत भूमिका प्रदान करते थे। वह हमेशा जो अन्य छोटे पात्र थे, उन्हें भी अपने आपको हीरो-हीरोइन से अलग हटकर अभिव्यक्त करने का मौका देते थे। किसी से भी गाना गवाना गुरु दत्त की खासियत थी, जैसे एक स्त्री, जो निर्माण में काम करती थी (कुमकुम, गुरु दत्त की कई फिल्मों में छोटे-छोटे रोल किए, 'आर-पार' से शुरू होकर) एक गाना गाती है—'कभी आर कभी पार लागा तीरे नजर', जबकि दुबारा वह फिल्म में कहीं नहीं दिखती। यह गाना कालू की भावनाओं तथा निक्की के प्रति उसके प्यार को अभिव्यक्त करता है। अपनी सभी फिल्मों में गुरु दत्त गानों को इस तरह चित्रित करते थे जैसे कि वे संवाद के ही अंश हों। अधिकतर मामलों में गाने का नाटकीय महत्त्व संवाद के समान ही होता था। तरुण (गुरु दत्त का बेटा) कहता है कि मेरे पिता की फिल्मों के गाने छूटने पर फिल्म के कथानक को समझना मुश्किल है।

जनवरी 1987 के 'फिल्मफेयर' के साक्षात्कार में ओ.पी. नय्यर ने कहा कि 'आर-पार' की कुछ धुनों को पाश्चात्य संगीत पर आधारित करने पर जोर गुरु दत्त ने दिया। कहा जाता है कि 'सुन-सुन-सुन जालिमा' बिंग क्रॉसबी के इस गाने से प्रभावित होकर बनाया गाना है 'सिंग सिंग सिंग ए सॉन्ग विद मी'। पाश्चात्य संगीत की उनकी पसंद न केवल अमेरिकी बल्कि 1950 के दशक के स्पेनिश गानों से भी प्रभावित थी। 'क्वैजास क्वैजास क्वैजास' का भारतीयकरण हम 'बाबूजी धीरे चलना' में देख सकते हैं। भले ही यह संगीत पाश्चात्य हो या भारतीय, यह कहीं से लिया गया हो या खुद का, 'आर-पार' के गानों ने ओ.पी. नय्यर को आनेवाले समय में एक महान् संगीत निर्देशक बनाया। उर्दू के कवि व गीतकार मजरूह सुल्तानपुरी ने इन गीतों के बोल लिखे।

सुलतानपुरी ने कुछ महान् एवं कुछ घटिया निर्देशकों के साथ काम किया है। वह उत्तर प्रदेश के आजमगढ़ से थे। उनका जन्म वर्ष 1919 या 1920 में हुआ। जनवरी 1946 में वह बंबई अपने उस्ताद जिगर मुरादाबादी के साथ एक मुशायरे में आए थे। उनका कलाम सुनकर सभी ने बहुत तारीफ की। निर्देशक/निर्माता ए.आर. कारदार भी श्रोताओं में उपस्थित थे। उन्होंने बाद में मजरूह को 500 रुपए प्रतिमाह के वेतन पर कारदार फिल्म्स में रख लिया। यही वह पल था, जब उन्होंने अपना हकीमी का काम छोड़कर फिल्मी दुनिया को अपनाया और बंबई में बस गए। सुल्तानपुरी की पहली फिल्म 'शाहजहाँ' है, जिसे नौशाद ने संगीत दिया। इस फिल्म के मशहूर गाने 'गम दिए मुस्तकिल' तथा 'जब दिल ही टूट गया' थे, जिन्हें के.एल. सहगल ने गाया है। यह सहगल की अंतिम फिल्म से पहलेवाली फिल्म है, जिसमें उन्होंने अभिनय किया।

वर्ष 1949 की महबूब खान की फिल्म 'अंदाज' में उनके गानों ने मजरूह को शैलेंद्र, साहिर लुधियानवी, राजिंदर किशन, शकील बदायूँनी आदि प्रमुख गीतकारों की पंक्ति में स्थान दिलाया। उनके विद्रोही गीतों तथा कम्युनिस्ट पार्टी के साथ संबंध रखने के कारण उन्हें (1950-52 में) आर्थर रोड जेल में दो साल कैद रखा गया। उनके साथ बलराज साहनी भी थे। जेल से छूटने के पश्चात् वह पुनः गीत लिखने लगे।

मजरूह सुल्तानपुरी दिखने में गंभीर थे, लेकिन अंदर से हँसमुख और जिंदादिल थे। उनका घर बच्चों से भरा रहता था—उनकी बेटियाँ, बेटे, बहुएँ तथा उनके पोते। वह हमेशा सफेद कुरता पहनते थे तथा पान के शौकीन थे। मजरूह याद करते थे, जब वह और गुरु दत्त रात-रात तक काम करते थे। उन्हें याद है कि गुरु दत्त, जो बहुत युवा निर्देशक थे, बहुत ही सुशील और सुसंस्कृत थे। वह हमेशा अपने नीचे काम करनेवाले हर व्यक्ति को एक समान मानते थे, चाहे वह संगीत निर्देशक हो या एक लाइट बॉय। उनकी बुद्धिमानी तथा लगाव का पता उनकी बातों से स्पष्ट हो जाता है—

> जब हम साथ में काम करते थे तो गुरु दत्त हमारे साथ बैठकर संगीत निर्देशक को तथा हमें कहानी सुनाते थे। उसके बाद वह हमें गाने की सिचुएशन समझाते थे कि गाना कहाँ पर आएगा। संगीतकार मुझे अपनी धुन देते थे। गुरु दत्त को संगीत का बहुत अच्छा ज्ञान था। वह हमें अपने पात्रों के संवादों में प्रयोग की गई भाषा के बारे में बताते। वह सुनिश्चित

करते, जो कुछ मैं लिखूँ वह पात्र के संवादों से मेल खाता हो। मैं उनसे पूछता था कि यह गाना किस समय गाया जाएगा? हीरो कहाँ बैठा है? यह किसी गाँव में है या शहर में? हीरो का सामाजिक स्तर क्या है? उसका किस तरह के लोगों में उठना-बैठना है? गीतकारों को हमेशा ये प्रश्न पूछने चाहिए और वे ऐसा करते भी हैं। गुरु दत्त इन सवालों के जवाब बहुत सब्र के साथ देते थे। अगर हममें कोई मतभेद हो तो मैं जमकर विरोध प्रकट करता था और अपनी बात स्पष्ट करता था। अगर वह मुझ पर हावी होना चाहते थे तो हँसकर कह देते थे कि अब बहस करना छोड़ दो।

उन दिनों फिल्म की कहानी को अलग-अलग हिस्सों में बाँटा जाता था। उन्हें सीन कहते थे। प्रत्येक फिल्म में कम-से-कम 112 से 120 सीन होते थे। तब हम निश्चित करते थे कि गाना कहाँ पर होना चाहिए। बहुत सारी चीजों को ध्यान में रखना पड़ता था। उदाहरण के लिए दो गानों के बीच अंतराल जरूरी है। जब किसी गाने को सही रूप में प्रस्तुत करते हैं तो वह भी अपने आप में एक सीन होता है। बहुत सारी प्यार की अभिव्यक्तियाँ संवाद में उस तरह संभव नहीं होतीं जैसे कि गीत में। रोमांटिक अनुभूति कविता और संगीत के माध्यम से अधिक प्रभावी बन जाती है। यही गाने का काम है। जो बात संवाद में कही जा चुकी है, उसे गीत में कभी दोहराना नहीं चाहिए। गुरु दत्त हमेशा चाहते थे कि गीत कथानक को आगे बढ़ाने वाला हो और वह पटकथा का अभिन्न भाग हो—

इस तरह से मैंने एक गीत लिखा, 'सुन-सुन-सुन जालिमा, प्यार मुझको तुझसे हो गया…।' तो कहने लगे—'मुझको तुझसे', यह तो अच्छा नहीं लग रहा है। लफ्ज जो हैं खुश्क हैं और सुर दब जाते हैं। 'हमको तुमसे प्यार हो गया…' इस तरह है तो जरा इजी गोइंग होते हैं नोट्स… मगर मैंने कहा कि ग्रामेटिकली रॉन्ग हैं।… इसलिए कि 'सुन सुन कहा', अगर 'सुनो सुनो' कहा होता तो 'हमको' सही होता, प्लूरल सही होता। यहाँ तो सिंगुलर आने चाहिए। तो कहने लगे, 'अरे भाई, हटाओ, तुम्हारे वहाँ ऑडिएंस में कौन देखेगा तुम्हारी ग्रामर। मजरूह, यह सुनने में अच्छा लगता है, रक्खो।' आगे वह गीत खूब चला।

भारतीय फिल्मों के बहुत से गीतों की लोकप्रियता का संबंध अकसर उस फिल्म से नहीं होता, जिसमें वे होते हैं। दर्शकों के लिए ये गीत उन पात्रों से कोई वास्ता नहीं रखते जिन पर ये फिल्माए जाते हैं। फिर भी, यह बात सही है कि गुरु दत्त की फिल्मों के गाने अपने किरदारों से कभी अलग नहीं किए जा सकते। देखनेवाले ने हमेशा इन गानों को पसंद किया है, जैसे दर्शक 'मुहब्बत कर लो, जी भर लो, अजी किसने रोका है' का संबंध कालू से जोड़ लेते हैं। इसी तरह 'प्यासा' फिल्म का वह गाना है, जिसे अब्दुल सत्तार पर फिल्माया गया था—'सर जो तेरा चकराए…'।

सिनेमा की कहानी में गाने का इस्तेमाल वास्तविकता के भ्रम को तोड़ने के लिए किया जाता था। गुरु दत्त इसे बखूबी जानते थे। गानों के फिल्मांकन में माहिर होने के बावजूद वह हमेशा फिल्मों में अनुभूतियों की अभिव्यक्ति के लिए गाने रखते थे। इसी कारण मजरूह हिंदी फिल्मों में कहानी और गानों को कभी अलग करके नहीं देखते थे। फिल्में हमेशा गानों पर ही निर्भर रहती थीं। प्रत्येक निर्देशक ने अपने-अपने तरीके से इस कौशल का विकास किया। 'आर-पार' फिल्म में कालू और रुस्तम वास्तविकता के करीब दिखते हैं, क्योंकि निर्देशक गुरु दत्त मजरूह सुल्तानपुरी से पात्रोचित भाषा में बोल लिखवाने में सफल हुए। गुरु दत्त हमेशा चाहते थे कि गानों को भी वास्तविक धरातल पर फिल्माएँ। इसलिए उन्होंने भाषा के साथ स्थान का भी ध्यान रखा। कई निर्देशक गीतों में फंतासी के तत्त्व को बढ़ाने के लिए अवास्तविक लोकेशंस का चयन करते हैं। लेकिन गुरु दत्त अधिकतर अपना गाना उसी परिवेश में रखते थे, जहाँ उनके पात्र फिल्म में हों। इसका एक जीवंत उदाहरण वह गाना है 'सुन सुन सुन सुन जालिमा', जिसे गैराज में फिल्माया गया। गैराज के बीचोबीच एक कार और उसके इर्द-गिर्द दो प्रेमी उस छोटे से दायरे में गा रहे हैं। इस संदर्भ में अनेक समीक्षकों ने गुरु दत्त की प्रशंसा की है। मजरूह की समीक्षा कुछ अंतर्दृष्टि से की गई है—

> वह गीतों में दो बातें देखते थे—एक तो यह कि डल नहीं हो। ओपनिंग म्यूजिक लंबा नहीं हो। कैसा मालूम होता है। हैं भाई, बैठ जाओ। पहले ओपनिंग म्यूजिक हो जाए, शुरू का म्यूजिक हो जाए। तो फिर हम गीत शुरू करें। तो वह कभी-कभी ऐसा करते थे, डायलॉग से कट करके सीधा गीत शुरू कर देते थे, जिससे इजाफा हो जाए उसके ऊपर।
>
> वह फिल्म में स्पीड को बहुत ज्यादा समझते थे। अहमियत देते थे।…

और मैं यह समझता हूँ, अपने जमाने में वह पहले शख्स थे, जिन्होंने स्पीड पर ज्यादा तवज्जो दी। मान लीजिए, अब बोल हो चुके हैं। अब म्यूजिक आया। पीस तो आएगा म्यूजिक का। उस पर क्या दिखाएँ? तो उस पर कोई आई फीलिंग चीजें करते थे, मसलन एक गीत था—'चल दिया बंदा नवाज, छेड़कर मेरे दिल का साज…' 'मिस्टर ऐंड मिसेस 55' में। किनारा था दरिया का। जब म्यूजिक आया तो उसमें औरतें साड़ियाँ सुखा रही हैं तो आई फीलिंग चीज मिलती थी, विजुअली। अब तो बहुत लोग इसको काफी करने लगे। मगर गुरु दत्त ने इनको पहले अख्तियार किया था। उनकी सबसे बड़ी चीज थी कि स्टैंडी रहे चीज, उठी हुई रहे, कंप्लीट रहे। उसमें बहुत तवज्जो रहे। इसमें वह कई रातें जाग जाते थे। वह बहुत मेहनत करते थे सोचने में।

गुरु दत्त के कई गाने, जैसा मजरूह ने कहा, कथानक में गुँथे हुए होते थे। 'आर-पार' फिल्म में कालू अपनी टैक्सी में बैठे दो प्रेमियों की मीठी बातें सुनता है। कालू स्वयं प्रेम में निराश है। जब वह उनकी प्रेम भरी बातें सुनता है तो गाना गाता है, 'मुहब्बत कर लो, जी भर लो, अजी किसने रोका है; पर बड़े गजब की बात है, इसमें भी धोखा है।' जब गुरु दत्त किसी गाने के संगीत को लंबा खींचते हैं तो उस गीत का उद्‌देश्य वास्तविकता के बजाय फंतासी को उभारना होता है। 'प्यासा' फिल्म में विजय दिवास्वप्न देखता है।

'हम आपकी आँखों में…' इस गाने की शुरुआत एक लंबी म्यूजिक ओपनिंग से होती है, जो इस फिल्म के अन्य वास्तविकता आधारित गानों से भिन्न है। यह प्रेमगीत उसकी सेटिंग में तथा संगीतमय ढाँचे में अलग लगता है। 'प्यासा' के अन्य गीत कलकत्ता की गलियों में चित्रित किए गए थे; लेकिन यह ड्‌यूट गाना, जिसे मीना गाती है, उसके विपरीत उसमें आकाश की सीढ़ियाँ उतरती दिखती हैं। विजय खूबसूरत पोशाक में खड़ा अपनी स्वप्न सुंदरी की राह देख रहा है।

'आर-पार' फिल्म बॉम्बे के नॉवल्टी सिनेमा में 7 मई, 1954 को रिलीज हुई। 'फिल्म इंडिया' की समीक्षा ने इसे 'तीव्र तथा उग्र मनोरंजक' बताते हुए लिखा—

यह फिल्म संयोगवश या असंयोगवश हॉलीवुड की फिल्म 'ड्राइव ए क्रूक्ड रोड' से मेल खाती है। इस तरह की समानता होना गुरु दत्त की

> महानता को दरशाता है; क्योंकि हजारों मील दूर बनी फिल्मों को बंबई में देखना, वह भी गुरु दत्त जैसे व्यस्त निर्देशक के लिए असंभव था। अपराध में एक खासियत यह है कि यह मानव समाज में एक समान है। इसे दरशाने के लिए केवल स्वाभाविक प्रतिभा चाहिए। गुरु दत्त ने 'आर-पार' का निर्माण महज मनोरंजन के लिए किया है, जिसमें अपराध प्रासंगिक है। यह फिल्म काफी मजेदार बन पाई है, जिसका श्रेय उसकी रफ्तार तथा आवेगपूर्व एक्शन को है। निर्माण काफी अच्छा है। फोटोग्राफी आकर्षक है तथा कैमरामैन मूर्ति के काम में एक प्रकार का सामंजस्य दिखता है। गुरु दत्त का निर्देशन काफी हमवार है, जो दिमाग पर जोर डाले बिना दर्शक का मनोरंजन करने का उद्देश्य पूरा करता है।

राज खोसला कहते हैं कि आलोचना व समीक्षा गुरु दत्त को कभी अधिक प्रभावित नहीं करती थी—

> गुरु दत्त आलोचना से कभी परेशान नहीं होते थे। वह अपने आलोचक स्वयं थे। वह जानते थे कि कहाँ गलती कर रहे हैं। वह कहते थे, 'राज, यह फिल्म कहीं गलत जा रही है, यह फिल्म सही दिशा में नहीं जा रही। यहाँ गड़बड़ हो गई है।' वह इसे महसूस कर सकते थे।

□

मिस्टर ऐंड मिसेज 55

सन् 1954 में गुरु दत्त का छोटा परिवार खार की सोलहवीं रोड स्थित सेठ निवास के पाँच कमरेवाले अपार्टमेंट में चला गया। उन्होंने वर्ष 1956 में एक छोटा फार्म तथा लोनावाला में कुछ जमीन खरीदी थी, जिस पर वह खेती करते थे। जब भी उन्हें अपनी व्यस्तता से समय मिलता, बंबई से बाहर चले जाते थे। वह अपने फार्म में रहकर फिल्मी दुनिया की चकाचौंध से दूर शांति प्राप्त करते थे। उन दिनों ऐसा प्रतीत होने लगा था कि गुरु दत्त के व्यक्तित्व में परिवर्तन आ गया है। जो व्यक्ति अपने परिवार के साथ पिकनिक व सामाजिक उत्सवों में दिलचस्पी रखता था, अब एकांतप्रिय हो गया था। अब उनकी दिलचस्पी काम में और अपने साथ काम करनेवालों के साथ रहने में थी।

आत्माराम

जिस तरह से गुरु दत्त ने अपना जीवन जिया, उससे मुझे नहीं लगता कि वह एक सामान्य वैवाहिक जीवन जीने वालों में थे। उन्हें तो किसी फ्रांसीसी की तरह रहना चाहिए था, जहाँ आप किसी के साथ रहते हैं, पर यह जरूरी नहीं कि उसके साथ शादी भी करें। लेकिन गुरु दत्त परंपरा से भी बँधे थे। वह समाज या परिवार के प्रति कोई कर्तव्य महसूस नहीं करते थे। यहाँ सवाल बेवफाई का नहीं था, उसके अलावा भी बहुत कुछ था। वह कभी किसी पारिवारिक कार्यक्रम में शामिल नहीं होते थे। गीता सबसे मिल-जुलकर रहती थीं, यही उनके लिए बहुत कठिन हो जाता था। जब वह बीसवें व तीसवें में थे तो वह दिन-रात काम करते थे। जब उन्हें जाना होता था तो किसी को बिना खबर दिए सीधे कार लेकर स्टूडियो से लोनावाला चले जाते थे। यह दोनों में गलतफहमी बढ़ा देता

था। गीता एक अच्छी युवती थीं। बहुत प्रतिभाशाली थीं; लेकिन दोनों की बौद्धिकता में तालमेल नहीं था।

गुरु दत्त शुरू के दिनों में सबसे मिलकर रहते थे। वह इतने अच्छे सहायक थे कि सभी उन्हें चाहते थे। निर्देशक बनर्जी तथा ज्ञान मुखर्जी उन्हें चाहते थे। गुरु दत्त का स्वभाव बहुत अच्छा था। लोग उनके साथ दोस्ताना व्यवहार करते थे। जैसे-जैसे वह फिल्म बनाने में सफल होते गए, शायद इस कारण ही उनके संबंध भी टूटते गए।

वसंती पादुकोण 'आर-पार' फिल्म की सफलता के उन हालात को याद करते हुए लिखती हैं (इंप्रिंट 1979)—

> गुरु दत्त ने लोनावाला में कुछ जमीन खेती करने के लिए खरीदी। वहाँ उसने एक मकान (दो कमरों का) बनाया, जिसमें सब सुविधाएँ थीं। वह शांत जीवन पसंद करता था। जब भी वह निराश हो जाता या उसके पास समय रहता तो वह वहाँ जाकर कुछ दिन रहता था। कभी-कभी वह अपने पटकथा लेखक (अबरार अल्वी) को भी साथ ले जाता। उस फार्म की देखरेख के लिए एक दंपती को रखा गया था। वह उनसे कहता कि बाजरे की रोटी और गरम चटनी बनाएँ। यह उसे बहुत पसंद थी। कभी-कभी खुद खिचड़ी बनाकर सबको खिलाता। सन् 1955 में गुरु दत्त ने 'मिस्टर ऐंड मिसेज 55' शुरू की। इसकी हीरोइन नायिका मधुबाला थी और गुरु दत्त इस फिल्म के हीरो। वह एक बड़ी हिट फिल्म थी, जिसमें हास्य-व्यंग्य भरा था।

'मिस्टर ऐंड मिसेज 55' की कहानी एक दरिद्र कार्टूनिस्ट प्रीतम (गुरु दत्त) की है, जो अपने फोटोग्राफर मित्र जॉनी (जॉनी वाकर) पर निर्भर रहता है। जॉनी उसे कर्जदारों और भुखमरी से बचाता है। प्रीतम काम की तलाश में परेशान है। उसकी मुलाकात खूबसूरत अनिता (मधुबाला) के साथ एक टेनिस मैच के दौरान होती है। अनिता को उसकी मौसी सीता देवी अपने नियंत्रण में रखती है। सीता देवी नारी अधिकारों के लिए संघर्षरत है। वह अनिता को पुरुषों से बचाना चाहती है। अनिता के पिता चाहते थे कि अनिता शादी करे। इसके लिए वे अपनी वसीयत में लिखते हैं कि यदि अनिता इक्कीस वर्ष की होने के अंदर शादी करेगी तो वह उनकी

संपत्ति पाएगी, अन्यथा नहीं। सीता देवी सोच-विचार कर उसकी शादी तथा तलाक दिलाने की योजना बनाती है। प्रीतम अनिता से प्यार करता है, इसकी खबर सीता देवी को नहीं है। वह प्रीतम से अनिता की शादी करवाना चाहती है। वह उसे साफतौर पर बता देती है कि शादी के बाद प्रीतम अनिता से मिलेगा नहीं और जब कहा जाए, उसे तलाक दे देगा।

जब अनिता को पता चलता है कि प्रीतम भाड़े का पति बनने को राजी हो गया है तो वह उसकी नजरों से गिर जाता है। प्रीतम और अनिता की शादी परंपरागत मंडप से हटकर बंबई के रजिस्ट्रार ऑफिस में आनन-फानन हो जाती है। प्रीतम को अनिता से मिलने नहीं दिया जाता। इससे हताश होकर वह उसे पास के गाँव में अपने भाई के यहाँ ले जाने का फैसला करता है। अनिता प्रीतम की भाभी (कुमकुम) की सादगी, संस्कारों और जिस तरह से वह प्यार बरसाती है उससे बहुत प्रभावित होती है। लेकिन पहले ही अनिता सीता देवी को खबर कर चुकी है कि उसे वहाँ से निकाल लें। प्रीतम समझता है कि अनिता उससे प्यार नहीं करती और सीता देवी को ऐसा प्रमाण देता है, जिससे तलाक हो सके।

इसके बाद मुकदमा चलता है, जिसमें प्रीतम के चरित्र पर दाग लगाया जाता है। न्यायालय के फैसले से पहले अनिता जान जाती है कि वह प्रीतम से प्यार करने लगी है और उसी के साथ रहना चाहती है। जब अनिता अपनी मौसी से अपने प्यार की अभिव्यक्ति करती है तथा पाश्चात्य सभ्यता से दूर हटकर पारंपरिक मूल्यों में विश्वास जताती है तो सीता देवी गुस्से में आकर उसे कमरे में बंद कर देती हैं। इसी बीच प्रीतम बंबई छोड़कर दिल्ली जाने लगता है। अनिता जॉनी और उसकी गर्लफ्रेंड की मदद से अपनी मौसी के चंगुल से बच निकलती है तथा प्रीतम को रोकने के लिए हवाई अड्डे पर जाती है। 'मिस्टर ऐंड मिसेज 55' का परियों की कहानी वाले अंदाज में अनिता और प्रीतम के मिलन के साथ सुखांत होता है।

यूँ तो यह फिल्म एक व्यंग्यात्मक कॉमेडी फिल्म है, लेकिन गुरु दत्त ने अपनी पुरानी फिल्मों की तुलना में पहली बार निश्चित तौर पर 'मिस्टर ऐंड मिसेज 55' में सामाजिक पहलुओं पर काम किया है। 'मिस्टर ऐंड मिसेज 55' में पाश्चात्य सभ्यता का भारतीय मूल्यों पर खास करके शहरों के अमीरों पर उसके असर का विरोध किया गया है तथा भारतीय मूल्यों को पुन:स्थापित करने का प्रयास किया है। इस फिल्म की कमजोरी नारी-मुक्ति के संघर्ष को मामूली या साधारण तौर पर दिखाने का प्रयास है। सीता देवी को इस फिल्म में एक खलनायिका के रूप में

अधिक चित्राया गया, न कि नारी अधिकारों के लिए संघर्ष करनेवाली किसी गंभीर महिला के रूप में। इस फिल्म की महत्ता उसकी चतुर व्यंग्योक्तियों में है, जबकि उस जमाने में ज्यादातर हिंदी फिल्मों में फूहड़ हास्य का प्रयोग होता था। इसमें अमेरिकी कॉमेडी वाली गति, मूड और अनुभूति है। यह संभवत: गुरु दत्त के सारे काम में सबसे अधिक हॉलीवुड प्रभावित फिल्म है।

अबरार अल्वी

जब मैं नागपुर विश्वविद्यालय में पढ़ रहा था, उस समय मैंने एक नाटक 'मॉडर्न मैरिज' लिखा। जब मैंने इसकी कहानी गुरु दत्त को सुनाई तो वह तुरंत बोले, 'अबरार, हम इस पर एक फिल्म बनाएँगे।' उन्होंने मुझसे कहा कि इस कहानी में एक ट्विस्ट जोड़ो, जो कि पहले की कहानी में न था। उन्होंने किसी अमेरिकी फिल्म की चर्चा की, जिसके नायक/नायिका कैरी ग्रांट तथा बेरे डेविस थे। इसमें यूरोपियन नायिका को अमेरिकी युवक से शादी करनी थी, ताकि वह अमेरिका में रह सके। तो वह निश्चय करती है कि वह ग्रांट से शादी करेगी। ग्रांट एक बेरोजगार अभिनेता है, जिससे वह यह शर्त रखती है कि जैसे ही वह वहाँ की नागरिक बन जाएगी, वह उसे तलाक दे देगा। हमने यह ट्विस्ट इस फिल्म में लिया तथा अपनी तरफ से नारी-मुक्ति संघर्ष को जोड़ा।

'मिस्टर ऐंड मिसेज 55' के एक सीन में सीता देवी प्रीतम की बातों का विरोध करती है। वह पूछती है कि क्या तुम कम्युनिस्ट हो, तो वह कहता है, 'जी नहीं, कार्टूनिस्ट।' यह तीखा जवाब बहुत तेजी से आता है, यही शब्दों का खेल है। लेकिन इसके पीछे भी एक कारण था। उन दिनों भारतीय फिल्मों में हास्य बहुत स्थूल होता था। लेकिन लोग सूक्ष्म हास्य को अधिक पसंद करते थे।

एक अन्य दृश्य में मैंने निश्चय किया कि हीरो प्रीतम सीता देवी के साथ संवादों में केवल एक ही शब्द बोले, 'हाँ!' लेकिन हर बार जब वह 'हाँ' कहे तो उसका एक अलग अर्थ बने। यहाँ की स्थिति यह है कि प्रीतम को अनिता से मिलने नहीं दिया जा रहा है, जिससे उसने प्यार किया और शादी भी की। इस अंश की खलनायिका अनिता की मौसी सीता देवी थी, जिसका वह कार्टून बनाता है। यह कार्टून असल में भारत के शीर्ष

कार्टूनिस्ट आर.के. लक्ष्मण ने बनाया था। फ्रेम में आप उनका ही हाथ देखते हैं। इसका विचार भी उन्हीं का था। सीता देवी इस कार्टून में एक रोमन चोगा पहने रोमन रथ पर हाथ में हंटर लिये खड़ी है। रथ के घोड़े प्रीतम और अनिता हैं, जो उसे खींच रहे हैं। जब हमें वह कार्टून मिला तो हमने आगे का दृश्य सोचा।

अगले दिन जब सीता देवी उस कार्टून को समाचार-पत्रों में देखती है तो गुस्से से पागल होकर प्रीतम के कमरे में आती है।

सीता देवी : यह कार्टून तुमने बनाया?

प्रीतम : जी हाँ।

सीता देवी : यह मैं और अनिता हैं?

प्रीतम : जी हाँ।

सीता देवी : ऐसी शक्लें हैं हम दोनों की?

प्रीतम : जी हाँ।

सीता देवी : मजाक उड़ाया है तुमने हमारा?

प्रीतम : जी हाँ।

हर 'जी हाँ' का एक अलग अंदाज, एक अलग रंग तथा एक अलग अर्थ है। मैंने सोचा—चलो, हम एक ही शब्द को बार-बार दोहराते हैं। इससे दर्शक रोमांचित हो जाएँगे। इस तरह सारा सीन इसी पर बना। जब दूसरी-तीसरी बार प्रीतम 'हाँ' कहता तो सिनेमा हॉल दर्शकों के ठहाकों से गूँज उठता था। दर्शकों ने इसे बहुत पसंद किया। सीन के अंतिम संवाद में हीरो सीता देवी के अभियोग को नकारते हुए कहता है—

सीता देवी : तुम इस काबिल नहीं हो कि कोई शरीफ इनसान तुमसे बात करे, अब मेरा वकील तुमसे अदालत में बात करेगा।

प्रीतम : क्या आपके वकील साहब शरीफ नहीं हैं?

इस फिल्म के संवाद उस जमाने की अन्य फिल्मों की तरह नहीं थे जिनका अनुमान लगाया जा सके। '50 के दशक और उसके बाद के दर्शक भी फिल्म की इस वक्रोक्ति व कल्पनाशीलता पर आश्चर्य करते थे। हरेक संवाद को ध्यान से सुनना पड़ता था। जैसे दूसरी फिल्मों के संवाद जहाँ एक मनोभाव पर बार-बार जोर देते थे, वहाँ इस फिल्म के

संवाद विभिन्न प्रकार की अनुभूतियों को अभिव्यक्त करते थे। '50 के दशक के किसी आलोचक ने लिखा—

> 29 अप्रैल, 1955 को स्वास्तिक सिनेमा में गुरु दत्त की फिल्म 'मिस्टर ऐंड मिसेज 55' का प्रीमियर दिखाया गया। यह प्रफुल्लित करनेवाली मधुर सामाजिक कॉमेडी है। 'मिस्टर ऐंड मिसेज 55' सिने शिल्प का एक मॉडल है, जो हर वर्ग के सिने दर्शक के लिए रुचिकर है। हर पात्र पर हास्य-व्यंग्यात्मक चित्रण तथा जीवन से ली गई घटनाओं को हास्य मसाले से भर दिया गया है। विचारोत्तेजक जीवन की वास्तविकता पर आधारित इस मनोरंजक फिल्म के संवाद चुटीले हैं।
>
> *(फिल्मफेयर, 27 मई, 1955)*

इस फिल्म की एक और मौलिक विशेषता है अबरार की लेखन शैली, जिसमें गुरु दत्त ने भी अपना सहयोग दिया है। इसे इस तरह से विकसित किया गया कि जहाँ ऊँची तकरारवाली स्थितियों को हास्य का पुट देकर हलका बना दिया गया। सामान्य तौर पर भारतीय सिनेमा में संवादों की नाटकीय अभिव्यक्ति द्वारा जीवन की सच्चाइयों को उजागर किया जाता है। मामूली प्रश्न, जैसे—आप वहाँ कैसे पहुँचे ? का प्रयोग करके उसका जवाब एक मेलोड्रामेटिक टोन में बढ़ा-चढ़ाकर दिखाया जाता है। अबरार अल्वी ने दूसरी तरफ सीन को इस तरह के संवादों से भरा है, ताकि हर प्रश्न के उत्तर में सहजता हो, हास्य हो; जैसे इस प्रश्न के लिए कि 'तुम वहाँ कैसे पहुँचे ?' का उत्तर बहुत ही सहजता से लोगों में हँसी भर देता है कि 'टैक्सी से'।

गुरु दत्त की सभी फिल्मों में जॉनी वाकर के बहुत अच्छे हास्य संवाद व गीत रहे। मुहम्मद रफी का गाया गीत 'जाने कहाँ मेरा जिगर गया जी' की शैली जॉनी वाकर के व्यक्तित्व पर खूब जँचती है। यह वह इनसान है, जो अपनी लोक-बुद्धि के सहारे जीता है; जो कभी-कभी बड़बड़ाते हुए भी हीरो का एक अच्छा मित्र बना रहता है।

जॉनी वाकर

> होता क्या था उस जमाने में कि शूटिंग ज्यादातर होती थी इनडोर में, रात में। उसकी वजह यह थी कि तमाम स्टूडियो सिटी के अंदर थे। तो कौए

की आवाज, मैना की आवाज, मोटर के हॉर्न··· वगैरह··· आवाजें इतनी ज्यादा हो जाती थीं कि शूटिंग में घड़ी-घड़ी कट···कट··· बड़ी मुसीबत। पहले डबिंग सिस्टम इतना अच्छा नहीं था। तो इतनी डबिंग नहीं होती थी। तो हम लोग रात के नौ बजे से सुबह के पाँच बजे तक शूटिंग करते थे। स्टूडियो में एटमॉस्फीयर इतना अच्छा होता था कि कब रात निकल गई, पता ही नहीं चलता था। क्योंकि अंदर का एटमॉस्फीयर गुरु दत्तजी जो थे, बिलकुल बिगड़ने नहीं देते थे। चाहे लाइट सीन चल रहा हो, चाहे सीरियस सीन चल रहा हो। डबिंग से होता क्या था, क्वालिटी में बहुत फर्क आ जाता था। मुझे डबिंग के टाइम में बहुत सख्त तकलीफ हो जाती थी। और मुझे बाँधकर डबिंग का काम करना पड़ता था। तो वह क्वालिटी, जो मैं ऑन द स्पॉट करता था, उसमें नहीं आती थी और क्वालिटी में काफी फर्क हो जाता था।

इसलिए गुरु दत्तजी ये चाहते थे, हमेशा उन्होंने कोशिश भी की कि भई, कितना डिफिकल्ट सेट क्यों न हो, अंदर ही लगाया जाए। और कोशिश की जाए कि इसमें क्वालिटी न खराब हो। और वह क्वालिटी किसी हालत में गिरने नहीं देते थे। भले ही उसमें कितना ही खर्चा होता हो। गुरु दत्तजी की आदत थी कि हर आर्टिस्ट को छूट देते थे। वह यह चाहते थे कि भई, इसके अंदर जितनी जान है, खुद निकाले। यह खुद दिखाए। उसके बाद अगर गड़बड़ हुई तो मैं उसको बताऊँगा। उनका यही रवैया होता था और यही मेरे साथ भी था। तो मुझे कह देते थे कि 'जॉनी, यह तुम्हारा सीन है। यह डायलॉग है, यह शॉट है। इसमें तुम जो बेहतर कर सकते हो, करो।' तो जनाब, मैं शुरू हो जाता था। हर रिहर्सल में मैं कुछ-न-कुछ इधर-उधर करके एक्टेंपोर बोल जाया करता था। जितने भी रिहर्सल होते थे, उनमें मैं कुछ-न-कुछ नया ऐड कर लेता था और गुरु दत्तजी को बहुत पसंद आता था।

···और वह देखते थे···जितने भी लोग सेट पर काम करते थे, लाइट बॉयज, कैमरा असिस्टेंट्स···तमाम···सब···पूरे···क्या वे मेरे डायलॉग पर हँस रहे थे? गुरु दत्तजी ने एक असिस्टेंट फिक्स करके रखा था कि जॉनी जो भी डायलॉग बोलेगा···जो अच्छा होगा वह याद रखो। और इस तरह काम चलता था। मैं गुरु दत्त की तमाम पिक्चरों में अच्छा

काम इसीलिए करता था। मुझमें तो खूबी थी, मगर मेरी खूबी को निकालनेवाला अगर सही आदमी नहीं है तो अंदर ही दबी रहेगी···बेकार है। गुरु दत्तजी से मुझे इतना फायदा हुआ, मैं कहता हूँ, मुझे किसी से भी नहीं हुआ।

एस. गुरुस्वामी याद करते हैं कि गुरु दत्त जॉनी वाकर के साथ काम करने में कितना आनंद लेते थे और किस तरह से उन्हें पूरी स्वतंत्रता थी। वे दोनों सहकर्मी ही नहीं, निजी जीवन में भी अच्छे मित्र थे। हमेशा मछली पकड़ने और शिकार करने जाते थे। साथ में अबरार को भी ले जाते थे। गुरुस्वामी कहते हैं कि जॉनी वाकर के आते ही सेट का सारा मूड बदल जाता था और हँसते हुए स्वीकारते थे कि किस तरह मूर्ति चिढ़ जाते थे, क्योंकि उनकी एकाग्रता भंग हो जाती थी। गुरुस्वामी कहते कि गुरु दत्त मुदित होकर मूर्ति से कहते, 'करने दो न, काहे को चिल्लाते हो!'

वैसे गुरु दत्त सेट पर किसी प्रकार की अनुशासनहीनता या रुकावटों को बिलकुल बरदाश्त नहीं करते थे। उनके साथी जानते थे कि वह कितने गरम मिजाज के हैं। एक बार उनका पारा चढ़ जाता है तो महायुद्ध हो जाता है। उसके बाद कई फोन कॉल्स, जिसमें अपने अधीर हो जाने के लिए माफी माँगते। वह किसी से भी द्वेष नहीं रखते थे, परंतु वह चाहते थे कि लोग अपनी जबान के पक्के हों। अगर कोई चीज नहीं हो सकती तो बेहतर है कि बताओ। झूठ-मूठ के वादे उन्हें बिलकुल पसंद न थे। उनके मित्र याद करते हैं कि वह कितने अनिश्चयी थे। वह किसी चीज पर टिकते न थे। इसके बाद प्रेरणाओं का सिलसिला शुरू हो जाता था।

वी.के. मूर्ति एक ऐसी घटना को उजागर करते हुए कहते हैं कि 'मिस्टर ऐंड मिसेज 55' में गुरु दत्त मधुबाला पर एक गाना फिल्मा रहे थे। वह बहुत मजेदार गाना था—'ठंडी हवा काली घटा···' बंबई के एक स्विमिंग पूल पर। यह महात्मा गांधी स्विमिंग पूल आज भी कभी-कभी फिल्मों की शूटिंग के लिए इस्तेमाल किया जाता है। आकाश की नीलिमा पूल के पानी में प्रतिबिंबित हो रही थी। ताड़ के पेड़ ऊँचे तथा पूल की हरी टाइल्स थीं। लेकिन उस दृश्य में आपको ये रंग कहीं नहीं दिखेंगे। उस दृश्य में जीवन लाने के पीछे वे काली-सफेद छवियाँ हैं, जो उस सेटिंग को भी मात देती हैं।

वी.के. मूर्ति

गुरु दत्त ने तय किया कि वह उस गाने को स्विमिंग पूल पर फिल्माएँगे। तो हम सब साथ में वहाँ निकल पड़े सभी क्रू, कैमरा आदि लेकर। उसके बाद वह अपने व्यू फैंडर से कोण निर्धारित कर रहे थे। कहाँ से शुरू करें। वह उस गाने के प्रथम शॉट के बारे में सोच रहे थे। वह अपने व्यू फैंडर से हर दिशा से जाँच कर रहे थे। लेकिन वह संतुष्ट न थे। तब उन्होंने निश्चय किया कि आज यह संभव नहीं है। चलो, आज पैकअप करें। अगले दिन सुबह हम वहाँ फिर गए। उस सुबह जो कोण उन्होंने व्यू फैंडर से देखा वही तय किया—'आह, यही है वह। हम यहाँ अपना कैमरा लगाएँगे।' कैमरा वहाँ लगाया गया। फिर गाने का रिहर्सल किया गया और शॉट तैयार हुआ। उस तरह से हमने वह गाना फिल्माया। आगे कोई मुश्किल न थी। उनके लिए पहला शॉट हमेशा मुश्किल पड़ता था। किस तरह से शुरू किया जाए। वह लोगों से हमेशा सलाह-मशवरा करते थे। लोग अर्थात् मैं (अधिकतर), मैं कलाकार की जगह खड़ा हो जाता।

फिल्म 'मि. ऐंड मिसेज 55' में गुरु दत्त और मधुबाला

फिर वह कैमरे से देखते।

वह बहुत अच्छे इनसान थे। वे सहज थे। उनमें किसी प्रकार का कोई अहंकार नहीं था। वह कभी अपने को बड़ी हस्ती या बड़ा निर्देशक नहीं समझते थे। वे सभी प्रकार के लोगों से मिल-जुलकर रहते थे। वह किसी लाइट बॉय के साथ बैठकर खाना खाने में हिचकिचाते न थे। वह अपने कर्मचारियों के साथ बैठकर खाना खाते थे तथा उनसे बातें करते थे। वह वही खाना पसंद करते थे, जो आम कर्मचारी खाते थे। वह कभी तड़क-भड़क वाले कपड़े न पसंद करते थे, न पहनते थे। वह सामान्य थे और हँसमुख थे, लेकिन सेट पर एक बाघ की तरह थे।

एस. गुरुस्वामी को भी ठंडी हवा वाला दृश्य वी.के. मूर्ति की तरह ही याद है। वह कहते हैं कि जब वे महात्मा गांधी स्विमिंग पूल पहुँचे, गुरु दत्त ने पूरा गाना दो दिन में ही तैयार कर लिया। गुरुस्वामी अपनी उँगलियों को चटकाते हुए कहते हैं—फट, फट, फट, केवल दो दिनों में यह गाना बनाया। लेकिन उस गाने का पहला शॉट निश्चित करना ही मुश्किल था। जैसे ही वह तय हुआ, बाद के सीक्वेंस अपने आप बनते चले गए, जैसे कि पहले से ही लिखा गया हो।

लंदन के उनके एक मित्र थे—एस.एन. गौरीसरिया। वह याद करते हैं कि गुरु दत्त किस तरह से पैसों के मामले में पक्के थे। एक बार उन्होंने उनसे कुछ पैसे उधार लिये थे। जैसे ही गौरीसरिया ने बंबई हवाई अड्डे पर कदम रखा, गुरु दत्त उनसे मिले और तुरंत पैसे लौटाने की बात की। वह अपनी कंपनी चलाने के मामले में भी उसी तरह पाबंद थे।

एस. गुरुस्वामी

गुरु दत्त कभी कालाबाजारी का लेन-देन पसंद नहीं करते थे। उन्होंने कलाकारों को काले धन में भुगतान करने के बजाय टैक्स बचाने का एक तरीका ढूँढ़ा। उदाहरण के तौर पर, अगर किसी कलाकार की फीस 3 लाख रुपए है तो गुरु दत्त उस कलाकार को 50 देते थे और बाकी 2.5 लाख वह 10 वार्षिक किस्तों में अदा करते थे। गुरु दत्त बाकी 2.5 लाख रुपए एल.आई.सी. में उस कलाकार के नाम निवेश करते थे। यह टैक्स अधिकारियों को भी सम्मत था। इस तरह से सरकार उन पैसों का उपयोग

करती थी तथा हर साल उस कलाकार को 25,000 रुपए मिलते थे, जिस पर वह टैक्स अदा करता था। कई कलाकार इस पद्धति को अपनाकर आज भी उसी तरह भुगतान लेते हैं।

यूँ तो 'आर-पार' और 'मिस्टर ऐंड मिसेज 55' को गुरु दत्त की दो कॉमेडी फिल्मों के रूप में देखा जाता है, फिर भी इस दोनों में नाममात्र की समानता है। अगर वे समान लगें तो यह केवल ओ.पी. नय्यर के संगीत निर्देशन के कारण हो सकता है। नय्यर साहब ने 'आर-पार' के पार्श्व संगीत का 'मिस्टर ऐंड मिसेज 55' में भी इस्तेमाल किया। गुरु दत्त की इससे पहले की फिल्मों में कुछ यादगार पल ढूँढ़ सकते हैं, वह चाहे 'बाजी' हो या 'जाल', 'बाज' हो या 'आर-पार', पर इनमें उनके काम में समतलता नहीं। 'मिस्टर ऐंड मिसेज 55' उनकी पहली फिल्म है, जिसके बोल, काव्य शैली बिलकुल अलग हैं। हर क्षेत्र में कुछ विलक्षण है, चाहे कैमरा के मूवमेंट्स हों या लंबे ट्रैकिंग शॉट्स, बेहतरीन क्लोजप शॉट्स, छाया व प्रकाश का खेल, चुटीले संवाद, सोच से परे प्लॉट, अच्छे संगीत का इस्तेमाल, सहज प्रदर्शन, पात्रों की मनोवैज्ञानिक गहराई—ये सब गुरु दत्त के कार्य की विशिष्ट पहचान बन गए। इस प्रकार के हर अवयव को हम इस चमत्कारी कॉमेडी में देख सकते हैं।

यूँ तो दृश्यों में प्रवाह उनकी महानता को दरशाता है, फिर भी गुरु दत्त को कभी अपने आपको स्क्रीन पर देखकर संतोष नहीं होता था। वह 'मिस्टर ऐंड मिसेज 55' के लिए जैसे गुरुस्वामी याद करते हैं, सुनील दत्त को प्रीतम का रोल देना चाहते थे। लेकिन आखिरी समय में, जैसे हर बार होता रहा, नई फिल्म की शुरुआत से वह निश्चय करते थे कि उस रोल को स्वयं करेंगे। प्रीतम गुरु दत्त के पहले हीरो जैसा नहीं था। मदन, कालू ये सब हिंदी फिल्मों में कई बार देखे हुए चेहरे हैं। लेकिन प्रीतम दुनिया की सच्चाई है, जो जीने के लिए संघर्ष करता है। इस फिल्म की कॉमेडी गरीबी के हर पल को हलका कर देती है। जब अनिता उसे भूख और प्यास से बेहाल किसी पार्क के बेंच पर सोए देखती है तो वह अपनी परवरिश के चलते उसकी दुर्दशा को पहचान नहीं पाती। प्रीतम कहता है कि भूख से छटपटाने पर भी उसे रोटी नसीब नहीं होती। अनिता उसे सलाह देती है कि ऐसी हालत में वह केक या बिस्कुट खा सकता है। प्रीतम का पुराना रेनकोट और घिसा-पिटा हैट ही उसकी सारी संपत्ति है। अपनी शादी के दिन सूट भी उसे जॉनी से उधार लेना पड़ता है।

प्रथम दृश्य जिसमें हम प्रीतम को देखते हैं, तब वह गहरी नींद में सोया है। चैपलिन की छवि के समान टेनिस कोर्ट की सीढ़ियों के नीचे। अपनी मौसी के बोलने के बावजूद अनिता, जो बिगड़ी हुई अमीर लड़की थी, भागकर टेनिस मैच को देखने के बहाने आती है। उसे लगता है कि उसे किसी टेनिस खिलाड़ी से प्यार हो गया है। अपनी मौसी के भेजे जासूस से बच निकलने के फिराक में भागती हुई वह अचानक प्रीतम पर गिर पड़ती है, जो गहरी नींद में सोया है। वह उसकी खूबसूरती पर इतना मोहित हो जाता है कि सारे दृश्य में एकटक उसे निहारता रहता है। अनिता उसी तेजी से निकल जाती है, जिस तेजी से वह उसके जीवन में आई थी। यह दृश्य तब खत्म होता है जब वह लंबे समय तक उसी रास्ते को निहारता हुआ रह जाता है। अगले दृश्य में प्रीतम जॉनी से एक रेस्टोरेंट में मुलाकात करता है। जॉनी, जो बहुत बातूनी है, जानना चाहता है कि उसे क्या हो गया है और क्यों खामोश है? क्यों नहीं बात करना चाहता?

जॉनी : अबे, क्या हो गया है?

प्रीतम एक गाने से अपने दिल की बात कहता है—

अजी दिल पे हुआ ऐसा जादू
तबीयत मचल-मचल गई,
नजरें जो मिलीं क्या किसी से
कि हालत बदल-बदल गई।

गुरु दत्त के संसार में जब प्रेमी के रास्ते में अड़चनें आती हैं तो वह दुम दबाकर भागता है। प्रीतम व्यापारियों की नगरी बंबई छोड़कर शहंशाहों की नगरी दिल्ली जाना चाहता है। अनिता अपनी मौसी के घर से भागने में सफल होती है और सीधे हवाई अड्डे पर पहुँचती है। लेकिन तब तक दिल्ली जाने वाला विमान उड़ चुका होता है। वह गम के कारण खामोश एक तरफ खड़ी रहती है। तभी दूर से एक गाने की आवाज आती है, मानो उसके खामोश दिल से निकल रहा हो। उस संगीत के साथ हवाई जहाजों की आवाज भी शामिल है। 'प्रीतम आन मिलो' काल्पनिक जगत् की सच्चाई है। प्रीतम, जिसका टिकट अगली फ्लाइट का है, उसके सामने आ खड़ा होता है।

मधुबाला अनिता के रोल के लिए एकदम सही चुनाव था। वह गुरु दत्त से कई गुना बड़ी स्टार थीं। उन्होंने अपने कैरियर की शुरुआत बाल अभिनेत्री के रूप में

की। बाद में बॉम्बे टॉकीज की कई फिल्मों में अभिनय किया, जिनमें अमिय चक्रवर्ती की वर्ष 1946 में बनी 'बसंत' शामिल है। उनकी पहली मुख्य भूमिका उस समय के नए कलाकार राज कपूर के साथ केदार शर्मा की फिल्म 'नील कमल' में थी। इस फिल्म के बाद उनकी अनेक सफल फिल्में बनीं, जैसे कमाल अमरोही की 'महल' (1949)। यूँ तो मधुबाला कुछ हद तक प्यार भरे रोल में स्टीरियो टाइप थीं, लेकिन कॉमेडी में उनकी सहजता 'मिस्टर ऐंड मिसेज 55' को जीवंत स्फूर्ति प्रदान करती है।

एस. गुरुस्वामी

> जब मैंने उनसे जाकर कहा कि गुरु दत्त आपको अपनी फिल्म 'मिस्टर ऐंड मिसेज 55' में लेना चाहते हैं, तो वह बहुत खुश हुईं। उनके पिता मेरे बहुत अच्छे दोस्त थे। जब वे बंबई पहली बार आए थे तो मैंने उन्हें रहने की जगह दी थी। हर कोई आश्चर्यचकित रह गए, जब सबने उन्हें (मधुबाला) सहयोग देते हुए देखा। वे सोचते थे कि वह मुसीबत खड़ी करेंगी। उन दिनों वह 6:30 बजे के बाद कभी काम नहीं करती थीं, लेकिन कभी हमारे लिए समस्या नहीं बनीं। वह पूर्ण सहयोग करती थीं। वह इतने अच्छे स्वभाव की थीं।
>
> 'मिस्टर ऐंड मिसेज' एक रमणीय फिल्म थी। मैं सोचता था कि गुरु दत्त अपने समय से बहुत आगे थे। यह फिल्म एक बेहतरीन कल्पना थी। आप कभी इस तरह की फिल्म में काम करते थकते नहीं। समय बीतता गया और फिल्म बनकर तैयार हो गई। अगर आप 'साहिब, बीबी और गुलाम' जैसा विषय लें तो सारी यूनिट के मूड पर उसका प्रभाव देखेंगे।

'मिस्टर ऐंड मिसेज 55' वह फिल्म है, जिसमें कई विचार हैं। जिसमें दिखता है कि कॉमेडी फिल्माने में गुरु दत्त कितने माहिर हैं। इसके हास्य का एक उदाहरण देखिए। प्रीतम को एक सिनेमा टिकट दिया जाता है और कहा जाता है कि एक चिट्ठी उसके बगल में बैठनेवाली लड़की को दे दे। सिनेमा हॉल के अंधकार में प्रीतम वह चिट्ठी अपने बगल में बैठी स्त्री को देने का प्रयास करता है। प्रीतम के इस व्यवहार से घबराकर वह स्त्री अपने पति से कहती है। पति का घूरकर देखना, उसी समय अनिता का आना उसे बचा लेता है। प्रीतम उसके बाद उसे वह पत्र देता

है। अनिता उस पत्र को पढ़कर जब जानती है कि उसका टेनिस प्रेमी भारत छोड़कर जा रहा है तो वह भाव-विभोर हो जाती है और रोने लगती है। प्रीतम के बगलवाली स्त्री और उसके पति को विश्वास हो जाता है कि प्रीतम बदमाश है। उनके साथ कुछ अन्य लोग भी शामिल हो जाते हैं। जब वह आदमी अनिता से पूछता है कि क्या उसने वह पत्र उसे भी दिया? इससे पहले कि अनिता जवाब दे सके, सब प्रीतम पर टूट पड़ते हैं। दूसरी चमत्कारिक घटना वह है जब अनिता को उसकी मौसी घर में कैद करती है। वह कालीन पर लेटी रेडियो सुन रही है और रेडियो पर गाना बजता है 'प्रीतम आन मिलो', यह सुनकर अनिता की मौसी जबरदस्ती रेडियो बंद कर देती है। तभी दूसरे दृश्य में प्रीतम के घर में वही गाना बार-बार बजने लगता है 'प्रीतम आन मिलो'। जब प्रीतम दिल्ली जाने के लिए बैग तैयार कर रहा होता है।

प्रीतम गुरु दत्त का संघर्ष करनेवाला पहला कलाकार है, जैसे विजय 'प्यासा' में तथा सुरेश सिन्हा 'कागज के फूल में'। वह एक अंतर्मुखी व्यक्ति है, जो झूठे सामाजिक मूल्यों से विद्रोह करता है। वह समाज की असमानताओं से संघर्ष करना चाहता है, परंतु संसार से सीधे भिड़ना नहीं चाहता। विजय अपनी कविताओं के माध्यम से संघर्ष करना चाहता है तो दूसरी ओर प्रीतम अपनी चित्रकारिता के माध्यम से। प्रीतम का चरित्र कुछ हास्यमय भी है। वह संघर्ष करने के बजाय पलायन का मार्ग चुनता है। जब वह महसूस करता है कि अनिता उससे प्यार नहीं करती तो वह सीता देवी की मदद करता है और स्वयं अपनी दुश्चरित्रता के झूठे प्रमाण देकर तलाक दिलवाने में मदद करता है। वह सीता देवी के घर से निकल जाता है, क्योंकि उसके लिए घर के दरवाजे हमेशा के लिए बंद कर दिए जाते हैं। वह सड़कों पर निकल पड़ता है, जहाँ कुछ सड़क छाप कव्वाली गा रहे होते हैं—

कारवाँ दिल का लुटा बैठा हूँ मंजिल के करीब
मैंने खुद किश्ती डुबो दी जाके साहिल के करीब···
क्या मैं करता··· क्या मैं करता···
मैं शराब-ए-इश्क से मदहोश था।

आधी रोशनी में प्रीतम खड़ा है। ऐसा दृश्य गुरु दत्त की बाद की कई अन्य फिल्मों में देखा जा सकता है। कव्वाल जब गाते हैं तो अपनी मिलीभगत की याद में उसके चेहरे पर व्यंग्यपूर्ण मुसकराहट आ जाती है। इस दृश्य में एक नए किस्म

की भावमयता है, जो 'मिस्टर ऐंड मिसेज 55' के पहले के दृश्यों में कहीं नहीं झलकती। इस फिल्म की हलकी-फुलकी कॉमेडी के बावजूद इस गाने के कड़वे-मीठे बोल फिल्म के परिप्रेक्ष्य को बदल देते हैं। इससे गुरु दत्त के उस गंभीर मूड का पूर्वाभास होता है, जो आगे चलकर 'प्यासा' में दिखाई दिया।

□

सी.आई.डी.

सन् 1955 में गुरु दत्त गुरुस्वामी के साथ हैदराबाद गए। उनको वहाँ एक तेलुगु फिल्म 'रोजुलु माराई' (समय बदल गया है, 1955) के सिल्वर जुबली समारोह में भाग लेने के लिए आमंत्रित किया गया था। उस फिल्म में एक युवा अभिनेत्री वहीदा रहमान की छोटी सी भूमिका थी। कहा जाता है कि उस फिल्म का एक मुख्य आकर्षण वहीदा का नृत्य था, जिसे गुरु दत्त ने भी सराहा और उनसे मिलने की इच्छा प्रकट की। कुछ महीनों के बाद गुरु दत्त ने वहीदा को अपनी कंपनी का अनुबंध प्रस्तावित किया। वहीदा रहमान का जन्म 1938 में मद्रास के निकट हुआ था। वह एक कट्टर मुसलमान परिवार से थीं। वह हमेशा एक नर्तकी तथा अभिनेत्री बनना चाहती थीं। जब वह दस साल की थीं तब से भरतनाट्यम सीखने लगीं। तीन साल बाद वह मंच पर प्रदर्शन देने लगीं। उनके पिता म्यूनिसिपल कमिश्नर थे। सन् 1951 में जब वह अभी किशोरी थीं, उनके पिता गुजर गए। जब वह सोलह साल की थीं, तभी से तेलुगु फिल्मों में नृत्य करने लगीं।

वहीदा अपने गुजरे हुए कल में नहीं जीना चाहतीं। वह अपने वर्तमान से संतुष्ट रहती हैं। आजकल वह कभी-कभी केवल माँ की भूमिका में नजर आती हैं। वह हमेशा अपना जीवन अपने बैंगलोर स्थित घर के शांत वातावरण में अपने बच्चों तथा पति के साथ बिताना चाहती हैं। व्यवसायी शशि रेखी से उन्होंने वर्ष 1974 में शादी की थी। स्वयं शशि रेखी का यह सपना था कि अपना कैरियर फिल्मों में बनाएँ। उन्होंने अपना नाम बदलकर कँवलजीत रखा। सन् 1962 में बनी महबूब खान की फिल्म 'सन ऑफ इंडिया' में उन्होंने एक मुख्य भूमिका भी निभाई। वहीदा रहमान आज भी अपनी खूबसूरती को बनाए हुए हैं। वह हमेशा खुलकर हँसती हैं, कभी-कभी अपने आप पर भी। यह इसलिए हो सकता है,

क्योंकि गुरु दत्त की 'प्यासा' से शुरू होकर सभी फिल्में उनके आंतरिक मनोभावों को प्रतिबिंबित करनेवाले थीं। यही कारण है कि उनका वहीदा के साथ संबंध गहरा होता गया, बढ़ता गया, बजाय कमजोर होने के। गुरु दत्त वहीदा के साथ अपने मनोभावों को उसी प्रकार अभिव्यक्त करते थे जिस तरह से वह फिल्म में करते हैं। उनकी छवियों से कुछ प्रश्न अनुत्तरित ही रह जाते हैं।

वहीदा रहमान

मैं तेलुगु फिल्मों में काम करने लगी थी। मैंने गुरु दत्त से हैदराबाद में मुलाकात की, जब वह मेरी पहली फिल्म देखने आए थे। उन्होंने सुना कि मेरा नाम वहीदा रहमान है और उन्होंने फिल्म के वितरक से पूछा कि क्या वह मुसलमान हैं? क्या वह उर्दू बोल सकती हैं? उस वितरक ने कहा कि हाँ, वह उर्दू बोल सकती हैं। तो गुरु दत्त ने मुझे उनसे मिलने को कहा। जब पहली बार मैंने उनसे मुलाकात की तो नहीं जाना कि वह एक महान् निर्देशक हैं; क्योंकि वह बहुत कम बोलते थे। उन्होंने मुझसे कुछ

फिल्म 'सी.आई.डी.' में वहीदा रहमान एक आकर्षक मुद्रा में

प्रश्न पूछे। मैं जान गई, वह जानना चाहते हैं कि मैं सही उर्दू बोल पाती हूँ या नहीं। यह मुलाकात लगभग तीस मिनट तक चली। फिर मैं अपने परिवार के साथ मद्रास लौट गई। मैंने तनिक नहीं सोचा कि वह मुझे अपनी फिल्मों में लेना चाहते हैं।

तीन महीने बाद उन्होंने अपने एक मित्र मनुभाई पटेल को मुझे यह बताने के लिए भेजा कि मुझे स्क्रीन टेस्ट के लिए बंबई जाना है। मैं बहुत प्रसन्न थी, क्योंकि मैं हमेशा चाहती थी कि हिंदी फिल्मों में काम करूँ। मैं जून 1955 में गुरु दत्त से उनके फेमस सिने बिल्डिंग के ऑफिस में मिली। उन्होंने मेरा स्क्रीन टेस्ट लिया और कहा, 'आपसे तीन साल का कॉण्ट्रैक्ट होगा।' 'सी.आई.डी.' पहली फिल्म थी। इसे राज खोसला के निर्देशन में बनाया जा रहा था। जब 'सी.आई.डी.' आधी समाप्त हुई तब 'प्यासा' की शूटिंग शुरू हुई। इन दोनों फिल्मों की शूटिंग करदार स्टूडियोज में हुई। इसकी आउटडोर शूटिंग कलकत्ता में हुई। लेकिन 'सी.आई.डी.' फिल्म पहले रिलीज हुई, 'प्यासा' बाद में।

गुरु दत्त ने अपने करीबी मित्र राज खोसला को अपनी कंपनी गुरु दत्त फिल्म्स प्राइवेट लिमिटेड की एक फिल्म के निर्देशन का मौका दिया। राज खोसला पहले ही एक फिल्म 'मिलाप' बना चुके थे। सन् 1955 में बनी यह फिल्म 'जाल' के निर्माता टी.आर. फतेहचंद की थी। राज खोसला गुरु दत्त के सहायक के रूप में काम करने के आदी हो चुके थे, इसलिए वह अपने आपको निर्देशक मानने में संकोच कर रहे थे। 8 मार्च, 1954 को 'मिलाप' की शूटिंग के पहले दिन जब मूर्ति ने कहा कि शॉट रेडी है, तो खोसला ने आदतन कहा, 'गुरु दत्त को बुलाओ।' अभिनेता के.एन. सिंह, जो शूटिंग शुरू होने का इंतजार कर रहे थे, ठहाका मार कर हँस पड़े। 'सी.आई.डी.' फिल्म 17 अगस्त, 1956 को बंबई में रिलीज हुई। इस क्राइम थ्रिलर में शेखर (देव आनंद) आपराधिक जाँच विभाग का एक अधिकारी होता है। उसे एक अपराधी की हत्या के आरोप में फँसाने की साजिश की जाती है। फिल्म में देव आनंद ने शकीला के साथ मुख्य भूमिका निभाई है। इस फिल्म में पहली बार वहीदा रहमान को एक अच्छी खलनायिका के रूप में प्रस्तुत किया गया है।

राज खोसला

गुरु दत्त ने कहा, 'राज, मेरे लिए एक फिल्म बनाओ।' मैंने कहा, 'जरूर।' और उन्होंने मुझे कहानी सुनाई। उन्होंने कहा कि फिल्म का नाम ही हिट होगा। उन्होंने मेरे काम में कभी हस्तक्षेप नहीं किया। वह शूटिंग के पहले दिन आए और उसके बाद कभी नहीं। मैंने ओ.पी. नय्यर को संगीत निर्देशक के रूप में लिया, क्योंकि मैं उनके गानों से अधिक प्रभावित था, जैसे—प्रीतम आन मिलो। ओ.पी. नय्यर ने 'आर-पार' तथा 'मिस्टर ऐंड मिसेज 55' के लिए सुपर हिट गाने कंपोज किए थे और 'सी.आई.डी.' के गाने भी काफी अच्छे साबित हुए। मेरी पहचान मेरे गानों के चित्रीकरण के कारण है। यह हुनर मैंने गुरु दत्त से सीखा। चेहरे तथा आँखों से भावों को प्रकट करना, न कि शारीरिक हाव-भाव से। क्लोजअप के इस्तेमाल से पूरी कहानी स्पष्ट हो जाती थी।

'सी.आई.डी.' ने काफी पैसा कमाया। उसने 30 लाख रुपए कमाए, जो आज के जमाने में 3 करोड़ के बराबर हैं। गुरु दत्त ने कभी पैसों की फिक्र नहीं की। वह बहुत उदार थे। एक दिन उन्होंने मुझे बुलाकर डॉज कन्वरटेबल की चाबियाँ दे दीं। मैंने पूछा, 'यह क्या है ?' उन्होंने कहा, 'सी.आई.डी.

फिल्म 'सी.आई.डी.' में देव आनंद और वहीदा रहमान

फिल्म बनाने का तोहफा है।' मुझे याद है कि कलकत्ता में इस फिल्म के रिलीज के दौरान खूब बारिश हो रही थी। सभी हवाई उड़ानें रद्द कर दी गई थीं। हम ट्रेन से गए। उन दिनों यह यात्रा 46 घंटों की थी। हम एक-दूसरे से काफी ऊब गए थे। अंत में जब हम ट्रेन से उतरे तो वहाँ के वितरक फूल-मालाएँ लिये हमारे स्वागत में खड़े थे। उन्होंने कहा कि फिल्म सुपर हिट है। गुरु दत्त स्वभावत: काफी आशंकित थे। वह सीधा सिनेमा हॉल पहुँचे। केवल 20 मिनट फिल्म देखने के बाद बोले, 'चलो राज, अब हम चलते हैं। आपने एक बेहतरीन फिल्म बनाई है, चलो, खुशी मनाएँगे।' उस समय रात के दस बज चुके थे। अगले दिन मैंने उन्हें होटल के कमरे में नहीं पाया। मैं उन्हें हर जगह ढूँढ़ता रहा। अंत में उन्हें एक बाथटब में गहरी नींद में पूरे कपड़ों के साथ सोए हुए देखा। हम रात भर पीते रहे थे। वह बहुत मधुर स्वभाव के थे।

'सी.आई.डी.' फिल्म गुरु दत्त की कंपनी के लिए एक बहुत बड़ी सफलता थी, जिसके गाने आज भी लोकप्रिय हैं। गाना गीता दत्त का गाया 'जाता कहाँ है दीवाने' इनमें से एक था। इस गाने को सेंसर बोर्ड की आपत्ति पर रिलीज की गई फिल्म से हटाया गया। (इसका कारण यह हो सकता है कि इस दृश्य में एक पुलिस अधिकारी को घटिया तरीके से दिखाया गया था।) इस फिल्म का दूसरा लोकप्रिय गाना एक युगल गीत है—'ले के पहला-पहला प्यार', जिसे मुहम्मद रफी और शमशाद बेगम ने गाया। शमशाद ने अपने गाने का कैरियर सन् 1940 से शुरू किया। उस जमाने की वह मशहूर गायिका थीं। सन् 1950 के उत्तरार्द्ध में शमशाद बेगम की लोकप्रियता में कमी आ गई; लेकिन फिर भी गुरु दत्त ने उन्हें पारंपरिक लोक पात्रों के लिए लिया, जैसे कि उन्होंने 'सी.आई.डी.' के स्ट्रीट सिंगर के रूप में तथा 'आर-पार' में भी इस्तेमाल किया। शमशाद बेगम अब अवकाश लेने के बाद के पश्चात् अपनी बेटियों तथा परिवार के साथ बंबई में ही रहती हैं।

शमशाद बेगम

मैं गुरु दत्त को बहुत पसंद करती थी। वह भले इनसान थे। एक कुशल व मानवीय गुणों से युक्त व्यक्ति। आप जब उनकी फिल्मों को देखेंगे तो पाएँगे कि हर फिल्म एक-दूसरे से बढ़कर है। मैंने 'सी.आई.डी.' तथा

> 'आर-पार' के लिए गाया। वह मुझे पात्रों के मनोभावों को समझाते थे तथा बताते थे कि यह खुशी का गीत है या गम का। वह पात्रों के मनोभावों को स्पष्ट रूप से समझाते थे तथा हमसे उसी रूप में गाने को गवाते थे। जब मैं पहली बार उनसे मिली, तब वे सहायक निर्देशक थे। तब से बिलकुल नहीं बदले।

गुरु दत्त चाहते थे कि राज खोसला उनकी एक अन्य फिल्म का भी निर्देशन करें; लेकिन खोसला ने इसे अस्वीकार कर दिया। वह अपने रास्ते पर चलना चाहते थे। उन्होंने गुरु दत्त से कहा कि मैं एक छोटा पौधा हूँ, जो एक महावृक्ष के नीचे बढ़ नहीं सकता। गुरु दत्त ने खोसला को यह आश्वासन दिया कि वह कभी भी पुन: उनके पास काम करने के लिए लौट सकते हैं। गुरु दत्त के ये मृदु वचन अनसुने नहीं रहे। राज खोसला आगे चलकर हिंदी सिनेमा के एक महान् निर्देशक बन गए तथा सभी कलाकारों के साथ बेहतरीन काम करने लगे।

राज खोसला

> गुरु दत्त ने मुझे बताया कि 80 प्रतिशत अभिनय कलाकार की आँखों से होता है और 20 प्रतिशत अन्य से। यह बात सही है। जब आप किसी व्यक्ति को देखते हैं तो उसकी आँखों में देखते हैं और आँखें ही मनोभावों को अभिव्यक्त करने का साधन हैं। वह बिना सीखे इसे जानते थे। जब गुरु दत्त कैमरे के सामने खड़े होकर अभिनय करते तो बहुत चिंतित रहते थे; क्योंकि उनकी आँखों में वांछित अभिव्यक्ति की क्षमता नहीं थी। उनके लिए बिना चश्मे के स्वाभाविक दिखना सबसे बड़ी समस्या थी। लेकिन कड़ी मेहनत से उन्होंने अपनी इस समस्या का हल ढूँढ़ लिया और आँखों से अभिव्यक्ति का भरपूर प्रयास किया।
>
> छोटी-छोटी बातों में भी वह गहरी रुचि लेते थे। अगर हम छोटी-छोटी बातों पर ध्यान देंगे तो ये छोटी-छोटी बातें विषय को सशक्त करेंगी। आखिर ये छोटी-छोटी बातें ही मायने रखती हैं। अगर वह एक जन-समूह को फिल्मा रहे हों तो हर व्यक्ति को समझाते थे कि उसे क्या बोलना है तथा क्या करना है। वह ऐसी सामान्य बातों पर काफी सतर्क रहते थे। इसीलिए उनके पात्र अधिक जीवंत लगते हैं। गुरु दत्त इसलिए

परेशान नहीं रहते थे कि उनका कलाकार क्या बोल रहा है या क्या कर रहा है, लेकिन इसलिए गंभीर हो जाते थे कि वह कलाकार उस क्षण उस कहानी में क्या सोच रहा है।

गुरु दत्त ने कभी 'सैलाब' बनाने की योजना नहीं बनाई थी। इसके निर्माता गीता दत्त के भाई मुकुल राय थे। उन्हें यह फिल्म बनाने के लिए मनाया गया, क्योंकि उस फिल्म के निर्देशक रवींद्र दवे उसे बीच में ही छोड़कर चले गए थे। 'सैलाब' में गीता बाली एवं अभि भट्टाचार्य ने मुख्य भूमिका निभाई, जिसे नवेंदु घोष ने लिखा। यह एक अमीर नवयुवक गौतम (अभि भट्टाचार्य) की कहानी है। एक दिन वह अपने पिता के चाय बागानों को देखने के लिए आसाम निकल पड़ता है। जिस हवाई जहाज में गौतम सफर कर रहा है, उसे मौसम की खराबी की वजह से जबरन उतरना पड़ता है। वह घायल होकर अपनी याददाश्त खो देता है। वह कंचन (गीता बाली) से प्यार करने लगता है। कंचन भी उसे प्यार करने लगती है। हालाँकि वह एक ऐसे धार्मिक समुदाय से है, जो अपने अनुयायियों को शादी करने से रोकता है। गौतम के पिता उसे ढूँढ़कर वापस कलकत्ता ले जाते हैं। गौतम की माँ की मौत का सदमा उसकी स्मृतियाँ वापस ला देता है, लेकिन कंचन से किए वादे को वह भूल जाता है। कंचन उसके पीछे-पीछे शहर में आती है। उसे पता चलता है कि गौतम उसे नहीं पहचानता। वह पुनः गाँव लौटकर अपने समुदाय में संसार की भलाई हेतु शामिल हो जाती है। अंत में गौतम कोशिश करके सब याद कर लेता है और आसाम के गाँव में लौट आता है। इस तरह से दोनों प्रेमी एक हो जाते हैं।

'सैलाब' फिल्म बंबई के इंपीरियल थिएटर में 13 अप्रैल, 1956 को रिलीज हुई। 'फिल्म इंडिया' ने टिप्पणी की कि यह पिक्चर आपके सबसे बड़े दुश्मन के लिए है। 'सैलाब' की आलोचना गुरु दत्त के किसी भी काम से जोड़ी नहीं जाती। एक कारण यह भी हो सकता है कि उस फिल्म के प्रिंट कहीं ढूँढ़ने से भी नहीं मिलते। एस. गुरुस्वामी ने 'सैलाब' फिल्म को नकारते हुए कहा कि यह हमारी बनाई फिल्म नहीं है। गुरु दत्त के साथ काम करनेवाले सदस्यों में किसी ने भी इस फिल्म में काम नहीं किया, केवल अबरार अल्वी को छोड़, जिन्होंने सरशार सैलानी के साथ संवाद लिखे हैं। यह फिल्म एक भयंकर वित्तीय आपदा थी, जिसने गीता दत्त को दिवालिया बना दिया। उस दिवालियापन ने उन्हें इस तरह नुकसान पहुँचाया कि उन्हें आगे चलकर गुरु दत्त की कंपनी के शेयरों के हक से भी वंचित होना पड़ा।

10 जुलाई, 1956 को बंबई में गुरु दत्त का दूसरा पुत्र अरुण जनमा। तब तक

गुरु दत्त खार रोड स्थित सेठ निवास, सोलहवीं रोड में रहते थे। लेकिन अरुण के जन्म के तुरंत बाद गुरु दत्त ने अपने लिए एक बड़ा बँगला 48, पाली हिल, बांद्रा में लिया और वहीं अपने परिवार समेत रहने लगे। वसंती पादुकोण उनके माटुंगावाले फ्लैट में वापस आ गईं। आत्माराम और उनकी पत्नी लंदन में रहने चले गए, जहाँ वे 1957 से 1961 तक रहे। आत्माराम बर्मा शेल के फिल्म विभाग में कार्यरत थे, जहाँ वह कंपनी के लिए वृत्तचित्र बनाते थे। वसंती पादुकोण याद करती हैं कि गुरु दत्त को पालतू जानवरों से बड़ा प्यार था, इसलिए वह घर पर कुत्ते, बिल्लियाँ, पक्षी, बंदर, खरगोश आदि पालने लगे। वह सब्जियों व मुर्गियों का एक फार्म शुरू करना चाहते थे। लेकिन काम के बढ़ जाने से उन्होंने यह इरादा छोड़ दिया। सन् 1994 में गुरु दत्त का दूसरा बेटा अरुण अपनी पत्नी कविता और दो बच्चों के साथ पूना में बस गया। अरुण अब तिरपन साल के लगभग पहुँच गए हैं। अरुण अभी भी अपने बचपन तथा पिता के साथ उनके संबंधों को याद करते हैं—

> कम-से-कम एक स्पष्ट स्मृति है, जब मैं उनसे बहुत भयभीत हो गया था। मुझे नहीं मालूम, क्यों? हो सकता है कि तरुण हमेशा पापा के फेवरेट थे। उन दोनों का जन्मदिन 9 जुलाई था और मैं 10 जुलाई को पैदा हुआ। वे दोनों 9 जुलाई को अपना जन्मदिन समारोह मनाते, लेकिन मेरे जन्मदिन पर कोई पार्टी नहीं रखते थे। पापा बहुत गरम मिजाज के थे। वह जानवरों से बहुत प्यार करते थे। हमारे घर पर मछलियों का एक टैंक था। मुझे उसमें हाथ डालना बहुत अच्छा लगता था। मुझे याद है, एक दिन जब मुझे मालूम नहीं था कि पापा घर पर ही हैं, मैंने अपना हाथ उस टैंक में डालकर एक मछली पकड़ ली। जैसे ही मुड़कर देखा तो वह मेरे पीछे ही खड़े थे। वह जोर से चिल्लाए, "अरुण!" उस समय मैं तेजी से वहाँ से भागा। फिर कम-से-कम दो या तीन दिनों तक उनके सामने नहीं आया। यह उस समय का अनुभव था, जब मैं पाँच साल का था और हम पाली हिल वाले घर में रहते थे। मुझे बिलकुल याद नहीं है कि वह हमसे कभी ज्यादा बात करते भी थे या नहीं। दरअसल, वह हमसे बहुत कम बोलते थे। वह अपने काम में व्यस्त रहते थे। जब हम स्कूल जाने लगे (सेंट मेरी, कोलाबा), सुबह घर छोड़ते समय वह सोए रहते थे। जब वह रात को घर लौटते तो हम सोए होते थे।

□

प्यासा

गुरु दत्त उन लोगों को मान्यता देने में कभी नहीं थकते थे जिनके वह प्रशंसक थे। इसीलिए उन्होंने 'प्यासा' फिल्म को श्री ज्ञान मुखर्जी की स्मृति को अर्पित किया, जिनसे उन्हें बहुत लगाव था। इस फिल्म की मौलिक कहानी 'कशमकश' वर्ष 1947-48 में लिखी गई थी। अबरार अल्वी की सहायता से इसे संशोधित करके नया नाम दिया गया 'प्यासा'। इस फिल्म के नायक विजय को पहली कहानी में एक चित्रकार के रूप में दिखाना था, लेकिन अंतिम स्क्रिप्ट में उसे एक कवि के रूप में दरशाया गया। 22 फरवरी, 1957 को बंबई के मिनर्वा सिनेमा में 'प्यासा' फिल्म रिलीज हुई। इस फिल्म के प्रीमियर शो में फिल्म इंडस्ट्री के कई दिग्गज मौजूद थे। कुछ लोगों को यह गलत अनुमान लगा कि फिल्म उतनी सफल नहीं हो पाएगी, क्योंकि इस फिल्म का मूड गंभीर है।

'प्यासा' की शुरुआत एक वर्णनात्मक प्रस्तावना से होता है। इस दृश्य में एक युवक को शहर के उद्यान में घास पर लेटे हुए, प्रकृति को निहारते हुए दरशाया जाता है। वह नौजवान एक कवि है, जो उस दृश्य से प्रेरित होकर कविता की कुछ पंक्तियाँ रचता है (मुहम्मद रफी द्वारा गाया हुआ)। हम उस ध्वनि को वॉयस ओवर में सुनते हैं—

> ये हँसते हुए फूल, यह महका हुआ गुलशन,
> ये रंग में और नूर में डूबी हुई राहें,
> ये फूलों का रस पी के मचलते हुए भँवरे,

आगे की पंक्तियों में यह दृश्य दिखाया जाता है, जहाँ एक व्यक्ति के पैरों तले एक मधुमक्खी कुचल जाती है—

फिल्म 'प्यासा' में विजय की भूमिका में गुरु दत्त

मैं दूँ भी तो क्या दूँ तुम्हें ऐ शोख नजारो!
ले दे के मेरे पास कुछ आँसू हैं, कुछ आहें।

विजय की इन कविताओं को एक मशहूर उर्दू प्रकाशक ठुकरा देता है और सलाह देता है कि वह इनसानी तड़पन को छोड़ हुस्न और प्यार के गीत लिखे। उसके दोनों भाई (महमूद और मायादास द्वारा अभिनय किया गया) उसकी कविताओं को रद्दी में बेच देते हैं और अपने भाई को घर से निकाल देते हैं; जबकि उनकी माँ (लीला मिश्रा) अश्रुओं से उनका विरोध करती है। विजय अपनी कविताओं की फाइल को पाने की कोशिश करता है। उसे पता चलता है कि एक औरत ने उसे खरीद लिया है। एक रात जब विजय बेघर होकर पार्क के बेंच पर सोया होता है तो वह सुनता है कि कोई युवती उसके गीतों के बोल गा रही है। वह एक वेश्या है, जिसका नाम गुलाब (वहीदा रहमान) है। वह विजय को एक ग्राहक समझकर फुसलाकर अपने घर ले जाती है। जब गुलाब को पता चलता है कि उसके पास पैसे नहीं हैं और वह उन कविताओं को वापस लेने के लिए आया है तो उसे धक्के मारकर बाहर कर देती है। जब विजय जाने लगता है तो उसकी जेब से कागज का

एक टुकड़ा गिर जाता है। गुलाब हाथ से लिखी पंक्तियों को अपनी फाइल की कविताओं से मिलाती है। वह अपनी सहेली जूही (कुमकुम) से कहती है कि यह वही कवि है, जिसकी कविताओं को वह लाई है।

एक दिन वह कलकत्ता की गलियों में घूमते हुए एक समृद्ध लगनेवाली युवती को देखता है। उसका नाम मीना (माला सिन्हा) है। उसे देखते ही कॉलेज में उनके बीच के प्यार की मधुर स्मृतियाँ सामने आ जाती हैं। कॉलेज की ही एक और पुरानी दोस्त पुष्पलता (टुनटुन) विजय को पार्क के उस बेंच पर देखती है और आग्रह करती है कि वह कॉलेज के वार्षिक पुनःमिलाप में शामिल हो। पुनःमिलाप के दौरान विजय मीना को देखता है। वह गम से भरा गीत सुनाता है। मीना का पति मिस्टर घोष (रहमान), जो एक प्रकाशक है, भी उस सभा में मौजूद है। उसके अंदर कौतूहल जाग जाता है और वह विजय से कहता है कि वह उससे एक बार मिले। मिस्टर घोष से मिलकर विजय जान लेता है कि वह उसकी कविताओं को प्रकाशित करने के इच्छुक नहीं हैं; परंतु वह उसकी छोटी सी नौकरी को स्वीकार लेता है। घोष अपने घर पर शहर के मशहूर कवियों के सम्मान में एक पार्टी रखता है, जिसमें वह विजय से शराब पिलाने का काम करवाता है। उसी पार्टी में विजय जान जाता है कि मीना मिस्टर घोष की पत्नी है। कुछ दिनों बाद मीना विजय को समझाती है कि उसने उसे क्यों छोड़ दिया और स्वीकार करती है कि सामाजिक सुरक्षा हेतु ही उसने शादी की है। घोष उनकी बातें सुनकर गुस्से में विजय को नौकरी से बरखास्त कर देता है।

विजय अपने निष्ठुर भाइयों से सुनता है कि उनकी माँ गुजर गई है। इस आघात से विचलित होकर विजय शराब पीने लगता है। गुलाब उसे समझाने की पूरी कोशिश करती है, लेकिन उसके मन में मर जाने की तीव्र इच्छा को बदल नहीं पाती। एक रात विजय आत्महत्या करने के उद्देश्य से रेल की पटरी की तरफ बढ़ता है। तभी वह एक गरीब भिखारी को ठंड से काँपते हुए देखकर अपना कोट उसे दे देता है। वह भिखारी विजय का पीछा करते हुए रेल की पटरियों में फँस जाता है। उसी समय एक रेलगाड़ी को आते देख विजय उसकी मदद करने दौड़ता है, लेकिन उसे बचा नहीं पाता। इतने में वह चिट्ठी, जिसमें विजय की आत्महत्या का विवरण है, उस क्षत-विक्षत शरीर के पास मिलती है। सभी मानते हैं कि विजय ने आत्महत्या की है। यहाँ गम में डूबी गुलाब मिस्टर घोष के यहाँ जाती है और अपनी सारी जमा-पूँजी उन्हें देने की बात करती है,

ताकि वह विजय की कविताओं को प्रकाशित करें। कविताओं का संकलन 'परछाइयाँ' प्रकाशित होते ही मशहूर हो जाता है।

इसी दौरान विजय अस्पताल में गहरे सदमे में है। जब वह उस किताब को देखता है तो डॉक्टरों से कहता है कि वही उस किताब का रचनाकार है। डॉक्टर उसकी बातों पर विश्वास नहीं करते तथा मानते हैं कि उसका दिमाग फिर गया है। उसे पागलखाने में बंद कर दिया जाता है। मिस्टर घोष और उसके मित्र श्याम (श्याम कपूर) को पहचान के लिए बुलाया जाता है, जो उसे पहचानने से इनकार कर देते हैं। एक दिन सिर की मालिश करनेवाला अब्दुल सत्तार (जॉनी वाकर) पागलखाने के सामने से गुजर रहा होता है, जो अचानक अपने मित्र विजय को देखकर चकरा जाता है। वह जैसे-तैसे वहाँ से भागने में विजय की मदद करता है।

इधर प्रकाशक घोष उस कवि के निधन की प्रथम बरसी का भव्य समारोह एक बड़े हॉल में आयोजित करता है, जो लोगों से खचाखच भरा है। घोष और अन्य लोग उस महान् कवि की प्रशंसा करते हुए कहते हैं कि अगर वह कवि जीवित रहते तो उन्हें खूब सम्मानित करते। उसी समय विजय एक ऐसा गीत सुनाता है, जिसमें दुनिया के ढोंग और मिथ्याचार की भर्त्सना की गई है। इसके बाद उस ऑडिटोरियम में भगदड़ मच जाती है और गुलाब घायल हो जाती है। घोष एक बार फिर विजय के दोस्त और उसके भाइयों को मनाने की कोशिश करता है कि वह उसे पहचान लें। फिर से एक भव्य समारोह का आयोजन मृत कवि के जीवित रहने पर किया जाता है। अपने मित्रों और परिवार के पाखंडी दृष्टिकोण से हताश होकर विजय यह ऐलान करता है कि मैं वह कवि नहीं हूँ, जिसके सम्मान में वे आए हैं। इससे एक बार फिर भगदड़ और उपद्रव का माहौल बन जाता है, जिसमें अब्दुल सत्तार विजय को पुनः बचा लेता है। मीना कोशिश करती है कि वह उन पैसों तथा सम्मान को स्वीकार ले, लेकिन विजय इनकार कर देता है। वह गुलाब से कहता है कि उसे अपने साथ कहीं दूर ऐसी जगह ले जाए, जहाँ से और कहीं जाने की नौबत न आए।

यह फिल्म गुरु दत्त की पहली उत्कृष्ट कलाकृति है। 'प्यासा' एक प्यार से भरा मेलोड्रामा है, जिसे कलकत्ता की पृष्ठभूमि में फिल्माया गया है। इसमें प्यार की प्यास को, पहचान की प्यास को तथा आत्मिक संतुष्टि की प्यास को दरशाया गया है। विजय उस बाहरी आदमी की तरह है, जो समाज में अपनी जगह बनाने के लिए जूझ रहा है। उसकी कुल जमा-पूँजी वे पुराने कपड़े व कोट है, जिसे वह हर अवसर पर पहनता है, जो उसके अच्छे दिनों के हैं। वह रातें पार्क की बेंच पर सोते

हुए गुजारता है तथा खाना जुटाने के लिए कुली भी बन जाता है। एक आदमी उसे सामान उठाने का एक रुपया देते हुए कहता है, 'हम किस जमाने में आ गए हैं, आजकल पढ़े-लिखे लोग भी कुली का काम करते हैं!' सबसे बड़ी विडंबना यह है कि उस अमीर बाबू (एक बहुत ही छोटे से रोल में प्रतिभाशाली बंगाली अभिनेता तुलसी चक्रवर्ती) ने उसे खोटा सिक्का दिया है।

एक अच्छे सामाजिक परिवेश से आने पर भी विजय अपनी बेरोजगारी की वजह से तथा बेघर होने की वजह से हजारों गरीबों के बीच कलकत्ता की सड़कों पर जीने लगता है। जब उसे उसकी कविताओं की वजह से सम्मान प्राप्त करने का मौका मिला तो उसने संसार को दुतकारा, क्योंकि विजय में नैतिक मूल्य भरे हुए थे। संसार की अनैतिकता को वह कभी बरदाश्त नहीं कर सकता था। इसीलिए वह समाज से बाहर हो गया। वेश्या गुलाब अपनी तरह से समाज के लिए बाहरी थी और अपना जीवन उसके साथ बिता सकती थी। बहुत सारी हिंदी फिल्मों की तुलना में यह असमान है; क्योंकि अधिकतर हिंदी फिल्मों में हीरो को एक साफ-सुथरे पात्र के रूप में प्रस्तुत किया जाता है। विजय के व्यक्तित्व के बहुत सारे पहलू हैं, जो धीरे-धीरे सामने आते हैं। उसका विगत जीवन फ्लैशबैक की कड़ियों में दिखाया जाता है, जिस समय वह जवानी के नशे में प्यार के सपनों में डूबा है। वह अपने इन सपनों को पूरा नहीं कर पाता तथा जीवन की सच्चाई उसे तबाह कर देती है।

अब यह मानना मुश्किल है कि 'प्यासा' फिल्म बनाते समय अनेक परिवर्तन किए गए थे। तीन या चार रील की शूटिंग और संपादन करने के पश्चात् गुरु दत्त ने निश्चय किया कि वह इससे संतुष्ट नहीं हैं। उन्होंने संपादित अंश को रद्दी में डाला और पुनः शुरू किया।

'प्यासा' फिल्म बनाते समय गुरु दत्त के छोटे भाई देवी दत्त ध्वनि रिकॉर्डिस्ट रामन के पास शिक्षण ले रहे थे। उसके बाद उन्हें फिल्म वितरण सीखने के लिए कलकत्ता, रैंक संस्था भेजा गया। कुछ समय के लिए देवी ने गुरु दत्त की निजी वितरण संस्था, जो कलकत्ता में थी, में काम किया और बाद में बंबई लौटकर गुरु दत्त के फिल्म निर्माण विभाग में काम करने लगे। देवी दत्त ने कुछ लघु चित्र तथा विज्ञापन फिल्में बनाने के पश्चात् कुछ सफल फिल्मों का निर्माण किया, जैसे—'आक्रोश' एवं 'मासूम'। देवी दत्त ने अपना कैरियर अपने भाई के सहायक के रूप में शुरू किया था, वह उन बदलावों को याद करते हैं, जो गुरु दत्त ने 'प्यासा' में किए—

'प्यासा' के अंत को बदला गया। उसके मौलिक रूप में इस फिल्म का

अंत एक ऐसे सीन से होता है (ऊँचे ऐंगल वाला क्रेन शॉट, जिसमें कागज के टुकड़े कमरे के चारों ओर उड़ रहे हों), जहाँ विजय मीना से बात करके कमरे से निकल जाता है। फिर किसी को नहीं मालूम कि वह कहाँ गया है। बाद में हमने यह सीन जोड़ा, जो आप अभी फिल्म में देख सकते हैं, जहाँ विजय गुलाब से मिलकर कहता है कि वह उसके साथ कहीं दूर चले। उन्होंने इसके अंत को बदला, क्योंकि कई वितरकों ने आपत्ति जताई थी। उनका यह मानना था कि इसका अंत बहुत गहन-गंभीर है। फिल्म के फाइनेंसरों ने कहा कि आप इसे क्यों सुखांत नहीं करते? अब इसका अंत सुखांत लगता है।

पहले-पहल मीना के रोल के लिए मधुबाला को और श्याम के रोल के लिए जॉनी वाकर को चुना गया था। श्याम इस फिल्म में विजय का मौकापरस्त दोस्त है। वह गर्व से कहता भी है कि मैं तो उधर ही होता हूँ जिधर हवा का रुख होता है। उस व्यक्ति का कोई सिद्धांत नहीं है। 'प्यासा' फिल्म के पात्र अपने चरित्र के हिसाब से वास्तविक लगते हैं। जब हम पहले सीन में श्याम को देखते हैं तो वह न्यायालय में एक झूठी गवाही देने के लिए पैसा लेता है। जब विजय को पहचानने की बारी आती है तो वह चंद रुपयों के लिए उसे भी पहचानने से इनकार कर देता है। जॉनी वाकर पर कुछ सीन शॉट करने के पश्चात् गुरु दत्त ने महसूस किया कि लोग कभी भी अपने चहेते हास्य अभिनेता को नकारात्मक रोल में देखना पसंद नहीं करेंगे। इसलिए उन्होंने इस रोल के लिए श्याम कपूर को चुना। जब गुरु दत्त ने वहीदा रहमान को खोजा तो उन्होंने निश्चय किया कि उनसे वह गुलाब का किरदार कराएँगे तथा माला सिन्हा को मीना का रोल देंगे।

स्वयं गुरु दत्त 'प्यासा' फिल्म की आत्मा हैं और कोई भी कलाकार इस रोल के लिए इतना कारगर साबित नहीं होता। वैसे गुरु दत्त सोचते थे कि दिलीप कुमार इस कवि के पात्र के लिए उचित हैं। एस. गुरुस्वामी याद करते हैं कि पहले दिन की शूटिंग में जब दिलीप कुमार नहीं आए तो गुरु दत्तजी ने स्वयं यह भूमिका निभाने का निश्चय किया। कई साल बाद दिलीप कुमार ने एक साक्षात्कार में कहा कि मैंने 'प्यासा' फिल्म में इसलिए अभिनय नहीं किया, क्योंकि मुझे लगा कि विजय का पात्र दूसरा देवदास का पात्र है, जिसे दिलीप कुमार ने बिमल राय के 'देवदास' (1955) में निभाया। गुरु दत्त ने सोच-समझकर प्रकाशक मिस्टर घोष की भूमिका

फिल्म 'प्यासा' में गुरु दत्त और माला सिन्हा

रहमान को दी, जो उनके बहुत पुराने मित्र थे और जिन्हें वह प्रभात के दिनों से जानते थे। '50 के दशक में रहमान ने काफी फिल्मों में काम किया, लेकिन बाद में उन्हें मुख्य किरदार के बजाय द्वितीय श्रेणी के रोल मिलने लगे। रहमान का अभिनय दोनों फिल्मों 'प्यासा' एवं 'साहब, बीबी और गुलाम' में अद्वितीय है। जॉनी वाकर ने अब्दुल सत्तार के रोल में, जो सामान्य व्यक्ति का प्रतीक है, इतना अच्छा अभिनय किया है, जिसे देखने से लगता है कि यह एक ही व्यक्ति के दो नाम हैं।

श्याम विजय का कुटिल मित्र है। इस किरदार के लिए गुरु दत्त ने अंत में श्याम कपूर को चुना। श्याम कपूर गुरु दत्त की चार फिल्मों में सहायक थे, वे थीं—'मिस्टर ऐंड मिसेज 55', 'प्यासा', 'कागज के फूल' एवं 'बहारें फिर भी आएँगी'। हिंदी सिनेमा में किसी भी अभिनेता का नाम उसके स्क्रीन पात्र को बहुत प्रभावित करता है, जिसे वह निभा रहा है। इसका एक सबसे बड़ा उदाहरण राजकपूर हैं, जिन्होंने अपनी कई फिल्मों में राज या राजू के नाम से अभिनय किया। गुरु दत्त की फिल्मों में हमने पहले ही देखा कि 'मिस्टर ऐंड मिसेज 55' में जॉनी वाकर का नाम 'जॉनी'

है। यहाँ स्क्रीन की छवि तथा स्क्रीन के बाहर की छवि के अंतर को जान-बूझकर धुँधलाया गया है। लेकिन श्याम कपूर के मामले में यह रोल का नाम और अभिनेता का नाम आकस्मिक है। विजय के लालची भाई के रोल में उनकी रुचि युवा महमूद में थी, जो आगे चलकर हिंदी फिल्मों में एक महान् हास्य अभिनेता बन गए। महमूद ने गुरु दत्त प्रोडक्शंस की फिल्म 'सी.आई.डी.' में भी विलेन का रोल किया था।

महमूद

मेरे पिताजी मुमताज अली बॉम्बे टॉकीज में नृत्य निर्देशक थे। मैंने ज्ञान मुखर्जी के निर्देशन में बनी फिल्म 'किस्मत' में मदन (अशोक कुमार) की भूमिका निभाई, जब वह छोटा बच्चा था। जब मैं बड़ा हुआ तो ज्ञान मुखर्जी का ड्राइवर बना और गुरु दत्तजी उस समय उनके मुख्य सहायक थे। गुरु दत्त हमेशा अपने गले में एक कैमरा लेकर घूमते थे। वह हमेशा हर चीज का फोटो लेते थे। उसके बाद मैंने उन्हें नहीं देखा। एक दिन अचानक कुछ फिल्मों के अंश देखते हुए उनकी नजर मुझ पर पड़ी तो बोले, 'तुम 'प्यासा' फिल्म में मेरे बड़े भाई बनो।' मैंने कहा, 'मैं तो आपसे छोटा हूँ।' जब गुरु दत्त काम करते थे तो हमेशा हर किसी को सेट से बाहर निकाल देते थे। जब वह स्वयं अभिनय कर रहे हों तो हमेशा बार-बार शॉट रीटेक करते थे। वह इतने रीटेक्स लेते थे कि उनका नाम 'गिनीज बुक ऑफ रिकॉर्ड्स' में दर्ज होना चाहिए।

गुरु दत्त चाहते थे कि मैं उनकी एक और फिल्म 'चिलमन' में भी अभिनय करूँ। यह कहानी एक कव्वाल की थी। लेकिन उन्होंने इस विचार को त्याग दिया। वह बहुत मूडी या सनकी थे, लेकिन थे अंदर से एक भले इनसान। काम उनके लिए भगवान् था। वह बहुत रोमांटिक थे। जब वे 'कागज के फूल' बना रहे थे तो उन्होंने सोचा कि यह फिल्म 'प्यासा' से भी बेहतर होगी; लेकिन यह पिट गई। मैंने देखा है कि जब भी कोई फिल्म किसी कलाकार को केंद्रित करके बनती है तो नहीं चलती। मेरी निजी राय यह है कि लोग कभी किसी कलाकार का नकारात्मक दृष्टिकोण से पेश किया जाना पसंद नहीं करेंगे। इसीलिए राज कपूर की फिल्म 'मेरा नाम जोकर' (1970) भी पिट गई।

गुरु दत्त एस.डी. बर्मन के पास लौटकर आए, यह सोचकर कि वे ही 'प्यासा' फिल्म के लिए सही संगीत दे सकते हैं। बर्मन साहब हर गाने में बंगाल की महक देते थे तथा उनके हर गाने के कंपोजिशन में कुछ अलग महसूस कर सकते हैं, जो पात्रों के अनुरूप हो। इसका उदाहरण अब्दुल सत्तार का वह गाना है, जो लैटिन अमेरिकी मूड को दरशाता है—'सर जो तेरा चकराए...'। इसमें हर जरूरी ताल शामिल है। वह भी खास कॉमिक रिदम में, जो निश्चय ही ग्राहक के सिर की मालिश करता है। दूसरी ओर वे गाने, जिनकी प्रशंसा उनकी काव्यमय अभिव्यक्ति के लिए की जाती है, जैसे—'ये कूचे ये नीलामघर दिलकशी के' या 'ये महलों, ये तख्तों, ये ताजों की दुनिया' ये केवल मुशायरा के मूड को दरशाते हैं, जिसमें केवल हलकी ध्वनि में कविता की पंक्तियों को गाया जाता है। इस फिल्म के लिए एस.डी. बर्मन साहब का एक दूसरा महत्त्वपूर्ण योगदान है इसका पार्श्व संगीत, जो हर दृश्य के वातावरण को बनाने में मदद करता है। अगर हम मीना के पात्र को देखेंगे तो उस पात्र के लिए एक विशेष संगीत चुना गया है, जो हर बार मीना के पात्र के साथ चलता है। इस स्मृति आवेशक स्वरानुक्रम को हारमोनियम पर बजाया गया है। जब भी विजय मीना को देखता है तो यह संगीत बजने लगता है। यह उस बात का प्रतीक है कि विजय ने किस तरह अपने प्यार को खो दिया है।

एस.डी. बर्मन का जन्म सन् 1900 में कोमिल्ला के राजसी परिवार में हुआ था, जो त्रिपुरा और पूर्वी बंगाल की सीमा पर है। उन्होंने अपना कैरियर एक गायक के रूप में शुरू किया। वह कलकत्ता के न्यू थिएटर्स के लिए गाते थे। एस. मुखर्जी (जो उस समय तक फिल्मिस्तान में काम कर रहे थे) ने बर्मन साहब को बंबई आकर संगीत बनाने के लिए कहा। बर्मन साहब की पहली फिल्म 'शिकारी' 1946 में बनी, जो फिल्मिस्तान की फिल्म है। जब देव आनंद ने अपनी फिल्म कंपनी 'नवकेतन' शुरू की तो स्वाभाविक तौर पर वह उनके चहेते संगीतकार थे। अपने पूरे कैरियर में—जो तीन दशकों तक था (1974 तक)—उन्होंने महान् फिल्मी संगीत को अंजाम दिया। 'प्यासा' उन्हीं फिल्मों में से एक मानी जाती है, जिसका संगीत बेजोड़ है। उनके बेटे राहुल देव बर्मन, जिन्हें 'पंचम' के नाम से जाना जाता है, भी अपने आप में एक महान् संगीत निर्देशक बन गए। उन्होंने अपनी शिक्षा उस्ताद ब्रिजेन बिश्वास तथा उस्ताद अली अकबर खाँ से हासिल की।

आर.डी. बर्मन

जब गुरु दत्तजी मेरे पिताजी का संगीत न ले रहे हों, तब भी वे बराबर मेरे पिताजी से मिलने हमारे घर आया करते थे। गीता दत्त मेरे पिताजी की पसंदीदा गायिका थीं और हमारे उनसे पारिवारिक संबंध थे। गीता का पहला हिट गाना 'मेरा सुंदर सपना बीत गया' का संगीत निर्देशन मेरे पिताजी ने किया, जिन्हें वह 'चाचा' कहकर बुलाती थीं। गीता अपने समय में बहुत प्रसिद्ध थीं।

वह किसी भी तरह का गाना गा सकती थीं, चाहे कोमल हो, कैबरे गाना हो, शोख हो या रोमांटिक हो। उनके गले में सचमुच एक नारी की मधुर आवाज थी। गुरु दत्तजी उनसे प्यार करने लगे। मुझे याद है, वे किस तरह से मिलते थे। मैं भी उनके साथ खंडाला व लोनावाला पिकनिक पर जाता था। हम बहुत मौज-मस्ती करते थे।

मेरे पिताजी के संगीत की पहचान तुरंत नहीं हुई। उन्होंने कुछ फिल्में बनाईं—'शबनम' (1949), जो लोकप्रिय हुई। उसके बाद 'बाजी' बनी, जो कि हिट थी। साहिर लुधियानवी ने एक गाना लिखा—'तदबीर से बिगड़ी हुई…' (बाजी में)—यह गजल की शैली में लिखा गया था। एक कैबरे के लिए गजल को कंपोज करना काफी मुश्किल था, इसलिए मेरे पिताजी ने उसे पाश्चात्य शैली में गिटार पर कंपोज किया। वह प्रयोगों में काफी दिलचस्पी रखते थे। 'जाल' फिल्म में भी जब उन्होंने यह गाना लिखा—'ये रात ये चाँदनी' तो उन्होंने गजल के मूड को बदलकर उसे निरंतर स्वराघात वाली ताल में प्रस्तुत किया। जब उन्होंने यह गाना गाकर साहिर लुधियानवी को सुनाया तो वह हँसने लगे। मेरे पिताजी ने इस बात पर भी जोर लगाया कि यह गाना हेमंत कुमार से ही गवाना चाहिए, जबकि सभी तलत महमूद के पक्ष में थे। जब हेमंत कुमार की आवाज में यह गाना रिकॉर्ड किया गया तो गुरु दत्त ने इसे पुनः रफी साहब की आवाज में डब करने को कहा। मेरे पिताजी ने इस प्रस्ताव को ठुकराया तथा 'जाल' के निर्माण के समय यह गाना 'ये रात ये चाँदनी' सबके दिलों पर छाने लगा तो वह उसी पर टिक गए।

जब गुरु दत्त 'प्यासा' फिल्म बना रहे थे तो मैंने मीना की ट्यून के लिए हारमोनियम बजाया। मैंने मालिशवाले का वह गाना भी कंपोज किया,

'सर जो तेरा चकराए'। गुरु दत्त इस गाने पर फिदा हो गए। उन्होंने कहा कि वह अपनी अगली फिल्म में मुझे संगीत निर्देशक के रूप में लेंगे। इस फिल्म का नाम 'राज' था, जिसका निर्देशन गुरु दत्त के सहायक निरंजन को करना था। लेकिन वह फिल्म बन नहीं पाई और मैंने जो गाने कंपोज किए थे, वे महमूद की पहली फिल्म 'छोटे नवाब' (1961) में इस्तेमाल किए गए।

गीत 'प्यासा' फिल्म की जान थे। इसलिए गुरु दत्त ने उर्दू के कवि साहिर लुधियानवी को चुना। साहिर के पिता फजल मुहम्मद बड़े जमींदार थे। उन्होंने कई शादियाँ कीं, लेकिन उनके एक ही संतान हुई। साहिर का जन्म पंजाब के लुधियाना में 8 मार्च, 1921 को हुआ। उनका नाम अब्दुल हई रखा गया। उनके माता-पिता काफी लंबी अदालती कशमकश के बाद एक-दूसरे से अलग हुए। उस समय युवा साहिर ने अपनी माता सरदार बेगम का साथ दिया। सन् 1940 के आस-पास साहिर की रुचि राष्ट्रवादी राजनीति तथा कविता में बढ़ने लगी। जब वह उर्दू, फारसी और दर्शनशास्त्र का अध्ययन कर रहे थे। साहिर ने राष्ट्रीय आंदोलन में भी बढ़-चढ़कर भाग लिया। अपनी व्यक्तिगत लोकप्रियता के कारण वह लाहौर एवं लुधियाना के कई छात्र संघों के नेता भी बने और कई महत्त्वपूर्ण पदों पर रहे।

जब वह दयाल सिंह कॉलेज में थे तो उन्होंने बी.ए. की पढ़ाई छोड़ दी और एक साहित्यिक पत्रिका 'अदब-ए-लतीफ' के संपादन में जुट गए। उस समय वह लाहौर में थे। जब वर्ष 1944 में वह विद्यार्थी ही थे, उन्होंने 'साहिर' के कलामी नाम से अपने पहले कविता-संग्रह का प्रकाशन किया, जिसका नाम 'तल्खियाँ' रखा। इसी संग्रह में उनकी महत्त्वपूर्ण कविता 'ताजमहल' भी है। इस कविता में साहिर उन तमाम लोगों की पीड़ा का वर्णन करते हैं, जिन्होंने इस अद्भुत स्मारक का निर्माण किया। आगे के वर्षों में साहिर ने कुछ नई कविताओं को जोड़कर 'तल्खियाँ' को पुनः मुद्रित किया। वह मार्क्सवादी प्रोग्रेसिव राइटर्स एसोसिएशन के सक्रिय सदस्य थे। इन्होंने 1930 और '40 के दशक के उर्दू साहित्य को प्रभावित किया। बहुत जल्द ही साहिर को उस समय के महान् कवियों में गिना जाने लगा।

सन् 1948 के विभाजन के बाद साहिर दिल्ली में रहकर काम करने लगे। वह 'शाहराह' और 'प्रीतलड़ी' पत्रिकाओं का संपादन करते थे। अपने कवि मित्र मजाज के साथ फिल्मों के लिए गाने लिखने के सिलसिले में वह बंबई आए।

मजाज ने छह महीने में हार मान ली, लेकिन साहिर प्रयत्न करते रहे। साहिर की एक कविता 'मोहब्बत तर्क की मैंने', जो 'तल्खियाँ' में शामिल थी, उसे फिल्म 'दो राहा' (1952) में लिया गया। लेकिन यह साहिर के कैरियर को आगे बढ़ाने में ज्यादा कारगर साबित नहीं हुई। अंत में साहिर अपने एक मित्र मोहन सहगल की मदद से, जो लुधियाना के ही थे, एस.डी. बर्मन से मिले। यह मुलाकात '40 के दशक के उत्तरार्ध में हुई। सहगल गुरु दत्त के साथ अल्मोड़ा में रह चुके थे। बर्मन जानते थे कि साहिर एक अच्छे कवि हैं, इसलिए उन्होंने उन्हें ए.आर. करदार की फिल्म 'नौजवान' (1951) में काम करने के लिए कहा। वैसे 'नौजवान' फिल्म उनकी पहली महत्त्वपूर्ण फिल्म थी, लेकिन उससे पहले 'बाजी' रिलीज हुई। 'नौजवान' के गाने उतने ही मशहूर हुए जितने कि 'बाजी' के, जैसे—'कैसे भुलाएँ ठंडी हवाएँ लहरा के आएँ', जिसे लता मंगेशकर ने गाया है। तब से बर्मन और साहिर की जोड़ी ने काफी फिल्में कीं, जिनमें गुरु दत्त की 'जाल' और 'प्यासा' भी शामिल हैं।

राज खोसला

मैं अपने कॉलेज के दिनों से ही साहिर साहब का बड़ा प्रशंसक था। मैंने उनकी एक नज्म को नोट किया, जिसे उन्होंने अपने कॉलेज के दिनों में लिखा था। इसका शीर्षक उन्होंने 'चकले' रखा था। मैं इसे अपने कॉलेज के समारोहों में गाया करता था। यह नज्म कुछ इस प्रकार है—'सनाख्वाने तकदीसे मशरिक कहाँ हैं…'। यह वही नज्म है, जिसे गुरु दत्त ने बाद में फिल्माया—'ये कूचे ये नीलाम घर दिलकशी के', जिनके साथ लिखा—'जिन्हें नाज है हिंद पर वो कहाँ हैं'। इस कविता की भाषा को सरल बनाया गया, क्योंकि इतनी ठेठ उर्दू किसी की समझ में नहीं आती, जो मूल रूप से लिखी गई थी। जब मैंने यह नज्म गुरु दत्त को सुनाई तो उन्होंने कहा, 'राज, यही है वह! यही प्यासा है।' कला की दृष्टि से साहिर और गुरु दत्त बहुत नजदीक थे; लेकिन व्यक्तिगत रूप से नहीं।

साहिर की नज्म 'चकले' राजनीतिक टिप्पणी एवं मानवीय संबंधों का एक अच्छा उदाहरण है। गुरु दत्त साहिर की शायरी को इस तरह पहचानने लगे मानो साहिर का हर शब्द गुरु दत्त के संसार के प्रति दृष्टिकोण और त्रासदी के अनुभव को अभिव्यक्त करता हो। साहिर का दुःखद प्रेम बार-बार उनके जीवन की त्रासदी बना। वैसे तो उनका नाम अन्य महिलाओं के अलावा अमृता प्रीतम के नाम से भी

जोड़ा जाता रहा है, लेकिन साहिर ने कभी शादी नहीं की तथा जीवन का अधिकतर समय अपनी माँ और बहन अनवर के साथ बिताया। साहिर ने इस बात को खुद स्वीकारा कि गुरु दत्त के लिए काम करना सिने गीत-लेखन के उनके कैरियर के विकास के लिए कितना महत्त्वपूर्ण था। 'फिल्मफेयर' के एक साक्षात्कार में, जो कि 26 जनवरी, 1962 को प्रकाशित हुआ, वह कहते हैं कि भारतीय फिल्मों की सबसे बड़ी समस्या उसके प्रारूप का पूर्व-निर्धारण है, जहाँ विषय-वस्तु की उपेक्षा होती है। गीत-लेखन पर विचार करते हुए उन्होंने कहा कि गाना लिखनेवाले कवि को हमेशा यह ध्यान रखना चाहिए कि सिनेमा जनसाधारण का माध्यम है, इसलिए भाषा सरल होनी चाहिए तथा जटिल भावनाओं को बहुत सरल ढंग से प्रस्तुत करना चाहिए। उन्होंने यह भी कहा कि उनकी काव्य-प्रतिभा के विकास में गुरु दत्त का ही हाथ रहा है। 'प्यासा' की कामयाबी ने काफी निर्माताओं को साहित्यिक गानों को स्वीकारने में मदद की।

गुरु दत्त को याद किया जाता है उनकी अनिश्चितता को लेकर, चंचल मन को लेकर तथा बार-बार शूटिंग करने की आदत को लेकर। फिर भी 'प्यासा' के कई दृश्यों के प्रवाह को देखकर बिलकुल ऐसा अनुमान नहीं लगाया जा सकता। इस फिल्म के कई दृश्य अपनी वर्णनात्मक भूमिका से आगे निकलकर प्रभावी बिंब बन जाते हैं, जो गुरु दत्त की फिल्मों की लयात्मकता के परिचायक हैं। एक ऐसा ही उदाहरण (मूल रूप से जिसे फिल्म का अंतिम शॉट माना गया) आखिरी से पहले के सीन में होता है। एक हाई एंगल शॉट मीना पर है। वह स्तब्ध खड़ी है और विजय को कमरे से बाहर जाते हुए देख रही है। विजय ने उससे कहा कि मुझे इस संसार में कहीं भी शांति नहीं मिलेगी और मैं कहीं दूर चला जाऊँगा। तभी कमरे में तेज हवा का झोंका आता है और कागजों का उड़ना ऐसा लगता है मानो पत्ते उड़ रहे हों।

इसी तरह की एक और घटना गुलाब के साथ होती है, जब वह विजय के मरने की खबर सुनकर शून्य में खो जाती है। घर की खिड़की खुल जाती है और हवा के तेज झोंके में विजय की कविताओं वाले कागज उसके आस-पास उड़ने लगते हैं। वह जानती है कि उसे उसकी यादों को बनाए रखने के लिए कुछ करना चाहिए। अगले ही दृश्य में गुलाब मिस्टर घोष के दफ्तर में पहुँचती है तथा उनसे अनुरोध करती है कि वह विजय की कविताओं को प्रकाशित करें। इन दृश्यों को देखने से ऐसा लगता है कि गुरु दत्त तथा ऑर्सन वेल्स के काम में समानताएँ हैं। वी.के. मूर्ति से यह पूछने पर कि क्या आपने प्रत्येक दृश्य की परिकल्पना पहले से

कर रखी थी? वह हँस देते हैं—

> वे दृश्य बहुत अच्छी तरह से फिल्माए गए हैं; लेकिन उनमें से अधिकतर ठीक मौके पर लिये गए निर्णय का परिणाम हैं। यह काम करने का तरीका भारतीय था। हमने सेट्स तो बनाए, लेकिन शॉट के बारे में निर्णय सेट पर ही किया। हम दोनों आपस में बात करते थे कि कैमरा कहाँ रखा जाए। गुरु दत्त की यह प्रवृत्ति रही है कि वह हर चीज तत्काल करते थे; क्योंकि जब भी कोई योजना बनाते थे, उसमें परिवर्तन करते थे। कई चीजों में बदलाव किए। हम केवल दृश्य की सामान्य रूपरेखा के आधार पर काम करते थे, विस्तार पर नहीं। हम सेट पर जाते थे और उन्हें पसंद नहीं आया तो स्थगित करने के लिए कहते थे। या अगर हमने कोई दृश्य शूट किया और वह जिस तरह चाहते थे उस तरह नहीं बना तो वह कहते थे—'निकाल दीजिए। हम फिर से करेंगे।' वास्तव में उन्होंने कई दृश्यों को दोबारा फिल्माया। 'प्यासा' में उन्होंने इसी तरह काम किया। 'प्यासा' फिल्म से पहले वह केवल एक या दो शॉट रद्दी में फेंकते थे, पूरे दृश्य-क्रम को नहीं। लोग आज उनकी फिल्मों की तारीफ करते हैं, लेकिन इसका नतीजा त्वरित निर्णयों या आत्मविश्वास के आधार पर नहीं है। भारतीय सिनेमा के शुरुआती दौर में शॉट लेने की शैली हॉलीवुड की ऐक्शन फिल्मों से मेल खाती थी। बहुत सारे निर्देशक मध्य शॉट एवं दूर के शॉट में विश्वास रखते थे। गुरु दत्त ही पहले ऐसे निर्देशक थे, जो प्रतिपादित करनेवाला शॉट लेने के बाद क्लोजअप शॉट लेते थे। इससे अभिनेता की भावाभिव्यक्ति सुस्पष्ट हो जाती थी, जिससे कहानी की अंतरंगता प्रगाढ़ होती थी और वह रंगमंचीय कम, फिल्मी अधिक हो जाती थी। वह पहले ऐसे निर्देशक थे, जिन्होंने जैसे 75 एम.एम. व 100 एम.एम. के लंबी फोकस दूरी वाले लेंसों का इस्तेमाल किया, जो क्लोजअप शॉट के लिए बहुत उपयोगी थे। उनमें गति का प्रभाव पैदा करने की क्षमता है। वह किसी नई शैली को प्रस्तुत करने के लिए हर तरह का जोखिम उठाने को तैयार थे।

गुरु दत्त कभी भी अपने अभिनय से आश्वस्त नहीं होते थे। हर टेक के बाद वह अपने सहायकों से उनके अभिनय पर टिप्पणी करने के लिए कहते थे।

आत्माराम याद करते हैं कि उनके लिए अपने काम से संतुष्ट होना बहुत कठिन था, क्योंकि वह और बेहतर करना चाहते हैं। एक शॉट लेने के बाद वह पीछे मुड़कर अबरार अल्वी से पूछते—'क्या यह सही है?' जब अबरार अल्वी धीरे से सिर हिलाते तो गुरु दत्त अपना संयम खोकर ऊँची आवाज में पूछते, 'बोलो न, क्या गलत हुआ?'

अबरार अल्वी

मुझे याद है कि एक शॉट के लिए वह कितने हठी हो गए। यह वह सीन था, जिसमें मीना (माला सिन्हा) विजय से मिलने उसके पति के ऑफिस में आती है और उससे कहती है कि जीवन में कविता और प्यार से परे भी बहुत कुछ है। विजय उसका उत्तर देते हुए कहता है कि तुमने मुझे कब मौका दिया? जब किसी आदमी पर जिम्मेदारी आती है तो वह उसे उठाना भी सीख लेता है। इसके संवाद कुछ इस तरह के थे। हमने सुबह 9:30 बजे शुरू किया। गुरु दत्त ऐसे लंबे संवादों को प्रस्तुत करने के आदी न थे; लेकिन वह अड़ गए और बोले कि हम करेंगे। वह इसके पीछे मध्य रात्रि तक लगे रहे, तब भी वह उसी शॉट का प्रयास कर रहे थे। जब उन्हें एक बार सही लगा, तब तक माला सिन्हा इस मशक्कत से ऊब गईं और अपनी पंक्तियाँ भूलने लगीं। उनके पास जितनी कच्ची फिल्म थी, वह समाप्त हो गई। जो माँगकर लाए, वह भी खत्म हो गई। काम के प्रति उनकी ऐसी दृढ़ इच्छा-शक्ति थी।

एस. गुरुस्वामी

गुरु दत्त की यह आदत थी कि वह अपनी फिल्मों के कई रीटेक लेते थे। हमने एक सीन के लिए कारदार स्टूडियोज में एक सेट तैयार किया ('प्यासा' फिल्म के अधिकतर भाग को कलकत्ता के लोकेशंस पर और बंबई के कारदार स्टूडियोज में फिल्माया गया था), जहाँ मीना विजय से मिलने आती है। गुरु दत्त चाहते थे कि इस पूरे सीन को एक ही लंबे टेक में लें। यह काफी मुश्किल था। हमने टेक नंबर 78 पूरा किया। उसके बाद जब मैं सेट पर गया तो उन्होंने कहा, 'पैकअप करो। मैं क्या करूँ? यह नहीं बन पा रहा है।' मैंने कहा, 'तो क्या हुआ? कोई बात नहीं,

पैकअप करेंगे।' तो हमने पैकअप कर दिया। अगले दिन सुबह हम पुनः वहाँ गए। पहला टेक सही रहा। यह उनकी पहचान है, जब तक वह पूरे सीन को एक एकल शॉट में नहीं लेते थे, संतुष्ट नहीं हो सकते थे।

यूँ तो गुरु दत्त अपने प्रति काफी कठोर थे; लेकिन वहीदा रहमान याद करती हैं कि गुलाब के रोल का निर्देशन करने में वह कितने सहायक थे। 'प्यासा' फिल्म के हृदयस्पर्शी सीनों में गुलाब और मीना के बीच संवाद है। गुलाब विजय की कविताओं को प्रकाशित करवाने के लिए आती है। चूँकि उन कविताओं में मीना के प्रति विजय की मनोभावनाएँ अभिव्यक्त हैं, वह चाहती है कि वह केवल अपने लिए उनको खरीद ले। इस दृश्य की उप-विषयवस्तु मध्य वर्ग तथा गरीबों के मूल्यों को उजागर करती है। मीना गुलाब से उन कविताओं को पाने के लिए कोई भी कीमत चुकाने को तैयार है। वह गुलाब को याद दिलाती है कि तुम काफी चीजें पैसों के लिए बेचती हो। उनके बीच का वार्त्तालाप उस समय तीव्रता पर पहुँच जाता है, जब मीना यह जानने का आग्रह करती है कि विजय जैसे चरित्रवान् व्यक्ति की गुलाब जैसी वेश्या से जान-पहचान कैसे हुई। गुलाब तुरंत उत्तर देती है—"सौभाग्य से।"

वहीदा रहमान

'प्यासा' फिल्म से पहले मैं अभिनय के बारे में ज्यादा नहीं जानती थी। मैं हाव-भाव के बारे में जानती थी, क्योंकि मैंने नृत्य सीखा है। गुलाब के चरित्र-निर्माण में जो काम गुरु दत्त ने किया, उसके लिए पूरा श्रेय उन्हीं को जाता है। उनके दिमाग में हर चीज थी। मैं नई थी, इसलिए इस चरित्र के विकास को समझना मेरे लिए बहुत कठिन था। वह कई बार शूट और पुनः शूट करते थे। इससे सीन के कालानुक्रम बदलते रहते थे। स्वयं अभिनेता होने के कारण वह सबकी अदाकारी सामने लाना चाहते थे। किसी एक कलाकार के ठीक करने से वह कभी ओके नहीं कहते थे। वह चाहते थे कि सभी उनके मापदंड पर खरे उतरें। अगर हमें कोई सीन समझ में नहीं आता तो वह उस पूरे सीन को करके दिखाते थे; क्योंकि वह लय एवं संगीत को बेहतर जानते थे तथा फिल्म माध्यम को भी। इसलिए हमसे सही अभिनय करवाना जानते थे। अगर कोई कलाकार

उनसे कहता कि मैं थक गया हूँ, तो वह शूटिंग उसी समय रोक देते थे तथा अगले दिन पुनः शुरू करते थे। कभी-कभी अगर कोई कलाकार किसी सीन को उसी दिन समाप्त करने के मूड में हो तो कितना ही समय क्यों न लगे, उसे समाप्त करते थे। कोई भी कलाकार कितनी ही गलतियाँ क्यों न करे, वह कहते, 'डरने की कोई बात नहीं है। फिर से करो। चलो, फिर से शॉट लें।' कलाकारों से काम लेते समय वह कभी अपना संयम नहीं खोते थे।

मुझे याद है, उस गाने की शूटिंग—'आज सजन मोहे अंग लगा लो'। इस गाने को स्टूडियो में फिल्माया गया था। हीरो विजय छत पर खड़ा है और गुलाब उसके पास जाना चाहती है। लेकिन वह डरी हुई है, हिचकिचा रही है। वह उससे प्यार करने लगी है। यह गाना बैकग्राउंड में बजता है। वह कोई सामान्य स्त्री नहीं है, वह एक वेश्या है। अगर वह स्वयं उसके पास नहीं जाना चाहती, तब भी प्यार उसे उसके पास खींच लेता है। कभी-कभी दो लोग इसलिए एक-दूसरे के करीब हो जाते हैं, क्योंकि उनके बीच का आकर्षण उतना प्रबल होता है। मैं उस सीन के लिए सही अभिव्यक्ति नहीं ला पाई। गुरु दत्त ने काफी कोशिश की मुझे समझाने के लिए। वह कहते, 'आप इस व्यक्ति से गहरा प्यार करती हैं, पर इससे डरती हैं। यह आदमी अलग किस्म का है। आप अपनी पृष्ठभूमि की वजह से, आप क्या हैं, कौन हैं—इस वजह से उससे अपने प्यार की अभिव्यक्ति से डरती हैं।' मुझे गाने की अनुभूतियों को अभिव्यक्त करना था। इसमें कोई संवाद नहीं थे। मैं स्वयं उसे सही नहीं कर पाई। गुरु दत्त ने कहा, 'मूर्ति, लाइट बंद करो। हम शांति से बात करेंगे।'

उन्होंने तब कहा, 'आप अपने जीवन में सबसे ज्यादा किसे प्यार करती हैं?' मैंने कहा, 'अपने पिता को, क्योंकि उन्होंने मुझे सबसे ज्यादा बिगाड़ा।' तब उन्होंने कहा, 'वह अब नहीं रहे, सही है न?' मैंने कहा, 'हाँ।' 'कल्पना करो कि वे जीवित हैं। कल्पना करो कि वे उस छत पर खड़े हैं। आप नहीं जानतीं कि आप उनके पास जाने से क्यों डर रही हैं; लेकिन डर रही हैं, यह सही है। कोई शक्ति आपको पीछे खींच रही है। आप अंदर से उतावली हैं उनसे मिलकर गले लगाने के लिए।' उस समय मैं सचमुच अपने पिता की अनुपस्थिति महसूस करने लगी। गुरु

दत्त ने देखा कि मेरे चेहरे के भाव बदल गए हैं। वह बोले, 'मूर्ति, लाइट्स ऑन करो, कैमरा चालू करो।'

ये छोटे-छोटे उदाहरण फिल्म बनाने की कठोर वास्तविकता और उसे देखने की अनुभूति के अंतर को स्पष्ट करते हैं। वहीदा रहमान का यह विवरण इस भ्रम का निवारण करता है कि यह फिल्म का सबसे लयोत्तेजक दृश्य था। गीता दत्त की आवाज की ऐंद्रियता इस गाने में लौकिक प्यार एवं अलौकिक प्यार के भेद को और अस्पष्ट बनाती है। यह भजन तीव्र इच्छा व लालसा को अभिव्यक्त करता है, भले ही इसे बाउल गायकों ने गाया है। इसकी नाटकीयता का उद्देश्य गुलाब के मनोवेग को अभिव्यक्त करना है। वह जो सांसारिक प्यार महसूस करती है, उसे आध्यात्मिक रूप उन शब्दों के माध्यम से दिया गया है। गुलाब का प्यार उसके लिए संपूर्ण समर्पण है। अपनी आंतरिक इच्छाओं से प्रेरित होकर वह सीढ़ियाँ चढ़कर छत पर जाती है, जहाँ विजय उसकी ओर पीठ करके खड़ा है। गुलाब उसके कंधे पर सिर रखने के लिए उसके पास जाती है, लेकिन वह उसे स्पर्श करने में संकोच करती है। वह वहाँ से भाग जाती है। फिल्म के अंतिम दृश्य में उसी भजन की धुन बजती है, जहाँ गुलाब खुशी से झूमने लगती है, जब वह विजय को अपने घर के द्वार पर खड़ा देखती है। वह उसे गले लगाने के लिए दौड़कर सीढ़ियाँ उतरती है। 'प्यासा' फिल्म में गुरु दत्त ने दिखाया कि वह मनोभावों की गहराइयों को किस हद तक समझते थे।

बहुत सारे लोगों ने विजय पात्र को देवदास के पात्र से जोड़ने का प्रयत्न किया है; लेकिन दोनों में बहुत कम समानताएँ हैं। देवदास स्वयं अपनी दुनिया में खोया है, जबकि विजय अपने आस-पास की दुनिया के बारे में चिंतित है। देवदास की तरह विजय पलायन के लिए शराब का सहारा नहीं लेता। विजय आत्महत्या का प्रयत्न जरूर करता है, लेकिन उसकी अंतरात्मा उसे बचा लेती है। जबकि देवदास को बचाया नहीं जा सका। एक अच्छे दिलवाली चंद्रमुखी की ही तरह दूसरी ओर गुलाब की भूमिका भी स्पष्ट है। चंद्रमुखी की ही तरह वह जिस व्यक्ति से प्यार करती है उसके लिए संसार की हर चीज त्याग देती है। दोनों कभी यह नहीं सोचतीं कि उनके प्यार का कभी प्रतिकार मिलेगा। वे दोनों लौकिक संसार को त्यागकर अलौकिक जीवन जीने लगती हैं।

गुलाब विजय के साथ मिलकर लौकिक संसार की अपेक्षा आध्यात्मिक

संसार के लिए अधिक आकर्षण महसूस करती है। इस बात को उस भजन के द्वारा स्पष्ट किया जाता है। गुरु दत्त ने विजय की पीड़ा को ईसा की पीड़ा से जोड़ने की कल्पना की है। जब मिस्टर घोष नाश्ते की टेबल पर विजय की आत्महत्या की खबर अखबार में पढ़ते हैं, उसी समय मीना 'लाइफ' पत्रिका का एक अंक पढ़ रही है, जिसके कवर पर सलीब पर टँगे ईसा का चित्र है। विजय के पुन: जीवित होकर अपने स्मरण समारोह में पहुँचना तथा उसके चारों ओर रोशनी दिखना क्राइस्ट की छवि का प्रतीक लगता है। यूँ तो विजय पहचान के लिए तड़पता है, लेकिन इस भौतिकवादी संसार में उसकी इच्छाएँ कभी पूरी नहीं हो सकतीं। उसकी प्यास किसी कविता-प्रेमी या प्रकाशक से नहीं बुझ सकती। विजय की तरह ही गुरु दत्त भी अपने घावों को भरने के लिए अपने अंतर में कोई स्थान नहीं ढूँढ़ सके।

अबरार अल्वी

मेरा मानना था कि फिल्म के अंतिम सीन में विजय को यह संसार छोड़कर भागना नहीं चाहिए, बल्कि वहाँ रहकर इस तंत्र के खिलाफ संघर्ष करना चाहिए। मैंने गुरु दत्त से कहा, 'विजय जहाँ कहीं भी जाएगा, उसे इसी तरह का समाज मिलेगा। वही मूल्य होंगे, वही तंत्र होगा।' हमने इस सीन पर काफी विचार किया, लेकिन अंत में उन्होंने मेरी बात को अस्वीकार कर दिया। इसीलिए मैंने अंत में यह लिखा कि विजय गुलाब के पास आकर कहता है कि वह भी उसके साथ कहीं दूर चले, जहाँ से उसे कहीं और दूर जाने की जरूरत न पड़े। मैंने गुरु दत्त से पूछा कि इस संसार में ऐसी जगह कहाँ है ? लेकिन गुरु दत्त अपनी बात पर अड़े रहे और बोले, 'मुझे यह अच्छा लगता है। यह सूर्यास्त है। वे हाथ में हाथ डालकर आगे बढ़ जाते हैं। यह दर्शकों की मनोभावना को तुष्ट करेगा।'

वह उस तरह सोचते थे। जहाँ तक विजय की सोच एवं दर्शन है, मैंने कभी ऐसी हार माननेवाली प्रवृत्ति पर विश्वास नहीं किया। लेकिन गुरु दत्त इसे चाहते थे। फिल्म 'प्यासा' में विजय की अंतर्मुखी प्रकृति तथा 'कागज के फूल' में सुरेश की अंतर्मुखी प्रवृत्ति स्वयं गुरु दत्त की प्रवृत्तियाँ थीं। उनकी प्रवृत्तियों में कहीं विजय और कहीं सुरेश की प्रवृत्तियों की झलकें मिलती हैं। अगर वह उतने अंतर्मुखी नहीं रहे होते तो आज भी जीवित होते।

हर इक जिस्म घायल, हर इक रूह प्यासी,
निगाहों में उल्फत, दिलों में उदासी,
ये दुनिया है या आलम-ए-बदहवासी,
ये दुनिया अगर मिल भी जाए तो क्या है,
ये दुनिया अगर मिल भी जाए तो क्या है!

ललिता लाजमी

मुझे लगता है कि फिल्मों में काम करने से व्यक्तित्व में बदलाव आ जाते हैं। खासकर गुरु दत्त जिस प्रकार की फिल्म बनाते थे, उनके कारण। मुझे याद है, जब गुरुदत्त की मँगनी गीता से हुई थी तब हम पिकनिक पर जाते थे, मछलियाँ पकड़ने जाते थे। हम काफी मौज-मस्ती करते थे। लेकिन बाद में ये सारी मौज-मस्ती व पिकनिक अचानक बंद हो गए। मैंने महसूस किया कि उनके अंदर काफी हलचल थी, जो उन्हें परेशान रखती थी। फिल्म 'प्यासा' में तथा 'कागज के फूल' में आप यह आंतरिक हलचल छोटे-छोटे अंशों में देख सकते हैं। लेकिन मेरे खयाल से यह हलचल काफी प्रबल थी। यूँ तो हम भाई-बहन थे, लेकिन उन दिनों उनके लिए किसी दूसरे व्यक्ति से बात करना आसान नहीं था। कई बार वह मुझे फोन करके बोलते, 'मेरे घर आ जाओ, तुमसे बात करनी है।' जब हम उनके घर जाते, वह एक शब्द भी नहीं बोलते थे।

□

अधूरी फिल्में

'प्यासा' की रिलीज के तुरंत बाद गुरु दत्त ने एक युवा वकील के रूप में फिल्म '12 बजे' (1958) में नायक का अभिनय किया। इस फिल्म को क्राइम थ्रिलर के रूप में गीता दत्त के संबंधी निर्देशक प्रमोद चक्रवर्ती ने निर्माता जी.पी. सिप्पी के लिए बनाया था। गुरु दत्त के कैरियर में यह फिल्म गौण थी और लोग इसे भूल गए। वर्ष 1958 में गुरु दत्त ने ताड़देव के सेंट्रल स्टूडियो के ध्वनि मंच को किराए पर लिया और वहीं से काम करने लगे। वह हमेशा चाहते थे कि बँगला में एक फिल्म बनाएँ और इसी सिलसिले में वह फिल्म 'गौरी' पर काम करने लगे। इस फिल्म की मुख्य भूमिका में उन्होंने अपनी पत्नी गीता को रखा। इस फिल्म की कहानी वर्ष 1943 में बनी हिंदी फिल्म 'गौरी' पर आधारित थी, जिसका निर्देशन केदार शर्मा ने किया था। गुरु दत्त ने अपनी अनूदित फिल्म 'गौरी' की योजना वर्ष 1957 के अंत में बनाई। इस फिल्म को बँगला तथा अंग्रेजी, दो भाषाओं में बनाने की योजना थी।

एस. गुरुस्वामी

'गौरी' की कहानी कलकत्ता में सेट की गई थी। यह एक सफल मूर्तिकार की कहानी है, जो दुर्गा-पूजा के समय दुर्गा की मूर्तियाँ बनाता है। उस शिल्पकार के माता-पिता उस पर जोर देते हैं कि वह शादी कर ले। वह कहता है कि अगर उसकी कमाई में वृद्धि होगी तो जरूर शादी करेगा। उस साल वह काफी रुपए कमाता है। उसके साथ बाजार में चार-पाँच और लोग होते हैं, जो उसकी अच्छी कमाई को देखकर जश्न के नाम पर उसे पीने के लिए मजबूर कर देते हैं। इतना ही नहीं, उसे वेश्याओं के मुहल्ले में जाने के लिए मजबूर करते हैं। वहाँ पहुँचकर वे उसे एक कमरे

में धकेल देते हैं। उस कमरे में अँधेरा है और किसी के सिसकने की आवाज सुनाई देती है। वह एक लड़की को देखता है, जो दीप जलाकर उजाला करती है। उसके कोमल बाल खुले हैं और लहरा रहे हैं। वह उस लड़की को देखकर आश्चर्यचकित हो जाता है, क्योंकि वह उसे दुर्गा की मूर्ति के समान प्रतीत होती है, जिसे उसने बनाया था। जैसे-तैसे वह उस लड़की की कहानी जान लेता है। उसकी कहानी सुनकर वह द्रवीभूत हो जाता है और कहता है, 'चलो, हम शादी करते हैं।' लड़की को एक झटका लगता है। वह कहती है, 'क्या तुम मुझ जैसी लड़की से शादी करोगे?'

मूर्तिकार उस वेश्यागृह की मालकिन को पैसे देकर उस लड़की को अपने साथ ले जाता है। उसके एक साथी को मालूम था कि उसने क्या किया है। उन दोनों का कुछ समय हँसी-खुशी बीतता है। उसके बाद वह व्यक्ति उसे ब्लैकमेल करने लगता है। जब उसके माता-पिता को इस सच्चाई का पता चलता है तो वे लड़की के साथ दुर्व्यवहार करने लगते हैं। लड़की नहीं चाहती कि उसका पति किसी परेशानी में घिरे, इसलिए वह घर छोड़कर चली जाती है। मूर्तिकार उसे ढूँढ़ने का काफी प्रयास करता है, परंतु विफल रहता है। कुछ साल बीत जाते हैं। वह किसी हद तक बावला हो जाता है। जब भी वह मूर्ति बनाने लगता है तो उस लड़की का चेहरा सामने आ जाता है। महीने के ग्यारहवें दिन वह उस धार्मिक उत्सव में भाग लेता है, जब मूर्तियों को गंगा में विसर्जित किया जाता है। अचानक उसकी नजर श्मशान में आए एक शव पर पड़ती है। वह देखता है कि यह तो उसकी पत्नी का ही शव है। तब वह गंगा में नहाने चला जाता है।

'गौरी' को फिल्माने के लिए गुरु दत्त कलकत्ता वापस लौटकर आए, जहाँ दो सीन फिल्माए गए। एस.डी. बर्मन ने इस फिल्म के लिए दो गानों का संगीत बनाया और वे रिकॉर्ड भी किए गए। उन्हें बाद में किसी दूसरी फिल्म में इस्तेमाल किया गया। उस समय तक गीता और गुरु दत्त के संबंधों में काफी दरारें आ चुकी थीं और उनके लिए एक साथ काम करना असंभव सा हो चुका था। वित्तीय घाटे के बावजूद गुरु दत्त ने इस फिल्म का निर्माण रोक दिया। अगर वह 'गौरी' पूरी करते तो 'कागज

के फूल' के बदले यह भारत की पहली सिनेमास्कोप फिल्म होती।

वर्ष 1959 में 'कागज के फूल' बनाते समय गुरु दत्त ने अपने सहायक निरंजन को उसके साथ-साथ एक फिल्म निर्देशन का मौका दिया। निरंजन ने गुरु दत्त की चार फिल्मों में सहायक के तौर पर काम किया था—'बाज', 'आर-पार', 'मिस्टर ऐंड मिसेज 55' एवं 'प्यासा'। निरंजन की 'राज' विक्की कोलिनस की फिल्म 'वुमेन इन व्हाइट' पर आधारित थी। इस फिल्म की मुख्य भूमिका में सुनील दत्त एक मिलिट्री डॉक्टर के रूप में अभिनय कर रहे थे। इस फिल्म के अन्य किरदार थे वहीदा रहमान (दो बहनों के डबल रोल में) तथा कुमकुम (तीसरी बहन के रोल में)। इसमें एस. नाजिर खलनायक मामा के रोल में थे। 'कागज के फूल' की पब्लिसिटी बुकलेट में 'राज' और 'चौदहवीं का चाँद' का विज्ञापन दिया गया था। गुरु दत्त की परंपरा में दो और बॉक्स ऑफिस पर तहलका मचानेवाली फिल्में थीं, जिनका तेजी से निर्माण चल रहा था। 'राज' के प्रोडक्शन को रोक दिया गया। कुछ महीनों बाद सुनील दत्त को हटाकर स्वयं गुरु दत्त ने मुख्य भूमिका निभानी शुरू की। इस फिल्म के कुछ दृश्यों को शिमला के बर्फीले पहाड़ों पर फिल्माया गया। इसके साथ-साथ आर.डी. बर्मन ने दो गाने भी रिकॉर्ड किए। कहा जाता है कि इस फिल्म के पाँच या छह रील (जो अभी अनुपलब्ध हैं) शूट किए गए थे। उनका संपादन भी किया गया था; लेकिन गुरु दत्त ने असंतुष्ट होकर उसे छोड़ दिया। राज खोसला ने बाद में 'राज' की कहानी पर काम करके उसे एक महान् सफल फिल्म के रूप में बनाया। इस फिल्म का नाम 'वह कौन थी' था, जिसे 1964 में बनाया गया। अभिनेता महमूद ने गुरु दत्त से गुजारिश की कि वह 'राज' फिल्म के एक गाने, जिसे आर.डी. बर्मन ने कंपोज किया, को वर्ष 1961 में बनी 'छोटे नवाब' फिल्म में इस्तेमाल करने की अनुमति दें; क्योंकि यह बर्मन साहब के लिए संगीत निर्देशक के रूप में पहली फिल्म थी।

गुरु दत्त ने एक दूसरे प्रोजेक्ट को भी त्याग दिया, जो 1939 में बनी अमेरिकी फिल्म 'बैचलर मदर' से प्राप्त कहानी थी, जिसका शीर्षक 'प्रोफेसर' रखा गया था। 'प्यासा' फिल्म की बुकलेट पर इस फिल्म का विज्ञापन तथा 'चौदहवीं का चाँद' का विज्ञापन दिया गया था। इसकी प्रचार सामग्री पर कुछ इस तरह लिखा गया था—गुरु दत्त फिल्म प्राइवेट लिमिटेड की अगली पेशकश 'प्रोफेसर', कलाकार—किशोर एवं वहीदा रहमान, निर्माता—गुरुदत्त, निर्देशक—शशि भूषण। यह फिल्म उस व्यक्ति की कहानी है, जो पढ़ाने के लिए अभी छोटा है, लेकिन प्यार के लिए

बूढ़ा है। गुरु दत्त ने अबरार अल्वी से निर्देशन करने का प्रस्ताव किया, लेकिन अल्वी ने उसे स्वीकार नहीं किया। कई वर्षों बाद अबरार अल्वी ने फिल्म 'प्रोफेसर' के लिए पटकथा लिखी, जिसका एफ.सी. मेहरा ने 1962 में निर्माण किया। इस फिल्म के नायक शम्मी कपूर थे।

वी.के. मूर्ति याद करते हैं कि कुछ समय तक गुरु दत्त एक कहानी को लेकर फिल्म बनाने पर विचार करते रहे, जिसके आधार पर बाद में 'बीस साल बाद' बनी। लेकिन उन्होंने उस समय यह विचार त्याग दिया। आत्माराम याद करते हैं कि गुरु दत्त ने उर्दू लेखक किशन चंदर को एक पटकथा लिखने के पैसे भी दिए थे, लेकिन वे दोनों कभी इकट्ठे काम नहीं कर पाए। कभी वर्ष 1961 में बँगला फिल्म का एक दृश्य फिल्माया गया, जिसका नाम 'एक टुकु छुआ' था। लेकिन इसे भी त्याग दिया गया। गुरु दत्त ने एम. सादिक के निर्देशन में गुलशन नंदा के उपन्यास 'नील कमल' को फिल्म के रूप में प्रस्तुत करने की योजना बनाई। इस फिल्म के लिए वह अभिनेता विश्वजीत तथा अभिनेत्री नंदा को मुख्य भूमिका में लेना चाहते थे। लेकिन गुरु दत्त ने फिल्म की शूटिंग के एक दिन पहले इस प्रोडक्शन को रद्द कर दिया। 'नील कमल' शीर्षक से वर्ष 1968 में निर्देशक राम माहेश्वरी ने वहीदा रहमान एवं मनोज कुमार को लेकर यह फिल्म बनाई। गुरु दत्त ने आत्माराम से वादा किया कि वे एक हास्य चित्र का निर्माण करेंगे। 'इश इश इश' नाम की इस फिल्म की अपने भाई के निर्देशन में चार दिन शूटिंग करवाई, जिसके बाद इसे भी रद्द कर दिया।

आत्माराम

उन दिनों का अनुभव मेरे लिए बहुत विचलित और हतोत्साहित करने वाला था। जब मैं उनसे कारण पूछता तो वे बुदबुदाते कि कोई खरीदनेवाला सामने नहीं आ रहा है या इसी तरह की कोई और बात। यह कहना बहुत मुश्किल होता था कि कहाँ गलत हो गया है और क्यों गुरु दत्त एक पूरे प्रोजेक्ट को त्याग रहे हैं। हाँ, यह सही है कि कभी-कभी वह अपने साथ भी उतने ही बेरहम होते थे। 'प्यासा' कुछ हद तक समाप्त हो चुकी थी, कम-से-कम उसका एक रूप। पूरी यूनिट ने इस फिल्म को देखा। हमारे स्पेशल इफेक्टमैन किशन मलिक ने भी इसे देखा और इस पर टिप्पणी की। गुरु दत्त ने उनकी आलोचना को गंभीरता से लिया। उन्होंने स्क्रिप्ट को पुनः लिखवाकर पूरी फिल्म को दुबारा शूट किया। वह कहते थे कि

लिखे शब्दों से वह नहीं समझा जा सकता, जो परदे पर देखकर समझ में आता है। इसीलिए वह किसी फिल्म के निर्माण का काम आगे बढ़ाने से पहले उसके फिल्माए गए अंश देखना पसंद करते थे।

देवी दत्त एक और फिल्म के बारे में याद करते हैं, जिसे निरंजन बनानेवाले थे—

'कागज के फूल' फिल्म बनने के बाद कहा जा रहा था कि गुरु दत्त अपने सहायक निरंजन से एक फिल्म बनवाना चाहते हैं—'मोती की मासी'। इसमें तनुजा और सलीम थे, जो सलीम-जावेद की जोड़ी के एक लेखक थे। यह कॉमेडी के रूप में बनाई जा रही थी। लेकिन यह भी निरंजन की मृत्यु हो जाने के कारण बन नहीं सकी। वह बहुत अधिक पीते थे।

त्यागी गई कई योजनाओं में एक और फिल्म भी शामिल है। गुरु दत्त हमेशा चाहते थे कि निर्देशक विश्राम बेडेकर से अपनी कंपनी के लिए एक फिल्म बनवाएँ, जिनके साथ प्रभात में उन्होंने सहायक के रूप में काम किया था। 'गौरी' और 'राज' फिल्मों के माध्यम से काफी आर्थिक हानि के बावजूद वे कभी गुणात्मकता से समझौता नहीं करते थे। वह न केवल उस फिल्म को पूरा करने का विचार त्याग देते थे, बल्कि किसी एक निश्चित कलाकार के साथ काम करने का निर्णय भी बदल देते थे।

वी.के. मूर्ति

ऐसे कई उदाहरण हैं, जहाँ गुरु दत्त ने किसी कलाकार को साइन किया। वह उसे पैसे भी पहले ही दे देते थे, फिर बाद में महसूस करते थे कि उस भूमिका के अनुपयुक्त हैं। लेकिन उन कलाकारों के मुँह पर कहने का हौसला उनमें न था, इसलिए वह गुरुस्वामी को यह काम सौंप देते, ताकि वह उन्हें समझा सकें। ऐसा कई बार हुआ।

आत्माराम

गुरु दत्त सबके पैसे देते थे; लेकिन अचानक किसी लेखक व आर्टिस्ट के काम से संतुष्ट न होते तो कहते, 'आत्मा, उनसे कहो कि वापस न आएँ।' वह कभी अपने मुँह से नहीं कहते। उन्होंने बेडेकर से एक फिल्म का

निर्देशन करने के लिए कहा। जब वह आए तो वह गुरु दत्त को 'सर' कहकर बुलाने लगे। गुरु दत्त ने उन्हें अंत में नहीं लिया, क्योंकि उन्होंने कहा, 'उन्हें मुझे 'सर' कहकर क्यों संबोधित करना चाहिए? मैं उनका सहायक था। अगर उनकी यह प्रवृत्ति रही तो अधिकार के साथ फिल्म कैसे बनाएँगे? गुरु दत्त छोटी-छोटी बातों पर प्रतिक्रिया दिखाते थे। कई बार वह अपने अंतर्ज्ञान से सही होते थे। वह अनेक लोगों को आजमाते थे। इससे कई बार कड़वाहट भी होती। लेकिन वह कभी परवाह न करते। उनके लिए फिल्म ही मायने रखती थी। वह कभी संबंधों को महत्त्व नहीं देते थे। मैं ऐसा नहीं हूँ। मैंने बहुत कम इस तरह का काम किया है। मैंने कभी इस तरह सफलता प्राप्त नहीं की।

किसी भी परियोजना को शुरू करके उसे अचानक रद्द करने के पीछे उद्देश्य केवल त्रुटिहीनता पाना ही न था, जैसे कि बताया जाता है; बल्कि कहीं गूढ़ दृष्टि से उनके अंत:संघर्ष, निराशा तथा विचलित सोच भी बड़े कारण थे। गुरु दत्त का निजी जीवन विक्षोभ में था। वह बहुत अधिक पीते तथा धूम्रपान करते थे। गीता का गायन कैरियर भी गिरावट पर था। उनके असंतुष्ट वैवाहिक जीवन ने उन्हें शराब का आदी बना दिया, जिसके कारण मामला और बिगड़ गया। उनकी शादी से पहले वर्ष 1953 में गुरु दत्त ने विद्वान् पं. नरेंद्र शर्मा (जो हिंदी के महान् कवि एवं गीतकार थे) से पथ-प्रदर्शन का आग्रह किया था। पं. शर्मा एक बार गुरु दत्त से उदय शंकर के भारतीय सांस्कृतिक केंद्र में मिले थे, जहाँ शर्माजी भी काम करते थे। पं. शर्मा का गुरु दत्त की फिल्मों से कोई सीधा संबंध नहीं था, लेकिन गुरु दत्त के लिए उनके दिल में विशेष प्यार था।

पं. नरेंद्र शर्मा

मैंने पहली बार उन्हें अल्मोड़ा में देखा। तब वह शांत, कोमल एवं विनम्र थे। उनके बारे में कोई बड़ी बात न थी। फिर भी, उनकी प्रतिभा की जड़ें कहीं गहरे में उनके अंदर समाई हुई थीं, जिसके कारण वह हर विषय को सूक्ष्म दृष्टि से देख पाते थे। मुझे याद है, जब वह मेरे पास गीता और अपनी जन्म-कुंडली लेकर आए थे। व्यक्तिगत रूप से वे बहुत प्यारे लोग थे, अच्छे लोग थे—बतौर आर्टिस्ट काफी कोमल एवं भावुक थे। गीता

दत्त ने मेरे कुछ गानों को गाया है। मैं उन्हें अच्छी तरह से जानता भी था; लेकिन गुरु दत्त को कुछ अधिक जानता था। इसलिए मैंने निश्चय कि उन्हें यह बात बता दूँ कि उनका वैवाहिक जीवन उतना मधुर नहीं रहेगा। मैंने सोचा कि मुझे गुरु दत्त से साफ-साफ बात करनी चाहिए, इसलिए मैंने यह सब कहा। वह खामोश थे। उन्होंने कोई तर्क-वितर्क नहीं किया। स्वाभाविक है कि वह अपना मन बना चुके थे। उन्होंने उस स्त्री से शादी कर ली, जिससे बहुत प्यार करते थे, भले ही परिणाम कुछ भी हो। सांसारिक सोच-समझ कहती है कि ज्योतिष के पूर्वानुमान को भी मानना जरूरी होता है। लेकिन कलाकारों में इसका अभाव होता है। इसे वे कोई गुण नहीं मानते।

बाद के वर्षों में जब वह अपने काम में बहुत व्यस्त रहते थे, उन्हें बहुत कम देखा। लेकिन मैं उनकी फिल्मों का दीवाना बन गया। उनकी फिल्मों की यह महानता रही कि अपने आंतरिक अनुभव की बदौलत वह दो बातों को बाहर लाने की कोशिश करते थे—एक, लोगों का शोषण कैसे किया जाता है और दूसरा, कैसे किसी के हुनर को अनुचित ढंग से शोषित किया जाता है। 'कागज के फूल' फिल्म के शुरुआती प्रारूप को लेकर गुरु दत्त ने मुझसे विचार-विमर्श किया, उसमें भी वही शोषण था। उनकी उपस्थिति एक मोमबत्ती के प्रकाश के समान थी। मद्धिम थी, पर रोशनी थी। वह एक टीम बनाने में कामयाब रहे, जिसमें उनके वफादार थे। यह स्पष्ट हो जाता है कि उनमें एक अच्छे नेता होने के सारे गुण विद्यमान थे। लेकिन वह मोमबत्ती बुझ सकती थी।

वर्ष 1958 में गुरु दत्त ने ट्वेंटीएथ सेंचुरी फॉक्स से अगले प्रोडक्शन के लिए सिनेमास्कोप का अधिकार प्राप्त किया। 'कागज के फूल' फिल्म को सिनेमास्कोप के साथ-साथ 35 एम.एम. में भी शूट किया गया, क्योंकि भारत के कई थिएटरों में सिनेमास्कोप प्रोजेक्टर नहीं थे। इस कारण इस फिल्म को इस फॉर्मेट में भी बनाया गया।

वी.के. मूर्ति

गुरु दत्त की 'बाज' फिल्म में काफी पैसे लुट गए और जब उन्होंने 'आर-

पार' पर काम शुरू किया तो वह इस फिल्म को तेजी से समाप्त करना चाहते थे। इसलिए मुझ पर काफी दबाव रहा। गुरु दत्त कभी गुस्से में आकर कह देते थे—"चलो, अब जल्दी करो। मूर्ति, यह क्या है? तुम समय बरबाद कर रहे हो।" एक दिन मध्याह्न भोजन से पहले मैं एक शॉट के लिए प्रकाश की व्यवस्था कर रहा था। मुझे अभी कुछ अंतिम काम करना बाकी था, वह बोले, "कुछ नहीं सुनना है। हम इस शॉट को इसी रूप में लेंगे।" उन्होंने जबरदस्ती मुझसे वह शॉट करवाया। सभी स्टूडियो के बाहर भोजन करने के लिए चले गए थे। मैं वहाँ बैठा लड़की की तरह रोने लगा, क्योंकि मैं वह नहीं कर पाया, जो मैं करना चाहता था। मैंने अपने मन में निश्चय किया कि अब मुझे इस काम को छोड़ देना चाहिए। गुरु दत्त जब वापस स्टूडियो में मुझे ढूँढ़ने के लिए आए (क्योंकि मैं खाने की मेज पर मौजूद नहीं था), उन्होंने कहा, "मूर्ति, तुम जानते हो मेरी स्थिति, मैंने काफी नुकसान उठाया है। इसीलिए मैं तुमसे जबरदस्ती कर रहा हूँ। एक लड़की की तरह बैठकर रोओ मत। यह क्या तमाशा है? मैं केवल तुम्हारे लिए एक पिक्चर बनाऊँगा। वह एक निर्देशक की जीवन-कथा होगी। उसमें स्टूडियो का सुंदर वातावरण होगा। उस समय तक कृपया मेरा साथ दो।" इस तरह से उन्होंने 'कागज के फूल' बनाने में पूरी स्वतंत्रता दी।

□

कागज के फूल

'कागज के फूल' 2 अक्तूबर, 1959 को बंबई के मराठा मंदिर तथा न्यू एंपायर सिनेमा ऑल में रिलीज हुई। इस फिल्म की शुरुआत एक क्रेन शॉट से होती है, जब एक बूढ़ा आदमी एक भव्य फिल्म स्टूडियो के फाटक से गुजरता है (यह शॉट मद्रास के वाहिनी स्टूडियोज में फिल्माया गया)। वह चलते-चलते एक खाली सेट पर जाता है और उस पर चढ़कर एक खास अदा से चलने लगता है। जैसे ही वह उस खाली मंच को देखता है, उसकी पुरानी यादें सामने आने लगती हैं। वह प्रौढ़ व्यक्ति सुरेश सिन्हा (गुरु दत्त) हैं। वह एक सफल और अति व्यस्त फिल्म निर्देशक हैं। वह अपनी पत्नी बीना (वीणा) से अलग हो गए हैं। बीना अधिक सामाजिक थी और उनके पिता सर बी.बी. वर्मा (महेश कौल) अधिक अंग्रेजीनुमा थे। उनका मानना था कि उनके दामाद का फिल्मी कार्यक्षेत्र बदनामी वाला था। जब सिन्हा अपनी बेटी पम्मी (बेबी नाज) से मिलने देहरादून बोर्डिंग स्कूल में जाते हैं तो उन्हें बताया जाता है कि भविष्य में उससे मिलने नहीं दिया जाएगा। सिन्हा अपनी पत्नी को समझाने-बुझाने के लिए दिल्ली जाते हैं। परंतु वह उनसे मिलने से इनकार कर देती है।

दिल्ली के एक उद्यान में भारी वर्षा से बचने के लिए सिन्हा एक पेड़ की शरण लेते हैं। वहाँ उनकी मुलाकात एक युवती से होती है, जिसका नाम शांति है (वहीदा रहमान)। सिन्हा अपना कोट उतारकर ठंड से ठिठुर रही शांति को देते हैं। सिन्हा को पता चलता है कि उनकी तरह वह भी इस संसार में अकेली है। सिन्हा बंबई लौटकर अपनी फिल्म 'देवदास' पर काम करने लगते हैं। फिल्म की हीरोइन पार्वती (जिसे 'पारो' कहा जाता है) की भूमिका के लिए निर्माताओं ने जिस अभिनेत्री की सिफारिश की है, उसे सिन्हा अस्वीकार कर देते हैं। शांति काम के सिलसिले में बंबई आती है। वह सिन्हा का कोट वापस करने उनके स्टूडियो पहुँचती है। भूल से फिल्म में वह भी आ जाती है। उस दिन की शूटिंग देखते हुए सिन्हा की नजर शांति

की उस छोटी सी झलक पर पड़ती है तो उससे प्रभावित होकर वह उसे पार्वती की भूमिका देने की पेशकश करते हैं। शांति का स्क्रीन टेस्ट सबको लुभाता है और सिन्हा अपनी खोज को निखारने का भार अपने ऊपर ले लेते हैं।

सिन्हा एक कार दुर्घटना में घायल हो जाते हैं तो शांति उनकी सेवा कर उन्हें पुनः स्वस्थ बनाती है। वे एक-दूसरे के बहुत करीब आ जाते हैं। यूँ तो वे कभी अपनी भावनाओं को अभिव्यक्त नहीं करते, लेकिन यह स्पष्ट है कि उन्हें प्यार हो गया है। कुछ फिल्मी पत्रिकाएँ उनके बीच के कथित संबंधों के अफवाह उड़ाने लगती हैं। सिन्हा की बिगड़ी हुई बेटी पम्मी इन अफवाहों को पढ़कर कि उसके पिता किसी अभिनेत्री के चक्कर में हैं, बंबई आती है और शांति को अपने पिता के जीवन से दूर चले जाने को राजी कर लेती है। जल्द ही सिन्हा की फिल्म 'देवदास' रिलीज होती है। दर्शक बड़े उत्साह से उसका स्वागत करते हैं और शांति एक नामी सितारा बन जाती है।

शांति सिन्हा और उनकी बेटी के बीच में नहीं आना चाहती, इसलिए वह दूर एक छोटे से गाँव में जाकर अध्यापिका बन जाती है। इसी दौरान पम्मी अपने माता-पिता को मिलाने की काफी कोशिश करती है, परंतु सफल नहीं होती। न्यायालय बेटी पम्मी को माँ बीना के संरक्षण में रहने का फैसला सुनाता है। सिन्हा शांति एवं पम्मी दोनों को खोकर अकेले हो जाते हैं। वह धीरे-धीरे अपने काम से जी चुराने लगते हैं और शराब पीने लगते हैं। उनका कैरियर बरबाद हो जाता है और फिर एक

फिल्म 'कागज के फूल' में गुरु दत्त

दिन घर भी नीलाम हो जाता है। बीना का हमदर्द भाई रॉकी (जॉनी वाकर) शांति को बताता है कि सिन्हा गंभीर समस्याओं में घिरे हैं। शांति बंबई वापस आती है, यह सोचकर कि अगर वह फिल्म में काम करना स्वीकारेगी तो सिन्हा को पुन: निर्देशन का कार्य मिलेगा। लेकिन सिन्हा इस भीख को ठुकरा देते हैं। शांति सिन्हा के प्यार में विह्वल होने लगती है; परंतु वह उन्हें कहीं नहीं पाती। शांति बंबई में ही फिल्मों में काम करने के लिए बस जाती है।

कई साल बीत जाते हैं, अब सिन्हा निराश्रित दीन-हीन अवस्था में हैं। वह पम्मी की शादी में उपहार देने के लिए एक फिल्म में एक्स्ट्रा का रोल पाने का प्रयास करते हैं। संयोगवश शांति उस फिल्म की मुख्य अभिनेत्री है, जिस फिल्म में सिन्हा को एक बूढ़े व्यक्ति का रोल मिला है। शांति सिन्हा के सफेद बालों के विग और दाढ़ी के पीछे छिपे चेहरे को पहचान लेती है। वह उनकी तरफ दौड़ती है; पर उसके कुछ प्रशंसक उसे घेर लेते हैं और उसके हस्ताक्षर माँगने लगते हैं। जैसे ही सिन्हा पीछे मुड़कर शांति को देखते हैं, फ्लैश बैक समाप्त हो जाता है। सिन्हा अब एक टूटे हुए बूढ़े आदमी हैं, जो स्टूडियो के एकांत में बैठे हैं। भोजन का समय समाप्त होता है और स्टूडियो के सहायक वापस लौट आते हैं। वे देखते हैं कि एक मृत व्यक्ति निर्देशक की कुरसी पर बैठा हुआ है। उस स्टूडियो का एक पुराना नौकर उस आदमी को पहचानता है और कहता है कि यह सुरेश सिन्हा हैं, जो एक जमाने के मशहूर निर्देशक थे।

एक समीक्षक ने 'फिल्म इंडिया' (नवंबर 1959) में लिखा कि इस फिल्म में उल्लेखनीय कुछ भी नहीं, सिवा इसके कि यह सिनेमास्कोप में बनी है। यह अवसादपूर्ण, असंबद्ध कहानी है, जिसे नीरसता से अभिव्यक्त किया गया है। दिल्ली के रीगल सिनेमा में इस फिल्म के भव्य प्रीमियर का आयोजन किया गया था। उस समय के उपराष्ट्रपति डॉ. एस. राधाकृष्णन भी उस समारोह में शामिल थे। उसके बावजूद समीक्षकों तथा दर्शकों ने इसे रिलीज होते ही नकार दिया। कुछ शहरों में यह फिल्म केवल एक सप्ताह ही चली। काफी वर्षों के बाद 'कागज के फूल' को वह सम्मान मिला, जो उसे मिलना चाहिए था और आज यह फिल्म भारत व विदेश में सम्मानित है। जैसे उदाहरण के लिए, फ्रांस में सन् 1980 में इसे कमर्शियली रिलीज किया गया था।

'कागज के फूल' स्टूडियो युग के भव्य दिनों को श्रद्धांजलि-स्वरूप एक मधुर उदाहरण है, जिसमें सन् 1930 से '40 तक के इतिहास को पृष्ठभूमि के रूप में लिया गया है। इस फिल्म के शुरुआती शॉट में सिन्हा सिनेमा हॉल की बालकनी पर खड़े

हैं, जहाँ सन् 1937 में बनी बहुचर्चित फिल्म 'विद्यापति' हाउसफुल चल रही है। 'कागज के फूल' में सिन्हा को जो फिल्में बनाते दिखाया गया है, वे वास्तविक फिल्में हैं। सिन्हा ने अपनी सारी शक्तियाँ जिस फिल्म के निर्माण में लगा दी हैं, वह 'देवदास' है, जो सन् 1935 में बनी एक क्लासिकल फिल्म थी। इस फिल्म के एक विशेष दृश्य में सुरेश सिन्हा को काम पर आते दिखाया गया है। इसके माध्यम से गुरु दत्त ने स्टूडियो के एकांत वातावरण में काम करने की जहाँ प्रशंसा की है वहाँ कदाचित् गृह-विरह के अवसाद की अभिव्यक्ति भी की है। गाड़ी के पीछे के भाग में बैठकर चश्मा पहने सिन्हा कुछ पढ़ रहे हैं, जो स्क्रिप्ट लगती है। उनकी गाड़ी धीरे से स्टूडियो की सड़कों पर घूमती हुई मुख्य कार्यालय पहुँचती है। तब वहाँ काम करनेवाले सभी उनका अभिवादन करते हैं और फिर अपने-अपने काम पर लग जाते हैं। जैसे ही सिन्हा स्टूडियो में प्रवेश करते हैं, उनके संगीत निर्देशक अपने साजिंदों के साथ नई धुन सुनाने के लिए तैयार हैं। पटकथा लेखक भी मौजूद है। यह सीन बताता है कि एक जमाने में निर्देशक कितने सम्मानित थे। वह उस समय की तारीफ करते हैं, जब सिनेमा के माध्यम को एक कला के रूप में माना जाता था। स्टूडियो युग के गिरते मूल्यों के साथ ही सुरेश सिन्हा का भाग्य भी घटता गया। 1940 के दशक के अंत तक स्टूडियो ने अपना अस्तित्व खो दिया और उसका स्थान स्वतंत्र काम करने की पद्धति ने ले लिया। सुरेश सिन्हा ने देखा कि बदलते हुए परिवेश में स्टार्स (इस मामले में स्वयं की खोज शांति थी) के पास अधिक शक्ति है।

हालाँकि फिल्म की रिलीज पर दर्शकों ने इसकी आलोचना ही की, फिर भी इस फिल्म के कुछ अंशों ने काफी प्रशंसा पाई। जैसे वी.के. मूर्ति को इस फिल्म की फोटोग्राफी के लिए 'फिल्मफेयर अवार्ड' मिला तथा एम.आर. अचरेकर ने दूसरी बार अपने कला निर्देशन के लिए 'फिल्मफेयर अवार्ड' लिया। वी.के. मूर्ति की कल्पनाशील प्रकाश-व्यवस्था ने 'कागज के फूल' के वातावरण को चार चाँद लगाए। इसकी फोटोग्राफी अपने तरीके से एक वर्णनात्मक तारतम्य बनाती है। छाया व प्रकाश को इस तरह गढ़ा गया है कि निश्चल और अनिश्चल शॉट के बीच का प्रवाह एवं इस फिल्म के अधिकतर मध्यम एवं लंबे शॉट उनके मनोभावों को अभिव्यक्त करते हैं, जैसे कि इसके संवाद और संगीत करते हैं। स्टूडियो के विस्तृत फर्श, कैमरा, क्रेन, कैट-वॉक, आर्क लैंप्स—ये सभी 'कागज के फूल' के स्टूडियो को वास्तविकता प्रदान करते हैं। इस फिल्म के कुछ भाग मद्रास में शूट किए थे तो कुछ बंबई के सेंट्रल मॉडर्न स्टूडियोज तथा महबूब स्टूडियोज में।

वी.के. मूर्ति

दोपहर में तथा कभी-कभी सुबह के समय सूरज की किरणें स्टूडियो की छत से छनकर आती थीं (महबूब स्टूडियोज, बंबई)। ये किरणें कहीं-कहीं पड़ती थीं। चूँकि स्टूडियो में धूल होती थी, इसलिए इन किरणों से एक समानांतर रेखा बन जाती थी, जो बहुत ही सुंदर कट देती थी। गुरु दत्त ने मुझसे कहा, ''मूर्ति, तुम क्या मुझे वह प्रभाव दे सकते हो?'' मैंने कहा, ''हाँ, दे सकता हूँ; लेकिन अगर आप एक निश्चित समय पर शूट करेंगे तब।'' उन्होंने कहा, ''नहीं, तुम्हें उसे पैदा करना होगा। हम यहाँ दस दिन शूट करने वाले हैं। जब भी तुम्हें इसका हल मिलेगा, उसी समय उस सीन को शूट करेंगे।'' इस प्रभाव की जरूरत फिल्म के अंतिम सीन में थी। वह सीन, जिसमें निर्देशक सुरेश सिन्हा की मौत हो जाती है। उसके बाद हमने इसी प्रभाव को एक गाने में इस्तेमाल किया—'वक्त ने किया क्या हसीं सितम'। मैंने इसके बारे में दो-तीन दिन सोचा। अगर मैं फोकस स्पॉटलाइट्स का इस्तेमाल करता तो बन जाता। लेकिन इससे समानांतर किरण न बनकर अपसारी किरण पैदा होती।

तीसरे दिन हम स्टूडियो के अंदर बैठे भोजन कर रहे थे कि हमारा मेकअपमैन बाहर हाथ में एक आईना लेकर गुजरा। जब वह हमारे सामने से निकला तो सूरज की एक किरण उस आईने से प्रतिबिंबित होकर स्टूडियो के अंदर चमकी। मैंने सोचा, क्यों न हम आईने का इस्तेमाल करें। यही उचित लगा। मैंने प्रोडक्शन वालों से कहा कि मुझे दो बड़े आईने चाहिए, लगभग चार गुणा तीन फीट के। मैंने एक आईने को छत पर रखा। उस आईने के सहारे मैंने सूरज की रोशनी को अंदर रखे आईने पर प्रतिबिंबित किया, जो कैट वॉक पर रखा हुआ था। दूसरे आईने के सहारे मैं उस किरण को जिस कोण में चाहता, उस कोण में घुमा लेता था। मैंने कुछ हद तक धूल और धुएँ का इस्तेमाल किया। एक सीनियर कैमरामैन मिस्टर फरीदून ईरानी (जिन्होंने महबूब खान की 'मदर इंडिया' 1957 के साथ-साथ कई अन्य फिल्मों में फोटोग्राफी की) सेट पर आए और पूछने लगे, 'मूर्ति, तुम क्या कर रहे हो? क्या तुम सूरज की रोशनी का इस्तेमाल कर रहे हो?' मैंने समझाया कि मैं क्या कर रहा हूँ। उन दिनों लोग पुरानी परंपरा के कायल थे। जब उन्होंने मेरा काम देखा तो एकदम चौंक गए। उन्होंने सोचा होगा कि मैं मूर्ख हूँ। कुछ दिनों बाद ईरानी पहले व्यक्ति थे, जिन्होंने फिल्म के

अब तक शूट किए गए अंशों को देखा। वह मेरे पास आए और मेरी तारीफ करने लगे। बोले कि तुमने अच्छा काम किया है। यह विचार सही था, लेकिन यह आकस्मिक आया हुआ विचार था। 'स्क्रीन' के अगले अंक में एक पत्रकार ने एक लंबा लेख मेरी प्रशंसा में लिखा।

जब 'कागज के फूल' रिलीज हुई तो बहुत सारे लोगों ने मुझे दोषी ठहराया और कहा कि मैंने फिल्म को खराब कर दिया। वे बोले—'आपकी फोटोग्राफी इतनी ध्यान भंग करनेवाली है कि सारी एकाग्रता फोटोग्राफी पर जाती है, न कि कहानी पर।'

इस फिल्म के संगीत निर्देशन के लिए गुरु दत्त ने एस.डी. बर्मन से कहा; लेकिन इससे पहले कुछ अफवाहें उड़ीं कि गुरु दत्त ने खय्याम को संगीत निर्देशन के लिए चुना है। अंततः बर्मन साहब ने 'कागज के फूल' के संगीत को कंपोज करना स्वीकार किया। इस फिल्म में एस.डी. बर्मन के पुत्र आर.डी. बर्मन ने सहायक का काम किया। गुरु दत्त ने कैफी आजमी को इस फिल्म के गीत के बोल लिखने को कहा; क्योंकि बर्मन और साहिर लुधियानवी ने 'प्यासा' फिल्म के बाद एक-दूसरे के साथ काम करना छोड़ दिया था। कैफी आजमी का थिएटर एवं साहित्य के क्षेत्र में काफी नाम था तथा इप्टा और प्रगतिशील लेखक संघ के लिए उनका कार्य काफी सराहनीय है। आजमी का असली नाम अथर हुसैन रिजवी था। वह उत्तर प्रदेश के आजमगढ़ जिले के एक छोटे गाँव मिजवान के निवासी थे। वर्ष 1945 में जब वह केवल उन्नीस साल के युवा कवि थे, बंबई आ गए। वह कम्युनिस्ट पार्टी में शामिल हुए और अपने पार्टी सदस्यों के साथ रहने लगे।

कैफी आजमी की पत्नी शौकत, जो कि हैदराबाद की थीं, घर चलाने में सहायक रहीं। वह भी इप्टा में बलराज साहनी, के.ए. अब्बास, प्रेम धवन तथा अन्य लोगों के साथ काम करने लगीं। वर्ष 1949 में जब कम्युनिस्ट पार्टी पर प्रतिबंध लगा तो कैफी आजमी भूमिगत हो गए। उनके पास पैसा और काम दोनों नहीं थे। निर्देशक शाहिद लतीफ और उनकी पत्नी लेखिका इस्मत चुगताई—जो शिवाजी पार्क, बंबई में रहते थे—आजमी की आर्थिक कठिनाइयों से वाकिफ थे। इसलिए उन्होंने उनको फिल्म में काम करने का मौका दिया। यूँ तो शैलेंद्र शाहिद लतीफ की फिल्म 'बुजदिल' (1951) के आधिकारिक गीतकार थे; लेकिन लतीफ ने कैफी आजमी से भी लिखने को कहा। आजमी ने दो गाने लिखे, जिनमें एक 'रोते-रोते गुजर गई रात रे' को लता मंगेशकर ने 'बुजदिल' में गाया। आजमी मानते हैं कि 'कागज के फूल' से पहले

फिल्म 'कागज के फूल' में गुरु दत्त और वहीदा रहमान

वह मुश्किल से फिल्मों को गंभीरता से लेते थे। लेकिन 'कागज के फूल' की विफलता ने तथा उसके बाद आई फिल्मों की विफलता ने उन पर मनहूस होने की मुहर लगा दी। एक गीतकार के रूप में आजमी ने काफी संघर्ष किया और जब उनके 'हकीकत' (1964) के गाने मशहूर हुए तो उनका भाग्य बदलना शुरू हुआ।

कैफी आजमी

मैं गुरु दत्त से तब मिला जब वह 'कागज के फूल' बना रहे थे। उससे पहले साहिर उनके गाने लिखते थे। साहिर ने 'प्यासा' के लिए जो गाने लिखे, वे लाजवाब थे। शायद दोनों के खयालात कुछ मिलते न थे। गुरु दत्त तब एक दूसरे गीतकार को ढूँढ़ रहे थे तो उन्होंने मुझे 'कागज के फूल' को गाने लिखने के लिए कहा। हमने आपस में काफी वक्त बिताया। उनकी बहुत सी मीठी यादें मेरे अंदर हैं। उनके विषय में जो चीज मुझे अच्छी लगी वह यह है कि वह बहुत मेहनती थे। फिल्म इंडस्ट्री में यह बात मुश्किल से मिलती है। वह ह्विस्की पीते थे, जैसे दूसरे अच्छे लोग पीते हैं। देर रात तक पीने के बावजूद वह पहले सेट पर पहुँचते थे। फ्लोर

बॉयस के आने से भी पहले।

बर्मन साहब ने एक ट्यून सुनाई, जो बहुत पसंद आई—गुरु दत्त को भी, मुझे भी, और लोगों को भी। मगर उसकी सिचुएशन फिल्म में थी नहीं। तो हुआ यह कि मैं एक के बाद दूसरे मुखड़े लिखता रहा। बहुत से लिखे। न वह संतुष्ट हुए, न म्यूजिक डायरेक्टर, न मैं। तो फिर गुरु दत्त ने मुझसे कहा कि चूँकि मैं इसमें खुद अपने आपको बता नहीं सकता कि क्या चाहिए मुझे, इसलिए उसको रहने देते हैं। जब सिचुएशन निकल आएगी, तब देखा जाएगा। नहीं तो किसी और फिल्म में यूज करेंगे। तो मैंने कहा, 'नहीं, यह एक तरह की हार होगी। मुझे आप एक और मौका दीजिए। मैं एक और लिखता हूँ।' मैं दफ्तर में सबकी तरफ पीठ और दीवार की तरफ मुँह करके बैठ गया। फिर मैंने मुखड़ा लिखा—'वक्त ने किया क्या हसीं सितम, तुम रहे न तुम, हम रहे न हम।' इसे गुरु दत्त ने खूब पसंद किया।

इस इंडस्ट्री में आप एक बार कोई गाना लिखते हैं तो डायरेक्टर उसे आसानी से पसंद नहीं करते। कारण यह है कि वे जानते हैं कि आप और भी बेहतर लिखेंगे। लेकिन गुरु दत्त इनसे अलग थे। वह गाने के मुखड़े पर ही फिदा हो गए। इस गाने की रिकॉर्डिंग में उन्होंने बड़े जोश से हिस्सा लिया। इस गाने को गीताजी ने गाया। जब हमने इस गाने को रिकॉर्ड किया, तब भी इस फिल्म में इस गाने के लिए कोई सिचुएशन नहीं थी; लेकिन बाद में गाने के साथ-साथ कहानी भी ढलती गई। बाद में इस गाने को बेहतरीन तरीके से फिल्माया गया।

सुरेश सिन्हा एक महान् एवं सफल निर्देशक हुए होंगे, लेकिन उनकी महानता को उनकी नवीनतम फिल्म की सफलता के संदर्भ में देखा जाता है। 'कागज के फूल' में हम अमेरिकन क्लासिक 'ए स्टार इज बार्न' (1954) की छाया देख सकते हैं। ये दोनों फिल्में अपने एक पात्र को उभरते हुए तथा उसके समानांतर दूसरे को घटाते हुए दिखाती हैं। गुरु दत्त का परदे पर व्यक्तित्व रचनात्मक हो सकता है, लेकिन वह कभी सुरक्षित नहीं होते। वह जितनी ही सफलता पाते हैं, अनिश्चित एवं क्षणिक होती है। फिल्म का शीर्षक यह बताता है कि यह भ्रामक एवं मिथ्या है और संकेत देता है कि प्रसिद्धि एक काल्पनिक सत्य के समान है। गुरु दत्त ने फिल्मी दुनिया पर हावी झूठे मूल्यों की भर्त्सना की है। उन्होंने दर्शकों की चंचल प्रकृति की भी खिल्ली उड़ाई है। जब 'कागज के फूल' की पाँच रील हो गई

थीं, गुरु दत्त ने उसे अपने परिवार तथा फिल्म उद्योग के सहकर्मियों को दिखाया। उन्होंने ट्वेंटीएथ सेंचुरी फॉक्स से एक प्रोजेक्टर किराए पर लेकर उस फिल्म को एक शामियाने में अपने पाली हिल के घर के उद्यान में प्रदर्शित किया। जो भी उस फिल्म को देखने आए थे, उन्होंने खूब तारीफ की। इसे देखकर गुरु दत्त आश्वस्त हो गए कि उनके हाथ में एक लोकप्रिय फिल्म है और यह बॉक्स ऑफिस पर तहलका मचाएगी। दर्शकों का 'कागज के फूल' को अस्वीकार करना व्यक्तिगत था। अमीर अंग्रेजीदाँ रॉकी की भूमिका में जॉनी वाकर भी दर्शकों के लिए इस फिल्म के गंभीर निराशावाद को कम नहीं कर सके।

राज खोसला

> हम मराठा मंदिर में इस फिल्म के प्रीमियर शो में गए। हम जानते थे कि यह पिक्चर फेल हो गई है, क्योंकि दर्शकों ने अपनी प्रतिक्रिया मैटिनी शो में दिखा दी थी। अब गुरु दत्त का सामना कौन करेगा और उन्हें यह बताएगा। मध्यांतर से कुछ देर पहले मैं उनके पास गया। वह अकेले थिएटर के एक कोने में बैठे हुए थे। वह बोले, "राज, यह तो मृतजात शिशु है।" उन्होंने इस फिल्म के लिए बहुत काम किया था। लेकिन अब उसे एक मास्टर पीस माना जाता है। वह कभी इस चोट से उबरे नहीं। उन्हें लगा जैसे कि दुनिया ने उनका दम घोंट दिया है। वह उसके बाद कभी सामान्य नहीं हुए। वित्तीय घाटे ने उन्हें कभी परेशान नहीं किया। वह कभी पैसों के बारे में नहीं सोचते थे। पैसा उनके लिए कुछ भी नहीं था। उन्हें गहरा धक्का इसलिए लगा, क्योंकि लोग उनकी फिल्म को समझ नहीं पाए। मुझे याद है, वह मुझसे कहने लगे—"राज, मैं सही तरह से संप्रेषित नहीं कर पाया। कुछ तो बात हुई होगी। क्यों लोगों ने मुझे नहीं समझा?" उन्होंने एक महान् फिल्म बनाई। एक कहावत है, 'भैंस के आगे बीन कैसे बजाई जाती है!' लोग इसे समझने के लिए उनके स्तर के होने चाहिए थे। उन्होंने एक-दो बार इसकी चर्चा की, बाद में फिर कभी इसकी चर्चा नहीं की।

यह सच है कि भारतीय सिनेमा के सितारों ने लोगों को लुभाया है, परंतु जो फिल्में फिल्मी दुनिया के छलावे का पर्दाफाश करती हैं, उन्हें दर्शकों ने कभी पसंद नहीं किया। हास्य अभिनेता महमूद का यह कहना सही है कि जो फिल्में परदे के

पीछे फिल्म-निर्माण की हकीकत को दिखाती हैं, वे अकसर बॉक्स पर सफल नहीं होतीं। (यह स्थिति हॉलीवुड के संदर्भ में नहीं है, जहाँ कुछ ऐसी फिल्में हैं जैसे बिली विल्डर की 'सनसेट बॉलीवार्ड' (1950) एवं विनसेंट मिनेली की 'द बैड ऐंड द ब्यूटिफुल' (1952) ने काफी प्रशंसा और सफलता प्राप्त की है।) गुरु दत्त ने गलती से यह सोचा कि फिल्म बनाने का रोमांच लोगों को लुभाएगा, जैसे उन्हें लुभाया था। उन्होंने कभी नहीं सोचा होगा कि 'कागज के फूल' का वही हाल होगा, जो उसके नायक सुरेश सिन्हा की फिल्मों के साथ हुआ था। यह सच है कि 'कागज के फूल' पर हकीकत में दर्शकों की जो प्रतिक्रिया हुई और फिल्म में असफलता की जो आशंका हावी है, दुर्भाग्य से दोनों के बीच का अंतर बहुत ही कम है।

कैफी आजमी

> तकनीक के एतबार से वह ऐसी फिल्म है, जिसे आज भी जो लोग देखते हैं, ज्यादा-से-ज्यादा तारीफ करते हैं। शुरू में बॉक्स ऑफिस पर इतनी पसंद नहीं हुई। यह बात आखिर तक क्लियर नहीं हुई थी उसमें। वजह यह हुई कि एक कन्फ्यूजन था कि वह कहना क्या चाह रहे हैं। और उस वक्त उनकी मेंटल हालत ऐसी थी कि वह क्लियर नहीं थे...डोमेस्टिक लाइफ भी उनकी बहुत उलझी हुई थी। तो कहानी चेंज होती चली गई। ये जितनी फिल्में रिलीज हुई हैं, इससे ज्यादा वहाँ कट के डब्बों में पड़ी होंगी। तो मैं समझता हूँ कि यह गाना 'बिछड़े सभी बारी-बारी'—ये उनकी अपनी कहानी है।

सभी मानते हैं कि यह गुरु दत्त की अपनी कहानी को दरशानेवाली फिल्म है। उनका गृहस्थ जीवन, असंतुष्ट वैवाहिक जीवन तथा एक अभिनेत्री के साथ उनके संबंध, जिसे उन्होंने खोजा था—ये सब उन्हीं के जीवन के बारे में है। जब हम सुरेश सिन्हा के जीवन तथा गुरु दत्त के जीवन को समानांतर देखते हैं तो इस तर्क को और भी बल मिलता है, क्योंकि दोनों के व्यवहार, आदतें तथा काम करने का ढंग एक समान प्रतीत होता है। एक दृश्य में सुरेश सिन्हा का शूटिंग के स्थान पर कुछ घंटे पहले ही आ जाना गुरु दत्त की आदत को व्यक्त करता है। गुरु दत्त के व्यक्तित्व की एक और बात सुरेश सिन्हा के व्यक्तित्व से मेल खाती है कि सिन्हा चाहते हुए भी अपने अतीत से छुटकारा नहीं पाते तथा एक नए भविष्य का निर्माण भी नहीं कर पाते। कोई चीज है, जो सुरेश सिन्हा और गुरु दत्त के जीवित रहने में रुकावट बनी

है। सिनेमा के प्रति गुरु दत्त के गहरे लगाव, फोटोग्राफी के प्रति प्यार, अपने साथियों के साथ सहानुभूति, बेहतर करने का संघर्ष—ये सभी 'कागज के फूल' में दरशाया गया है। इस फिल्म में गुरु दत्त ने मृत्यु के प्रति मोह को भी दरशाया है, जो उन्हें इन कष्टों से मुक्ति दिला सकती है। 'प्यासा' फिल्म में विजय अपने जीवन को समाप्त करना चाहता है, परंतु जब मृत्यु उसके सामने आने लगती है तो वह रेल पटरी से हट जाता है। फिर भी वह मृत्यु के माध्यम से महानता एवं सम्मान को प्राप्त करता है। मृत्यु के बजाय वह सामने से आ रही रेलगाड़ी से टकराकर घायल हो जाता है। उसके पुनरुज्जीवन ने उसे एक महान् कवि के रूप में सामाजिक पहचान दी है।

'कागज के फूल' में सुरेश सिन्हा की मौत सालों से निराशाजनक जीवन, मद्यपान, आत्मविश्वासहीनता के अनिवार्य परिणाम तथा भारतीय सिनेमा के एक युग के अंत का प्रतीक थी। यह गाना 'देखी जमाने की यारी, बिछुड़े सभी बारी-बारी' का प्रयोग सुरेश सिन्हा के जीवन के विभिन्न स्तरों पर किया जाता है, जिनमें उतार-चढ़ाव है। विडंबना इस बात की है कि सुरेश सिन्हा स्वयं अपने पैरों पर कुल्हाड़ी मारता है और अंत में वहीं संसार को त्याग देता है। देखा जाए तो उन्होंने स्वयं अपनी मृत्यु को फिल्माया है, जैसी होनी थी। गुरु दत्त ने एक टूटे व्यक्ति के एकाकी अंत की कल्पना की है। सुरेश सिन्हा के अंतिम क्षणों के मनोभावों को इस गाने के दूसरे चरण में अभिव्यक्त किया गया है—'क्या लेके मिले हम दुनिया से, आँसू के सिवा कुछ पास नहीं', जो उस खाली स्टूडियो में गूँजने लगता है। गुरु दत्त और सुरेश के बीच फर्क यह है कि सुरेश सिन्हा के विपरीत गुरुदत अपने जीवन की विफलता को पहचान नहीं पाए। उस समय (1965) तक उनका कैरियर काफी सफल था। कुछ लोगों का अनुमान है कि गुरु दत्त ने सिन्हा के जीवन को अपने गुरु ज्ञान मुखर्जी पर आधारित किया है, जो अपने कैरियर की शुरुआत में अधिक सफल होकर जीवन के अंत में घटते गए।

सन् 1963 के 'फिल्मफेयर' साक्षात्कार में गुरु दत्त ने इस फिल्म के बारे में यह विचार दिया कि यह अंशों में बेहतर थी। यह काफी धीमी फिल्म थी, जो लोगों के सिरों पर से गुजर गई। 'कागज के फूल' की विफलता के पश्चात् उन्होंने निर्देशक के रूप में कोई फिल्म स्वीकार नहीं की। वह मानने लगे कि ऐसा करने से उस फिल्म के लिए भी दुर्भाग्य मिलेगा।

□

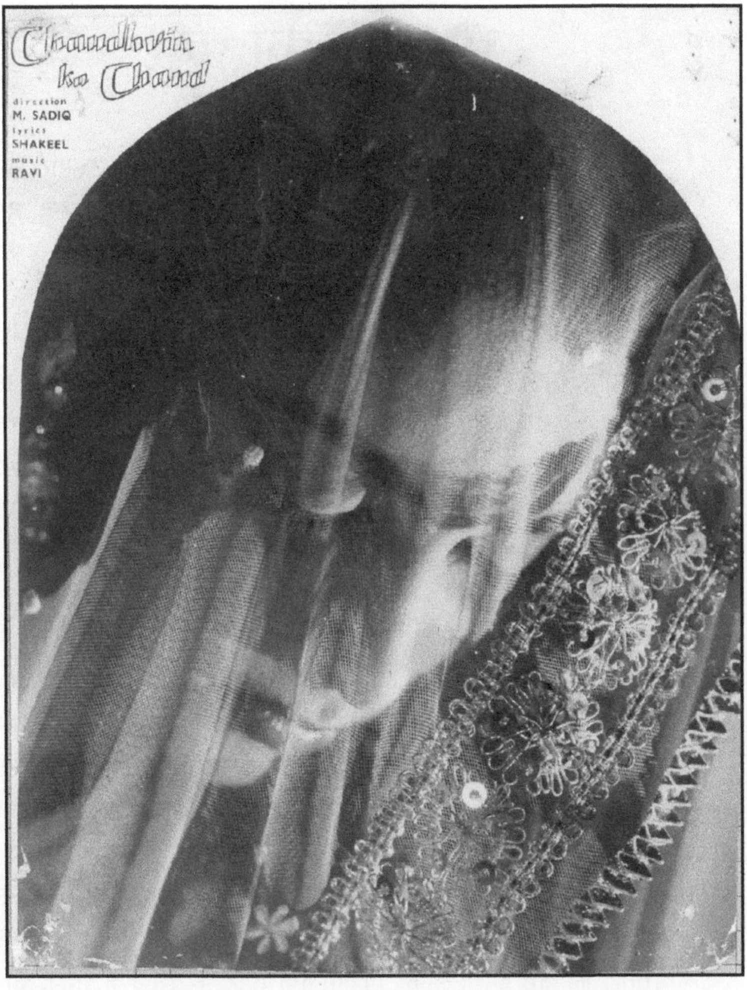
Chaudhvin ka Chand
direction
M. SADIQ
lyrics
SHAKEEL
music
RAVI

चौदहवीं का चाँद

'कागज के फूल' के घाटे के बावजूद गुरु दत्त ने वी.के. मूर्ति को सन् 1960 में कलर फोटोग्राफी सीखने के लिए यूरोप भेजा; क्योंकि उन्हें आशा थी कि वे एक रंगीन फिल्म बनाएँगे। मूर्ति को एक प्रेक्षक के रूप में कार्ल फोरमैन की फिल्म 'द गन्स ऑफ नवारोन' (1961) की यूनिट के साथ जोड़ा गया। यह एक बड़े बजट की फिल्म थी, जिसे यूनान की लोकेशंस पर फिल्माया जा रहा था। इस फिल्म के सिनेमाटोग्राफर सम्मानित ओसवाल्ड मोरिस थे। मोरिस की टीम को मूर्ति के अनुभव का कोई पता नहीं था। उनके महत्त्व को वे तभी समझ पाए, जब गुरु दत्त ने मूर्ति को एक तार भेजकर सन् 1960 के फिल्मफेयर पुरस्कार जीतने की बधाई दी। यह पुरस्कार उन्हें फिल्म 'कागज के फूल' में उनकी श्रेष्ठ फोटोग्राफी के लिए मिला था।

गुरु दत्त को मजबूरन अपने लेखक अबरार अल्वी को वेतनमान से हटाना पड़ा, क्योंकि उनके पास पैसे नहीं थे। कुछ समय के लिए अल्वी ने दक्षिण भारत में काम किया। 'चौदहवीं का चाँद' का निर्माण लगभग उसी समय शुरू हुआ और दस महीनों में समाप्त हो गया। 1960 के दशक के पूर्वार्द्ध में जो भी फिल्में रंगीन बनीं, वे सब बॉक्स ऑफिस पर ब्लैक ऐंड व्हाइट के मुकाबले बेहतर प्रदर्शन करने लगीं। लेकिन कुछ ही निर्माता रंगीन फिल्म बना पाते थे; क्योंकि इसकी सामग्री बहुत महँगी तथा उसके बाद इसकी डेवलपिंग तथा प्रिंटिंग दर भी बहुत अधिक थी। इस समस्या के समाधान के रूप में कुछ निर्माताओं ने बीच का रास्ता ढूँढ़ा, कि फिल्म के कुछ रील रंगीन बनते थे तथा अन्य काले-सफेद में। इसकी बदौलत 1950 के दशक के उत्तरार्द्ध की कुछ काली-सफेद फिल्मों तथा 1960 के दशक के पूर्वार्द्ध की ऐसी फिल्मों में कुछ रंगीन दृश्यों को जोड़कर भारत के फिल्म संगीत को अधिक रुचिकर बनाया गया; क्योंकि ये दृश्य काफी लंबे संगीतमय गाने होते थे। 'चौदहवीं का

फिल्म 'चौदहवीं का चाँद' में गुरु दत्त और वहीदा रहमान

चाँद' में गुरु दत्त ने भी इसी पद्धति को अपनाया। उन्होंने रंगीन फोटोग्राफी को फिल्म के गानों के लिए सुरक्षित किया। यह फिल्म सन् 1960 के जून महीने में बंबई के मिनर्वा सिनेमा में रिलीज हुई। बारिश का मौसम होने के बावजूद इसके लिए दर्शकों की लंबी कतारें देखी गईं।

'चौदहवीं का चाँद' फिल्म की मूल कहानी का शीर्षक 'झलक' था, जिसे सगीर उस्मानी ने लिखा। इस फिल्म के संवाद भी उन्होंने ही लिखे। गुरु दत्त ने कुछ साल पहले इस कहानी के अधिकार प्राप्त किए थे और अब इसके शीर्षक को बदला। एम. सादिक को इस फिल्म के निर्देशन के लिए चुना गया, जिसमें रहमान, गुरु दत्त, वहीदा रहमान तथा जॉनी वाकर मुख्य कलाकार थे। एम. सादिक ने अपने कैरियर की शुरुआत एक कहानी लेखक व संवाद लेखक के रूप में की थी। वह निर्माता ए.आर. कारदार के लिए काम करते थे। कारदार ने ही उन्हें सन् 1943 में पहली फिल्म निर्देशन के लिए दी, जिसका नाम 'नमस्ते' था, जिसके सह निर्देशक एस.यू. सन्नी थे। गुरु दत्त के कई सहयोगियों ने उन्हें सलाह दी कि सिद्दीकी का कैरियर अब समाप्त हो चुका है, लेकिन गुरु दत्त ने इन बातों को नजरअंदाज किया। उन्होंने इस फिल्म के निर्देशन का कार्य उन्हें सौंप

दिया, केवल गानों के फिल्मांकन को छोड़कर, जिसे उन्होंने स्वयं किया।

'चौदहवीं का चाँद' लखनऊ के मुसलिम समाज पर आधारित फिल्म है। यह तीन मित्रों की कहानी है—एक अमीर नवाब (रहमान), असलम (गुरु दत्त) एवं शैदा (जॉनी वाकर)। फिल्म की शुरुआत शहर के एक बाजार से होती है, जहाँ नवाब एक सुंदर युवती की झलक देखता है, जब वह अपना नकाब (बुर्के का चेहरा ढकने वाला हिस्सा) पल भर के लिए उठाती है। उस खूबसूरत चेहरे की एक झलक पर ही नवाब फिदा हो जाता है। उसे नहीं मालूम कि वह कौन है, लेकिन उसके नकाब का फटा हुआ एक टुकड़ा उसे मिल जाता है। नवाब की बहन एक जश्न मनाती है। नवाब उसकी नौकरानी नसीबाँ (टुनटुन) से इस मौके पर आई अपनी बहन की सहेलियों में उस लड़की को ढूँढ़ने को कहता है। वह यह नहीं जान पाता है कि खेल-खेल में उन लड़कियों ने अपने बुर्के बदल लिये हैं। लिहाजा नसीबाँ किसी गलत लड़की को पहचानती है। इधर नवाब अपने ख्वाबों की मलिका को ढूँढ़ने के चक्कर में है, उधर उसकी माँ उसे एक मौलवी की बेटी से शादी करने के लिए मजबूर करती है। नवाब इस शादी से इनकार कर देता है तथा असलम को उस लड़की से शादी करने के लिए मना लेता है। असलम की शादी उस लड़की से हो जाती है। असलम अपनी सुंदर बीवी को देखता है (वहीदा रहमान) और उसे प्यार हो जाता है।

इसी बीच नवाब जान लेता है कि उसने गलत लड़की को ढूँढ़ा है; लेकिन वह आशा करता है कि एक-न-एक दिन वह जरूर उस लड़की को ढूँढ़ेगा, जिसे उसने पल भर के लिए देखा था। एक दिन नवाब असलम के घर आता है और जमीला को अकस्मात् देख लेता है। वह अपने दोस्त से कहता है कि उसने अंत में उस लड़की को ढूँढ़ लिया है, जिससे वह प्यार करता है। इसे स्थिति की विडंबना कहिए या त्रासदी कि असलम को अपने मित्र की खुशियों के लिए अपनी खुशियों का बलिदान देने को मजबूर होना पड़ता है। असलम वेश्याओं के कोठों पर चक्कर काटने लगता है, जमीला को यह आभास कराने के लिए कि वह उसके काबिल नहीं है। असलम मानता है कि वह उसे तलाक देकर नवाब से शादी करेगी। लेकिन जमीला का प्यार एवं भरोसा उसे किंचित् मात्र भी हिला नहीं पाता। नवाब को पता चल जाता है कि असलम अपने जीवन का बलिदान दोस्ती के लिए करना चाहता है। नवाब अपनी हीरे की अँगूठी में छिपा जहर खाकर जान दे देता है।

वहीदा रहमान

> जब गुरु दत्त ने 'चौदहवीं का चाँद' शुरू की तो वह स्वयं इस फिल्म का निर्देशन कर सकते थे; लेकिन उन्होंने सोचा कि इस फिल्म की मुसलिम पृष्ठभूमि है तो उन्होंने तय किया कि इसे एक मुसलिम निर्देशक को ही देना चाहिए। उन दिनों सादिक साहब काफी आर्थिक संकट में थे। गुरु दत्त उनकी सहायता करना चाहते थे, इसलिए उन्हें यह फिल्म निर्देशन के लिए दी। हमने बाद में सुना कि वह सादिक की घरेलू खर्चे में भी मदद करते थे। बहुत लोगों ने गुरु दत्त से कहा कि आप गलती कर रहे हैं। आप एक अच्छे निर्देशक हैं। आप क्यों इस फिल्म को उस निर्देशक को सौंप रहे हैं, जिनका बाजार में कोई मूल्य नहीं है? सादिक की हाल की फिल्मों ने अच्छा प्रदर्शन नहीं किया है। गुरु दत्त कहते, 'यह गलत नजरिया है। अगर कोई आदमी अच्छा है तो वह अच्छा है, भले ही उसकी फिल्में सफल हों या नहीं। गुरु दत्त सचमुच चाहते थे कि सादिक साहब 'चौदहवीं का चाँद' का निर्देशन करें—और लोगों ने उसे काफी पसंद किया। रहमान साहब को मौका गुरु दत्त के कारण ही मिला। वह मानते थे कि रहमान एक अच्छे कलाकार हैं, चाहे वह व्यावसायिक दृष्टि से उतने उपयोगी हैं या नहीं।

के. राजदान गुरु दत्त के प्रचारकर्ता थे। उन्होंने 'चौदहवीं के चाँद' के संगीत निर्देशन के लिए नौशाद के नाम का सुझाव दिया। लेकिन गुरुदत्त नौशाद की फीस देने की स्थिति में नहीं थे। इसलिए उन्होंने राजदान के कहने पर ही संगीत निर्देशक रवि को चुना। रवि ने गीतकार शकील बदायूँनी के साथ मिलकर फिल्म के गाने बनाए। खासतौर पर टाइटल गाना, जिसे रंगीन फिल्म में फिल्माया गया, जिसमें असलम अपने प्यार को दरशाते हुए प्रेमगीत गा रहा है और जमीला लेटी हुई नजर आती है—बहुत लोकप्रिय हुआ। हालाँकि फिल्म रूढ़िवादी परंपरा में बनी थी, फिर भी गुरु दत्त के लिए 'चौदहवीं का चाँद' वित्तीय दृष्टि से एक महान् सफलता रही। यह फिल्म गुरु दत्त की प्रथम फिल्म भी है, जिसने मास्को (1962) के अंतरराष्ट्रीय फिल्म फेस्टिवल में स्थान प्राप्त किया। यह फिल्म विदेशी फिल्म आलोचकों की दृष्टि से बहुत अच्छी नहीं थी। मास्को फिल्म

फेस्टिवल में भाग लेने के लिए जाना, गुरु दत्त की तीसरी विदेश यात्रा थी। जून 1960 में कुछ दिनों के लिए वह भाई आत्माराम के यहाँ रहने के लिए लंदन गए थे। इससे पहले सन् 1957 में वह तेहरान व बेरुत गए थे।

अँधेरी के मॉडर्न स्टूडियोज में उन्होंने एक फ्लोर खरीदा, जिसे गुरु दत्त स्टूडियोज का नाम दिया। 'चौदहवीं का चाँद' को इसी स्टूडियो में तथा लखनऊ के लोकेशन में नरीमन ए. ईरानी ने शूट किया, क्योंकि उस समय मूर्ति यूरोप में थे। लेकिन बाद में मूर्ति ने बाकी के दो रंगीन गाने शूट किए। राजदान याद करते हैं कि 'चौदहवीं का चाँद' के सिल्वर जुबली समारोह (पच्चीस सप्ताह चलने के सिलसिले में) का आयोजन गुरु दत्त स्टूडियोज के प्रांगण में किया गया था। इस समारोह में एक कव्वाली का भी आयोजन किया गया। आत्माराम याद करते हैं—"कुछ लोगों ने कहा कि गुरु दत्त अपने झक्की स्वभाव के कारण मेहमानों के आने से पहले ही गायब हो गए हैं। एक मेहमान ने कहा कि हम शादी में आए और दूल्हे मियाँ ही गायब हैं!"

एस. गुरुस्वामी

गुरु दत्त 'चौदहवीं का चाँद' का निर्देशन नहीं करना चाहते थे, क्योंकि उसका विषय मुसलिम था और उन्हें मुसलिम रीति-रिवाजों की बहुत कम जानकारी थी। अगर वह गलत दिखाते तो मुसलमान बुरा मानते, इसलिए सादिक बाबू को बुलाया गया। इसकी पटकथा पहले ही लिखी गई थी। गुरु दत्त ने इसके सर्वाधिकार नेशनल पिक्चर्स से प्राप्त किए थे। हम एक बार एक कव्वाल की कहानी के आधार पर फिल्म बनाना चाहते थे; लेकिन यह कभी नहीं हुआ। हमने यह शीर्षक उस प्रोजेक्ट को ध्यान में रखकर लिया था (चौदहवीं का चाँद) और इसे इस फिल्म के लिए इस्तेमाल किया। गुरु दत्त को कव्वाली से गहरा लगाव था। कुछ दिनों तक एक कव्वाल उनके घर पर भी रहा था। एक कव्वाल की कहानी पर आधारित फिल्म का विचार सन् 1960 में संपूर्ण हुआ, जब पी.एल. संतोषी ने फिल्म 'बरसात की रात' बनाई।

कैफी आजमी याद करते हैं कि गुरु दत्त चाहते थे कि टी.एस. पिल्लई के लिखे 1948 के मलयालम उपन्यास 'रंतितनगजी' (दो मुट्ठी चावल) की

कहानी पर एक फिल्म बनाएँ—

> गुरु दत्त ने उस उपन्यास की कहानी को लेखक के मुँह सुना, जो केरल के थे। गुरु दत्त को वह पसंद आई, क्योंकि यह हिंदुस्तान की आजादी की लड़ाई की कहानी थी। वह मुझसे पूछने लगे कि क्या आप इस राइटर को जानते हैं? वह बोले, "आपको तो जानना चाहिए, क्योंकि वह भी कम्युनिस्ट पार्टी से हैं।" मैंने कहा कि मैं व्यक्तिगत तौर पर तो उन्हें नहीं जानता हूँ, लेकिन यह जरूर जानता हूँ कि वह जाने-माने राइटर हैं। और मैं कोशिश करूँगा कुछ जानकारियाँ हासिल करने की। मैं अँधेरी स्टूडियो से निकलकर अपने घर जुहू आया। मैं घर पहुँचा ही था कि अचानक टेलीफोन बजने लगा। जब मैंने फोन उठाया तो गुरु दत्त बोले, "आपने उस किताब पर कुछ काम शुरू किया है या नहीं?" मैंने उनसे कहा कि अभी-अभी मैं घर लौटा हूँ। वह बोले, "यही बड़ा मसला है। आप लोग बहुत सुस्ती से काम करते हैं।" उसके बाद मुझे लगता है कि वह केरल गए उस किताब के लिए और उसके राइट खरीदे। फिर खूब सारी ताड़ी पीकर घर लौट आए। जब उन्होंने उस उपन्यास को पढ़ा तो महसूस किया कि इस कहानी पर फिल्म बनाना नामुमकिन है। इसकी वजह उसकी सियासी थीम थी। सेंसर कभी उसे पास नहीं करता। आखिर में इसे बाजू में फेंक दिया गया। इस तरह के काम गुरु दत्त जोश में आकर किया करते थे।

जब गुरु दत्त और गीता अपने पाली हिल के घर में चले गए तब गुरु दत्त के पिताजी उनके साथ ही रहते थे और घर चलाते थे। वसंती पादुकोण माटुंगा के फ्लैट में अपनी माँ तथा गुरु दत्त के भाई देवी और विजय के साथ रहती थीं। उनकी बहन ललिता की शादी अब तक हो चुकी थी और वह अलग रहती थीं। आत्माराम अभी-अभी लंदन से वापस आए थे, जहाँ वह और उनकी पत्नी चार साल रहे। 22 जनवरी, 1961 को शिवशंकर पादुकोण का देहांत गुरु दत्त के पाली हिल वाले बँगले में हुआ। उनके देहांत का कारण एंटीबायोटिक्स इंजेक्शन का रिएक्शन था। उनकी मृत्यु के समय उनके परिवार के कुछ सदस्य उनके पास थे।

विजय पादुकोण

जनवरी के महीने में विरल पाई जानेवाली सर्दी बंबई में थी। मैं उस समय माटुंगा में था, जब गीता ने मेरे पड़ोस में फोन करके यह खबर दी कि अन्ना (मेरे पिताजी) अस्वस्थ हैं। जब मैं अपनी माताजी के साथ पाली हिल पहुँचा, तब तक डॉक्टर उनकी परीक्षा उनके शयनकक्ष में कर रहे थे। अन्ना के स्वास्थ्य को लेकर हममें से कोई भी परेशान नहीं था और सच बात यह है कि डॉक्टर का आना तो आम बात थी। इसीलिए गुरु दत्त हमेशा की तरह अपने काम पर चले गए। सुबह के 11:30 मिनट पर गीता की जोर से चिल्लाने की आवाज आई। जब मैं कमरे में पहुँचा तो मैंने देखा कि गीता अन्ना की छाती को जोर-जोर से दबा रही थी, क्योंकि उनके लिए साँस लेना मुश्किल हो रहा था। वह डॉक्टर भावहीन होकर मेरी माँ से कहने लगे, "मिसेज राव, मुझे लगता है कि आपके पति प्राण त्याग रहे हैं।" हम अवाक् रह गए। गीता का प्रयास विफल रहा और अन्ना हमें छोड़कर चले गए।

जहाँ तक मुझे याद पड़ता है, गुरु दत्त उस समय महबूब खान के साथ बांद्रा में थे। जब उन्होंने यह खबर सुनी तो वह सबसे पहले घर पहुँचे। उसके बाद देवी, आत्मा और ललिता आए। सभी सदमे में थे और घर में गहरा सन्नाटा छाया हुआ था। अचानक मैंने देखा कि गुरु दत्त डॉक्टर के साथ गुस्से में वाद-विवाद कर रहे थे। उन्होंने गुस्से में डॉक्टर को अपने घर से चले जाने को कहा। मेरी माताजी रिवाजों में विश्वास नहीं करती थीं, इसलिए मैंने नहीं देखा कि किसी पंडित ने उनकी आखिरी रस्म की हो। गुरु दत्त की यूनिट के सदस्य, हम भाई-बहन तथा कुछ रिश्तेदारों ने मिलकर उनका अंतिम संस्कार किया। उस दिन शाम को छह बजे अन्ना के पार्थिव शरीर को अग्नि को समर्पित कर दिया गया। जब हम घर लौटकर आए तो अम्मा ने हम सबको अपने-अपने काम पर लौटने को कहा। उसके अगले दिन रविवार था। गुरु दत्त अम्मा से आज्ञा लेकर लोनावाला चले गए। पादुकोण परिवार में यह पहली मृत्यु थी और अन्ना का निधन हमारे लिए एक बड़ा सदमा था, जिसे सहन करना हमारे लिए कठिन था। मेरे पिताजी दुबले-पतले थे। वे केवल

इकसठ साल के थे, लेकिन अपनी उम्र से कहीं अधिक बूढ़े दिखते थे। इसका कारण उनकी सफेद दाढ़ी थी।

वसंती पादुकोण याद करती हैं कि गुरु दत्त अपने पिता की मृत्यु के बाद कल्याण स्थित हाजी मलंग बाबा की दरगाह पर गए। जब भी वह अवसाद में होते तो वहाँ जाते थे। शिवशंकर पादुकोण काफी पढ़े-लिखे इनसान थे। उनकी काव्य लेखन प्रतिभा को कभी पहचाना नहीं गया। यूँ तो वसंती पादुकोण उस परिवार की प्रभावी महिला थीं, लेकिन सभी बच्चे अपने पिता के साथ काफी जुड़े हुए थे। 'प्यासा' फिल्म में विजय का तिरस्कार एवं निराशाजनक जीवन का अनुभव गुरु दत्त के पिता का जीवन ही लगता है। शिवशंकर की कई कविताएँ उनके जीवनकाल में कभी प्रकाशित नहीं हुईं और अब वे अनुपलब्ध हैं। सन् 1963 के 'फिल्मफेयर' के साक्षात्कार में गुरु दत्त ने याद किया कि अपने जीवन के आरंभिक दिनों में कैसे मैंने अपने पिता के असहाय या निस्सार जीवन का प्रतिरोध किया, जिनमें कुछ कर दिखाने की चाह नहीं थी। काफी वर्षों के बाद मैंने महसूस किया कि सांसारिक सफलता उतनी जरूरी नहीं है।

आत्माराम

मेरे पिता एक अव्यावहारिक व्यक्ति थे, लेकिन बहुत सीधे-सादे थे, जो हमेशा सच ही बोलते थे। उन्होंने आजीवन एक कॉमर्शियल फर्म (बर्मा शेल) में लिपिक का काम किया। उनके लिखने की क्षमता भी काफी चौंकाने वाली थी। उन्होंने अंग्रेजी में कविता और निबंध लिखे थे। वह कन्नड़ छोड़ कोई दूसरी भारतीय भाषा नहीं जानते थे। उनकी तुलना मेरी माताजी से करना असंभव था, क्योंकि वह अनेक भाषाएँ जानती थीं। वह हमेशा बोलते थे कि वह एक भाषा (अंग्रेजी) को सही जान नहीं पा रहे हैं तो दूसरी भाषाओं के लिए समय कहाँ है। गुरु दत्त ने पिता से त्रुटिहीनता के लिए प्रयास करना सीखा। अपनी माता से उन्होंने उनकी महान् क्षमताओं, कला के प्रति प्रेम और जीवन के प्रति चिरंतन उत्साह विरासत में पाया।

अपनी फिल्में बनाने के साथ-साथ गुरु दत्त दूसरी फिल्मों में भी अभिनय भी किया करते थे। दूसरे बैनर की जितनी फिल्में उन्होंने कीं, उनमें से सर्वाधिक चर्चित 'सौतेला भाई' (1962) रही, जिसमें उन्होंने सौतेले भाई गोकुल की हृदयस्पर्शी भूमिका की। इस भूमिका में उन्हें शोक में दिखाया जाना था। अपने पेशे के प्रति यह उनकी प्रतिबद्धता थी कि उन्होंने इसके लिए अपना सिर मुँड़वा लिया। फिल्म का निर्देशन महेश कौल ने किया था और इसका निर्माण अँधेरी स्थित गुरु दत्त स्टूडियोज में किया गया था। इसके साथ ही उन्होंने अपनी फिल्म 'साहिब, बीवी और गुलाम' का निर्माण भी आरंभ किया।

□

साहिब, बीवी और गुलाम

पिता के निधन के बाद गुरु दत्त के पाली हिल वाले घर में अव्यवस्था का वातावरण बन गया। 'चौदहवीं का चाँद' की सफलता ने गुरु दत्त को बिमल मित्र के उपन्यास 'साहिब, बीबी और गुलाम' के अधिकारों को खरीदने में सहायता की। शायद उन्होंने इसे मूल बँगला में पढ़ा था। इस उपन्यास को सन् 1956 में पहले ही एक सफल बँगला फिल्म में रूपांतरित किया गया था। कार्तिक चट्टोपाध्याय के निर्देशन में बनी इस फिल्म में उत्तम कुमार ने भूतनाथ तथा सुमित्रा देवी ने छोटी बहू की भूमिका निभाई थी। गुरु दत्त ने अबरार अल्वी को दक्षिण भारत से अपने नए निर्माण में काम करने के लिए बुलवाया। उसके बाद अल्वी एवं बिमल मित्र दोनों ने मिलकर खंडाला में इस उपन्यास का अनुवाद दो महीने में हिंदी-उर्दू में किया। गुरु दत्त ने अबरार अल्वी से पूरी पटकथा को अपनी आवाज में उर्दू में टेप करने के लिए कहा, ताकि उसकी नाटकीयता की भावना का अहसास कर सकें।

राज खोसला

> मेरे खयाल में 'साहिब, बीवी और गुलाम' का निर्माण गुरु दत्त के दिल के सबसे करीब था। 'प्यासा' से भी बढ़कर—'प्यासा' उनकी जवानी थी, जवानी की यादें, जवानी की बातें। यह वह कहानी है, जिसमें एक युवा जीवन में शामिल होता है। 'साहिब, बीवी और गुलाम' दूसरी ओर पूर्ण रूप से परिपक्व थी। यह एक त्रुटिहीन फिल्म थी।

फिल्म के पहले दृश्य में हम देखते हैं कि एक अधेड़ उम्र का वास्तुकार भूतनाथ (गुरु दत्त) पुरानी हवेली के खँडहर में घूम रहा है। एक औरत की

आवाज उसे पुकारती है। इसके साथ ही उसका अतीत उसके सामने आ जाता है। जब वह युवा था, पढ़ा-लिखा था और काम की तलाश में गाँव से कलकत्ता आया था। इसके साथ ही पूर्वदीप्ति शुरू होती है। उन्नीसवीं शताब्दी के अंतिम वर्ष हैं। हवेली अपनी भव्यता के शिखर पर है। भूतनाथ की आँखों में से इस हवेली की कहानी शुरू होती है। उसके मालिक, जिन्हें चौधरी कहते थे, बंगाली जमींदार परिवार से थे।

भूतनाथ उस भव्य हवेली में रहने लगता है, जहाँ बहुत से नौकर और अन्य आश्रित जन रहते हैं। लेकिन वह उस हवेली से दूर मोहिनी सिंदूर फैक्टरी में काम करता है, जिसके मालिक सुविनय बाबू (नाजिर हुसैन) हैं। सुविनय बाबू बंगाली हिंदू सुधार आंदोलन ब्राह्म समाज के समर्पित सदस्य हैं। उनकी एक जवान बेटी जब्बा (वहीदा रहमान) है। वह भूतनाथ का मजाक तो उड़ाती है, लेकिन कभी मदद नहीं करती। वह उसे भोला-भाला गँवार समझती है। भूतनाथ हवेली की घटनाओं तथा उसके कमरों में होने वाली हलचलों के प्रति आकर्षित हो जाता है। हर रात काम से लौटने पर वह देखता है कि मँझले बाबू (सप्रू) और छोटे बाबू रहमान दोनों पतन की ओर जा रहे हैं। वे दोनों भाई कभी काम नहीं करते। वे अपना अधिकतर समय कबूतरबाजी में और शराब के नशे में चूर होकर नाचने वाली वेश्याओं की संगत में बरबाद करते हैं।

एक रात एक नौकर बंसी (धूमल) भूतनाथ को छोटे जमींदार की पत्नी से मिलाने ले जाता है। छोटी बहू (मीना कुमारी) भूतनाथ से मोहिनी सिंदूर लाने के लिए कहती है, ताकि उसका बेवफा पति घर पर रहे। भूतनाथ छोटी बहू की सुंदरता से आश्चर्यचकित रह जाता है। उसके दुःख को देखकर वह अनजाने में ही उसका राजदार बन जाता है। छोटी बहू के साथ भूतनाथ की मित्रता उसके आत्मविश्वास को बढ़ाती है और जल्द ही उसकी प्रेमिका जब्बा उसे अपना प्यार लौटाती है। एक दिन मार्केट में एक बम फटता है। उसके बाद स्वतंत्रता सेनानियों तथा अंग्रेज सिपाहियों के बीच गोलाबारी होती है, जिसमें भूतनाथ घायल हो जाता है। जब्बा भूतनाथ के ठीक होने तक उसकी देखभाल करती है, जब तक बंसी उसे हवेली में नहीं ले जाता। बंसी उसे ले जाते समय यह बताता है कि 'मोहिनी सिंदूर' छोटी बहू के काम नहीं आया।

छोटी बहू बार-बार पति को खुश करने की कोशिशें करती है, परंतु विफल

रहती है। अंत में वह न चाहते हुए भी उसके पीने की साथी बन जाती है, ताकि वह उसके साथ रहे। भूतनाथ सीखनेवाला वास्तुकार बनकर एक भवन-निर्माण की परियोजना में काम करने चला जाता है। कुछ वर्षों बाद जब वह लौटकर कलकत्ता आता है तो उसे पता चलता है कि सुविनय बाबू अब नहीं रहे। एक भाग्य की चमत्कारी घटना से यह भी पता चलता है कि बचपन में ही भूतनाथ और जब्बा की मँगनी हो चुकी थी।

भूतनाथ हवेली वापस लौटकर आता है तथा उसकी जीर्णावस्था देखकर स्तब्ध रह जाता है। निकम्मेपन और व्यापार की समझ-बूझ न होने की वजह से जमींदार अपनी सारी संपत्ति गँवा चुके हैं। उनके पतन की छोटी बहू और उसके पति की बिगड़ती स्थिति के साथ तुलना की जा सकती है। छोटी बहू के पति को पक्षाघात हो गया है। सुंदर छोटी बहू, जो मद्यपान का शिकार हो चुकी है, भूतनाथ से कहती है कि वह उसके साथ नजदीक के मंदिर में चले, ताकि वह अपने पति के स्वास्थ्य के लिए प्रार्थना कर सके। उनके वार्त्तालाप को मँझले बाबू सुन लेते हैं और अपने गुंडों को आदेश देते हैं कि वे छोटी बहू को मार डालें, क्योंकि उसके चौधरी खानदान की मान-मर्यादा के खिलाफ किसी गैर-मर्द के साथ संबंध हैं।

एक रथ में छोटी बहू और भूतनाथ निकल पड़ते हैं। वे पुराने मित्रों की तरह बात करते हैं और भूतनाथ उसे बताता है कि वह पहले से ही शादीशुदा है। अचानक रथ रुक जाता है। उस अँधेरे में कोई भूतनाथ के सिर पर जोर से वार करता है। भूतनाथ बेहोश हो जाता है। कुछ दिनों बाद जब वह होश में आता है तो अपने आपको एक अस्पताल के बिस्तर पर लेटा हुआ पाता है। बंसी उसके बगल में खड़ा है। वह पुराना नौकर बताता है कि छोटी बहू लापता हैं तथा छोटे बाबू अब नहीं रहे। इसके साथ ही पूर्वदीप्ति समाप्त हो जाती है। भूतनाथ के मजदूर कहते हैं कि हवेली के खँडहर में दफन एक कंकाल मिला है। जब भूतनाथ उस कंकाल को देखता है तो उसके गहनों से पहचान जाता है कि वह छोटी बहू का मृत शरीर है।

बेहतरीन अदाकारी, श्रेष्ठ संवाद तथा उदात्त वातावरण 'साहब, बीबी और गुलाम' को एक शानदार शाहकार बनाते हैं। विशेषाधिकार प्राप्त जमींदार वर्ग के उदाहरण-स्वरूप चौधरी परिवार के माध्यम से यह फिल्म बंगाली इतिहास को दरशाती है। काल की गति अटल है और मनुष्य के भाग्य पर उसका नियंत्रण है।

इस फिल्म के एक दृश्य में इसी बात का संकेत है कि जो पुरानी पद्धतियाँ हैं, उन्हें नई पद्धतियाँ अनिवार्यत: बदलती हैं। भूतनाथ हवेली के एक कमरे में जाता है, जहाँ घड़ी बाबू, जो एक पागल है, उस हवेली की घड़ियों की देखभाल करता है। पागलपन के बावजूद घड़ी बाबू (हरिण चट्टोपाध्याय) की आंतरिक दृष्टि और बुद्धिमानी देख सकते हैं, जो हम अकसर पागल साधुओं में देखते हैं। वह अकेले ही जमींदारी युग के अंत की भविष्यवाणी कर सकते हैं। वह भूतनाथ को चेतावनी देते हैं कि इन खँडहरों से दूर रहें, क्योंकि ये कभी भी धूल में मिल सकते हैं।

चौधरियों के इतिहास को समझाने में उनके नौकर बंसी ने एक इतिहासकार का काम किया है। उस घर में जो घटनाएँ तथा सिलसिले, जो लंबे समय तक विस्तार से घट रहे थे, उनका वह विरोध करता है। उसका कहना है, 'ये घर मा तो हमें काम-काज के मारे बात करने की भी फुरसत नाहीं।' बंसी का गर्व तथा अपने मालिक के प्रति आत्मसमर्पण उस जमींदारी हवेली के सामंती वातावरण को दरशाता है। यह उस युग का द्योतक है, जिसमें मालिक और नौकर का संबंध अन्योन्याश्रित है। बंसी की भूमिका न केवल फिल्म की ऐतिहासिक गहराई को जोड़ती है, बल्कि उसके माध्यम से परदे पर भूतनाथ को विभिन्न घटनाओं का विवरण दिया जाना क्रमिक अवधियों के बीच की निरंतरता को स्पष्ट करता है।

बंसी एक इतिहासकार के रूप में तथा भूतनाथ उस विनाशकारी काल के साक्षी के रूप में संतुलित किया गया है। इतना ही नहीं, चौधरी के घर में परिवर्तन का वर्णन अधिकतर इनके ही नजरिए से बताया गया और बाकी घटनाओं का वर्णन बंसी के माध्यम से किया गया। भूतनाथ का स्वयं का इतिहास जमींदारी परंपरा के रूढ़िवादी समाज के सामने बड़ा विषम लगता है। भूतनाथ स्वयं एक विनम्र ग्रामीण परिवेश से उभरा है, जिसके पास कोई विशेष अधिकार नहीं, सिवाय इसके कि वह एक ब्राह्मण है और सफल वास्तुकार बनना चाहता है। इस फिल्म की कई विडंबनाओं में से एक यह है कि वह स्वयं उस जमींदारी हवेली की तबाही का साक्षी है, जिसने उसका स्वागत किया था, जब वह इस बड़े शहर में काम ढूँढ़ने के लिए आया था।

उसका अपना नाम भूतनाथ है, जिसका अर्थ शिव—विनाश करनेवाला है। भूतनाथ जितने लोगों के संपर्क में आता है, वे सभी पुरानी परंपराओं एवं खयालों के लोग हैं, केवल एक छोटी बहू को छोड़कर, जिसने अपने आपको अर्पित कर

दिया है। यह उसे जमींदारों के घरेलू पतन से अलग कर देता है। उस युग की खास स्थितियाँ तथा जब वह उस हवेली में रह रहा था, उस समय उसे विभिन्न सामाजिक परिवेशों को जानने का विशेषाधिकार प्राप्त था। वह व्यापारिक परिवेश में काम करता था; परंतु वह उस परिवार के बाहरी संसार को भी जानता था, जहाँ उस हवेली के मर्द रासलीला करते थे। इतना ही नहीं, छोटी बहू के सान्निध्य ने उसे चौधरी जनानखाने में भी प्रवेश दिलाया। भूतनाथ की भूमिका उन भू-स्वामियों के भाग्य के डूबते सितारे का साक्षी बनना था, जब व्यवसायी वर्ग महत्ता पाने के लिए उभर रहा था।

इस फिल्म में छोटी बहू (मीना कुमारी) यूँ तो एक-तिहाई फिल्म से भी कम में दिखाई देती हैं, परंतु 'साहिब, बीवी और गुलाम' में उनकी भूमिका बहुत महत्त्वपूर्ण है। उनका व्यक्तित्व अस्पष्ट है तथा विभिन्न लोगों ने उन्हें विभिन्न तरह से स्वीकारा है। उनकी मोटी जेठानी छोटी बहू को एक सीधी, मूर्ख औरत मानती है, जिसने अपनी नई स्थिति व पूँजी को भोगने की चतुराई नहीं सीखी है। भूतनाथ के लिए छोटी बहू एक पारलौकिक व्यक्ति थी, जो उसकी पहुँच से कहीं दूर थी और जिनमें वह खूबसूरती एवं मृत्यु दोनों को देखता था। इस फिल्म के प्रथम दृश्य में हमें एक आत्मा की आवाज सुनाई देती है। वह छोटी बहू की है, जो भूतनाथ को उन आलीशान कमरों में बुलाती है, जो आज तबाह हो गए हैं। इस तरह की शुरुआत लोगों में उत्तेजना बढ़ाती है कि यह कोई प्रेत या हॉरर कहानी है। यह वातावरण और भी प्रबल हो जाता है, जब छोटी बहू का उस विवरण में प्रथम परिचय दिया जाता है। उन्हें एक भूत-प्रेत की तरह उस हवेली के कमरों में तथा आँगन में घूमते दिखाया जाता है। उनकी परछाईं दूर दिखने लगती है। जब भूतनाथ उस परछाईं के गाने को सुनकर नींद से उठ जाता है— 'कोई दूर से आवाज दे चले आओ' तो ऐसे लगता है मानो वह कोई सपना देख रहा हो।

पहली बार जब हम छोटी बहू को देखते हैं तो कैरोल रीड ने हैरी लाइम (ओर्सन वेल्स) का परिचय 'द थर्ड मैन' (1949) में जिस तरह से किया है, उसी तरह लगता है। यह उसी तरह से सिनेमा की अद्भुत क्षमता को भी दरशाता है, जो अपने पात्रों को मिथक में बदल देता है। छोटी बहू के परिचय का पूरा क्रम भूतनाथ के नजरिए से दिखाया जाता है। वह उससे मिलने के विचार से ही

सहमा हुआ है। उसकी निगाहें नीचे की ओर झुकी हैं। कैमरा भूतनाथ के दृष्टिकोण के अनुरूप चलता हुआ उस कीमती कालीन को दरशाता है, जिस पर चलकर भूतनाथ कमरे में प्रवेश करता है। तब छोटी बहू की आवाज सुनाई देती है, जो अभी भी परदे से हटकर है, यह कहते हुए कि बैठ जाओ। तब हम आलते से सजे एक जोड़ी पैरों को फर्श पर चलता हुआ देखते हैं। भूतनाथ की आँखें इतना ही देख पाती हैं, क्योंकि इससे ऊपर उठने की हिम्मत उसमें नहीं है। वह उस फर्श पर विनम्र होकर बैठ जाता है, तब उसका नाम पूछा जाता है। अंत में जब वह ऊपर नजर घुमाता है तो कैमरा नाटकीय ढंग से छोटी बहू को समीप से दरशाता है। उनकी प्रचंड एवं दु:खमयी आभा भूतनाथ को चौंका देती है और उस पहली नजर में ही वह हमेशा के लिए उसका गुलाम बन जाता है, जैसा कि फिल्म के नाम में इंगित किया गया है।

अपने पति के लिए छोटी बहू एक मामूली गँवार औरत है, जो बहुत ही गरीब परिवेश से आई है। उसका पालन-पोषण पारंपरिक पद्धति में हुआ है, जो उसे आदर्श पत्नी बनने के संस्कार देता है, जिसमें पति को भगवान् मानने की शिक्षा दी गई है। जब छोटी बहू शादी करके हवेली में प्रवेश करती है तो वह चौधरी खानदान की संपत्ति बन जाती है। उसकी खुद की पहचान हमेशा के लिए खो जाती है। उसे कभी उसके असली नाम से नहीं बुलाया जाता, उसके पति के द्वारा भी नहीं। हर कोई उसे 'छोटी बहू' के नाम से ही संबोधित करता है, क्योंकि वह उस हवेली की छोटी बहू है। वह सच्चे दिल से विवाह की पवित्रता को मानती है; लेकिन उसके नए घर में इस विश्वास के लिए कोई स्थान नहीं। उसका पति यह कहने में बिलकुल संकोच नहीं करता कि चौधरियों की काम-वासना को उनकी पत्नियाँ कभी तृप्त नहीं कर सकतीं। छोटी बहू अधीन रहकर संतुष्ट नहीं होना चाहती। वह पति का ध्यान आकृष्ट करने के लिए संघर्ष करती है। इतना ही नहीं, वह अपने कामोद्वेग को तृप्त करने के लिए भी कहती है।

यह सच है कि जिस तरह से छोटी बहू अपनी काम-भावना को अभिव्यक्त करती है, वह अपने समय से कहीं आगे है। 1960 के दशक में भी, जब 'साहिब, बीवी और गुलाम' रिलीज हुई, भारतीय लोकप्रिय सिनेमा की नायिकाएँ—खासकर पत्नियाँ—कभी अपने कामोद्वेग की चर्चा नहीं करती थीं। संतानहीन छोटी बहू यहाँ तक कहने का साहस रखती है कि अपनी मर्दानगी की

डींगें हाँकने के बावजूद छोटे बाबू शायद नपुंसक ही हैं। छोटे बाबू उस परिवार के अंतिम वंशज हैं, जिनके आगे वंश चलानेवाला कोई नहीं। छोटी बहू भी उस जमींदारी प्रथा के चंगुल से बच नहीं सकी और अंतिम शिकार बन जाती है। जब वह पहली बार उस हवेली से बाहर कदम रखती है तो अपनी जान गँवा बैठती है। मँझले बाबू, जो अपनी सारी दौलत एवं जायदाद को गँवा बैठे हैं, उनके पास केवल एक अँगूठी है, जिसे देकर वह अपने गुंडों को भोली छोटी बहू को मारने के लिए कहते हैं। अपने अंतिम शक्ति-प्रदर्शन में मँझले बाबू उस व्यक्ति को नष्ट कर देते हैं, जिसने उनके सड़ते हुए संसार को सम्मान प्रदान किया।

> गुरु दत्त हमेशा इस पर ध्यान देते थे कि दर्शक क्या महसूस करते हैं। वह हमें अपनी फिल्म देखने के लिए भेजते थे तथा फोन करके यह बताने के लिए कहते थे कि दर्शकों की प्रतिक्रियाएँ क्या हैं। मैं मानता हूँ कि 'साहिब, बीवी और गुलाम' में कुछ खराब चीजें थीं। कुछ सीन ऐसे थे, जिन्हें लोगों ने पसंद नहीं किया। खासकर भूतनाथ और छोटी बहू का वह सीन, जब वे साथ में बग्घी में जा रहे हैं और छोटी बहू उसकी गोद में अपना सिर रख देती है। हम मिनर्वा सिनेमा, बंबई के तीन बजे के शो में गए थे और जब यह सीन शुरू हुआ तो लोग जोर-जोर से हँसने और सीटियाँ बजाने लगे। हमने गुरु दत्त से कहा कि वह अगले दिन के दोपहर के शो में आएँ। वह अगले दिन मध्यांतर के कुछ समय बाद 4:30 बजे आए। वह बालकनी में बैठे देख रहे थे कि किस तरह से लोग अस्थिर हो रहे हैं। जब फिल्म चल रही थी तो लोगों ने बातें करनी शुरू कर दीं।
>
> हम तुरंत मैनेजर के कमरे में गए और मीना कुमारी को फोन करके गुरु दत्त ने कहा कि हमें तुरंत एक सीन को फिर से शूट करना है। मीनाजी लोनावाला में थीं; लेकिन हमने जैसे-तैसे उन्हें अगले दिन सेट पर आने के लिए मनाया। उन्हें बिलकुल इस बात की भनक नहीं थी कि किस सीन को पुन: शूट करना है। मौलिक फिल्म में हमें नहीं मालूम था कि छोटी बहू का परिणाम क्या होता है, इसलिए हमने रहमान के साथ एक अतिरिक्त सीन भी शूट किया। बाद में हमने यह नया सीन शहर के सभी प्रिंटों के साथ जोड़ दिया।

फिल्म के अंत में इस तरह जोड़े गए सीन में पक्षाघात से ग्रस्त छोटे बाबू अपनी काली करतूतों पर पछता रहे हैं। गुरु दत्त ने 'साहिल की तरफ' वाला गीत भी काट दिया, जिसमें यह आपत्तिजनक शॉट था। इसे सभी प्रिंट्स से हटाया गया। इसी तरह, उस बग्घी के सीन को हटाकर छोटी बहू और भूतनाथ के बीच सामान्य वार्त्तालाप रखा गया। ('साहिल की तरफ' की धुन को हेमंत कुमार ने एक दूसरी फिल्म वर्ष 1966 में बनी 'अनुपमा' में इस्तेमाल किया—'या दिल की सुनो दुनियावालों।)

सन् 1963 के 'सेल्युलाइड' वार्षिक प्रकाशन में अपने एक लेख 'क्लासिक्स ऐंड कैश' (जिसे फिरोज रंगूनवाला ने पुनः सन् 1973 के मोनोग्राफ में प्रकाशित किया) में गुरु दत्त ने 'साहब, बीवी और गुलाम' पर दर्शकों की प्रतिक्रिया पर लिखा—

> 'साहिब, बीवी और गुलाम' उपन्यास पर फिल्म बनाने के मेरे निर्णय को फिल्म आलोचकों ने कड़वे घूँट की तरह पिया। एक धार्मिक घरेलू पत्नी को स्क्रीन पर शराब पीते हुए दिखाना, भले ही अपने पति के दिल को जीतने के लिए, बहुत हिम्मत व जोखिम भरा फैसला था। मैंने यह जोखिम इसलिए उठाया, क्योंकि यह एक रोमांचक उपन्यास है। मैं कहना चाहता हूँ कि प्रेस ने मेरे इस प्रयास का मेरी आशा से भी बढ़-चढ़कर स्वागत किया। दर्शकों की प्रतिक्रिया भी काफी उत्साहवर्धक थी। इस फिल्म के शुरुआती प्रदर्शन पर बंबई में केवल दो सीन को लेकर लोगों में आक्रोश दिखाई दिया—पहला, जब छोटी बहू आकर्षणवश अपने सिर को भूतनाथ की गोद में रखती है तथा दूसरा सीन, जब वह अपने पति से कहती है कि 'मुझे वह शराब का आखिरी घूँट पीने दो, केवल आखिरी बार। मैंने छोड़ने का निश्चय किया है। मैंने इसे पूरी तरह से छोड़ने का निश्चय किया है।' हमने ये सीन निकाल दिए।

'साहिब, बीवी और गुलाम' व्यावसायिक दृष्टि से अंशतः सफल रही। पारंपरिक हिंदुओं ने कभी इसे स्वीकार नहीं किया कि एक पवित्र हिंदू स्त्री शराब पी सकती है; न ही वे इस बात को स्वीकार कर सके कि छोटी बहू और भूतनाथ के बीच दोस्ती हो। वह भी ऐसे रूढ़िवादी समाज में, जहाँ स्त्री-पुरुष संबंधों की स्वीकृति नहीं। 'टाइम्स ऑफ इंडिया' (24 जून, 1962) की समीक्षा में इस

फिल्म की काफी प्रशंसा की गई और टिप्पणी की गई कि इस पुस्तक को कितने प्रभावी तरीके से फिल्माया गया है—

> इस फिल्म की पटकथा बेहतर तरीके से लिखी गई है, जो पात्रों के बीच बेहतर तालमेल लाने में सफल हुई है तथा उसने उनके मनोभावों के विभिन्न स्तरों को स्वच्छ नाटकीयता प्रदान की है। ऐसा लगता है कि यह विशेष तौर पर सफल कार्य था। विचारणीय बात यह है कि इस उपन्यास का शब्द-बाहुल्य तथा अप्रासंगिकता इस उपन्यास को अव्यवस्थित बना देती है। श्री बिमल मित्र भले ही महान् बुद्धिजीवी हों, लेकिन उनकी लेखनी उनके कृतित्व को अव्यवस्थित बना देती है। इस फिल्म में मूल पुस्तक का प्रभावी तरीके से रूपांतर तो किया गया है, लेकिन अनुकरण नहीं।

सन् 1962 में 'साहिब, बीवी और गुलाम' ने चार वर्गों में फिल्मफेयर अवार्ड जीते। श्रेष्ठ फिल्म, श्रेष्ठ निर्देशक (अबरार अल्वी), श्रेष्ठ फोटोग्राफी (वी.के. मूर्ति का यह दूसरा पुरस्कार गुरु दत्त की फिल्म के लिए) तथा श्रेष्ठ अभिनेत्री (मीना कुमारी तीसरी बार पुरस्कार जीतनेवाली; प्रथम 1952 में 'बैजू बावरा' के लिए, उसके अगले वर्ष 'परिणीता' के लिए, सन् 1962 में ही वे अन्य दो और फिल्मों के लिए भी श्रेष्ठ अभिनेत्री के रूप में चुनी गई थीं— 'आरती' और 'मैं चुप रहूँगी'। लेकिन इन तीनों में उनका अभिनय 'साहिब, बीवी और गुलाम' में सर्वश्रेष्ठ माना गया।)

गुरु दत्त, अबरार अल्वी तथा वहीदा रहमान ने जून 1963 में आयोजित बर्लिन फिल्म फेस्टिवल में भाग लिया; क्योंकि 'साहिब, बीवी और गुलाम' को भारत की ओर से प्रवेश मिला था। दूसरी फिल्म थी सत्यजित रे का 'महानगर'। सत्यजित रे और उनकी पत्नी ने भी इस समारोह में भाग लिया था। एक शाम उन्होंने गुरु दत्त के साथ बिताई। सम्मान में भारतीय राजदूत ने एक पार्टी रखी थी। 'साहिब, बीवी और गुलाम' को सत्यजित रे की फिल्म 'जलसा घर' (1956 में बनी) के साथ तुलना करना अत्यंत रोचक होगा; क्योंकि दोनों फिल्में बंगाल के इतिहास के उस युग के पर्यवेक्षण की दृष्टि से एक-दूसरे के करीब लगती हैं, जो इन दोनों फिल्मों का आधार है। लेकिन जहाँ सत्यजित रे के जमींदार बहुत

सुसंस्कृत एवं सम्मानित हैं, वहीं दूसरी ओर 'साहिब, बीवी और गुलाम' के जमींदार लेश मात्र भी सहानुभूति प्राप्त नहीं करते।

आत्माराम

> गुरु दत्त को हमेशा एक कमर्शियल फिल्म निर्माता माना जाता है। हालाँकि बाद में उन्होंने जो कुछ सम्मान प्राप्त किया, वह बिलकुल अलग था। लेकिन सत्यजित रे उन दिनों भी ख्याति अर्जित कर चुके थे। वह विदेशों में काफी पुरस्कार प्राप्त कर चुके थे। मेरे खयाल में गुरु दत्त सन् 1963 में बर्लिन फिल्म फेस्टिवल में उनसे मिले थे। गुरु दत्त रे को काफी सम्मान देते थे। मैंने सन् 1955 में 'पाथेर पांचाली' फिल्म देखी। उस समय वह कलकत्ता के सिनेमा हॉल में ग्यारह या बारह सप्ताहों से चल रही थी। उसने अपनी सिल्वर जुबली भी मनाई। रे स्वयं अपने लोगों से बने थे, पढ़े-लिखे शिक्षित लोगों की वजह से। लेकिन गुरु दत्त जनसाधारण के व्यक्ति थे। उनकी शैली की प्रेरणा उन्हें बरुआ तथा प्रभात फिल्म्स से मिली थी; लेकिन वह पूर्ण रूप से एक कमर्शियल फिल्म निर्माता थे।

मीना कुमारी को भी अपने पति कमाल अमरोही के साथ बर्लिन आने का निमंत्रण मिला था; लेकिन कमाल ने इस निमंत्रण को ठुकरा दिया। मीना कुमारी इससे पहले कभी विदेश नहीं गई थीं, इसलिए उन्होंने भी न जाने का निश्चय किया। बर्लिन फिल्म फेस्टिवल में फिल्म 'साहिब, बीवी और गुलाम' किसी तरह की प्रतिक्रिया नहीं जगा सकी।

इसके बाद गुरु दत्त जल्द ही भारत लौट आए। इस फिल्म को ऑस्कर के लिए चुना गया था, लेकिन यह अमेरिका में भी कोई पुरस्कार नही जीत पाई। इधर अपने देश में इस फिल्म की और भी पहचान हुई। 'साहिब, बीवी और गुलाम' को सन् 1964 में राष्ट्रपति का रजत पदक मिला तथा इसने उस वर्ष की श्रेष्ठ फिल्म के रूप में बंगाली फिल्म जर्नलिस्ट एसोसिएशन से पुरस्कार प्राप्त किया।

स्वभावानुसार गुरु दत्त ने भूतनाथ के रोल के लिए पहले अभिनेता शशि

कपूर को चुना। उन्होंने इस रोल के लिए विश्वजित के नाम पर भी विचार किया। लेकिन अंतिम समय में उन्होंने अपना मन बदल लिया और निश्चय किया कि वह ही यह भूमिका निभाएँगे। भूतनाथ गुरु दत्त का सबसे श्रेष्ठ अभिनय था। वह अपने पात्र के द्वारा अधिक संवेदनशीलता तथा करुणा लाए हैं। रहमान छोटे बाबू के पात्र के लिए चुने गए, जिसे उन्होंने सहजता तथा सूझ-बूझ से निभाया। बड़े जमींदार मँझले बाबू के रोल में गुरु दत्त ने प्रभात के दिनों के अपने सहकर्मी सप्रू को चुना, क्योंकि यह माना जाता रहा कि उनके संवाद बोलने के ढंग में रंगमंचीय आवाज है। मँझले बाबू के रूप में पूरी फिल्म में वह केवल एक ही बार बोलते हैं। उनकी खामोश उपस्थिति अशुभ तथा धमकानेवाली प्रवृत्ति को प्रभावकारी ढंग से प्रस्तुत करती है।

गुरु दत्त एस.डी. बर्मन तथा साहिर लुधियानवी से इस फिल्म में काम कराने में विफल रहे। बर्मन अस्वस्थ थे तथा साहिर ने इस प्रस्ताव को ठुकरा दिया। गुरु दत्त ने उसके पश्चात् बंगाली संगीत निर्देशक हेमंत कुमार को चुना, जो एक अच्छे पार्श्व गायक होने के साथ-साथ संगीत निर्देशक भी थे। सम्मानित कवि तथा गीतकार शकील बदायूँनी से गाने लिखवाए गए। हेमंत कुमार मुखोपाध्याय का जन्म सन् 1920 में बनारस में हुआ और 1937 में जब वह सत्रह साल के थे, तभी से कलकत्ता रेडियो पर गाने लगे। कुछ समय के लिए उन्होंने शास्त्रीय संगीत की शिक्षा ली, लेकिन उनकी अपनी वरीयता रवींद्र संगीत के लिए थी। यह संगीत रवींद्रनाथ टैगोर के गीतों पर आधारित था। सन् 1940 में पहली बार उन्होंने एक बंगाली फिल्म 'निमय संन्यास' के लिए गाया। सन् 1952 में उन्होंने हिंदी फिल्म 'आनंदमठ' के लिए पहले-पहल संगीत बनाया। उनकी पहली सफल फिल्म 'नागिन' (1954) थी और उसकी रिकॉर्डिंग्स कई वर्षों तक सबसे ज्यादा बिकनेवाली रहीं।

'साहिब, बीवी और गुलाम' में हेमंत कुमार का संगीत मन पर छा जाने वाला असर रखता है। विशेषकर इसके गाने बहुत हलके और बेहतरीन हैं। खासकर छोटी बहू का वासना-लिप्त गाना 'न जाओ सैंयाँ', जिसे बेहतरीन तरीके से गीता दत्त ने गाया है। यह हेमंत कुमार के बंगाली गाने 'ओलिरो कथा सुने' पर आधारित है। इस फिल्म का बैकग्राउंड संगीत वातावरण को उत्तेजित करने वाला है। छोटी बहू के दुःख को उस विषादमय संगीत के द्वारा तब-तब अभिव्यक्त

किया जाता है जब-जब वह भूतनाथ से मिलती है। यह विषाद धुन छोटी बहू के इर्द-गिर्द की त्रासदी को प्रभावित करती है। हेमंत कुमार के पास स्पष्टतः इस तरह के संगीत को कंपोज करने की विशेष प्रतिभा है। उनके संगीत की वजह से ही रहस्यमय वातावरण का निर्माण होता है, जिसे एक अन्य फिल्म 'बीस साल बाद' (1962 में रिलीज) में भी देखा जा सकता है। इसका निर्माण 'साहिब, बीवी और गुलाम' के कला निर्देशक बिरेन नाग ने किया, जिन्होंने गुरु दत्त की अन्य फिल्मों में भी काम किया था।

गुरु दत्त चाहते थे कि नरगिस इस फिल्म में छोटी बहू का अभिनय करें; लेकिन उस समय तक नरगिस फिल्मों से संन्यास ले चुकी थीं। एक अफवाह यह थी कि वह गुरु दत्त के साथ काम करने में उतनी उत्सुक नहीं थीं, क्योंकि उनके पति सुनील दत्त को 'राज' के प्रोजेक्ट से हटा दिया गया था। गुरु दत्त कुछ समय के लिए फोटोग्राफर जितेंद्र आर्य की पत्नी छाया, जो उस समय लंदन में रह रही थीं, को लेने पर विचार कर रहे थे, जिन्होंने कभी फिल्मों में काम नहीं किया था। फिर बाद में वह अपना मन बदलकर मीना कुमारी को इस रोल के लिए मनाने में सफल हुए। त्रासदी भरे पात्रों को अभिव्यक्त करने तथा उनमें गहराई लाने की मीना कुमारी की सहज प्रतिभा ने छोटी बहू के चरित्र की व्याख्या करने में अनोखी सूक्ष्मता दरशाई है। 'मीना कुमारी' (जयको पब्लिशिंग हाउस, बंबई, 1972) में उनके जीवनीकार विनोद मेहता लिखते हैं कि मीना कुमारी उस समय बत्तीस साल की थीं और उन्होंने 'साहिब, बीवी और गुलाम' में अपना सर्वश्रेष्ठ अभिनय किया। श्री मेहता की जीवनी में मीना कुमारी की निजी डायरी के कुछ अंश छपे थे, जिसमें लिखा गया था कि वह इस पात्र से अभिभूत हैं—

> यह औरत मुझे काफी परेशान कर रही है, पूरे दिन, काफी रात तक; यह कुछ और नहीं, छोटी बहू की निःसहायता है। छोटी बहू का दुःख व पीड़ा, छोटी बहू की आशाएँ, छोटी बहू की तकलीफें, छोटी बहू की सहन-शक्ति, छोटी बहू, छोटी बहू, छोटी बहू, उफ! परेशान हो गई हूँ।

भानु अथैया, जो 'साहिब, बीवी और गुलाम' के साथ-साथ गुरु दत्त की पाँच अन्य फिल्मों ('सी.आई.डी.', 'प्यासा', 'कागज के फूल', 'चौदहवीं का

चाँद' तथा 'बहारें फिर भी आएँगी') के लिए ड्रेस डिजाइनर थीं; परदे पर उनका नाम भानुमती था। उन्होंने अपना कैरियर 'ईव्स वीकली' के लिए चित्रकार डिजाइनर के रूप में शुरू किया। वह मानती थीं कि गुरु दत्त उन पर काफी भरोसा रखते थे कि वह कभी भड़कीले कपड़े नहीं बनाएँगी। भानु अथैया याद करती हैं कि गुरु दत्त त्रुटिहीनता में विश्वास रखते थे, इसलिए उन्हें काफी समय देते थे, ताकि वह ऐच्छिक परिणाम प्राप्त कर सकें। गुरु दत्त ने भानु अथैया को कलकत्ता भी भेजा तथा कुछ जमींदार परिवारों से भेंट करने का प्रबंध भी किया। इसका कारण यह था कि वह बंगाल की परंपराओं के बारे में अधिक जानकारी नहीं रखती थीं। उन्हें बताया गया था कि उन्हें इस फिल्म के जमींदारों के लिए पोशाक बनानी है। छोटी बहू, जो कि एक सामान्य पृष्ठभूमि से थी तथा ब्राह्म समाजियों के लिए थी। उन दिनों फिल्मों के लिए पोशाक बनानेवाले दो गुट थे। एक गुट पाश्चात्य पोशाक बनाने में प्रशिक्षित था, जो हॉलीवुड मार्का तड़क-भड़क व फंतासी वाले वस्त्र बनाता था; दूसरा गुट उत्तर प्रदेश के मुसलमान दर्जी थे, जो अधिक पारंपरिक पोशाक बनाते थे। भानु अथैया की पसंद इन्हीं मुसलमान दर्जियों की थी और उनकी पोशाक अभिकल्पना 'साहिब, बीवी और गुलाम' में उस पुराने दौर की भव्यता को दरशाती है।

इस फिल्म के कला निर्देशक बिरेन नाग उस दौर के पुनर्सृजन में काफी सफल हुए हैं, चाहे वह सेट पर हो या किसी लोकेशन पर।

वी.के. मूर्ति

'साहिब, बीवी और गुलाम' के अंदर के सभी दृश्यों को बंबई के स्टूडियो में फिल्माया गया (मॉडर्न स्टूडियोज, अँधेरी) और बाहरी दृश्यों को कलकत्ता से 40 किलोमीटर दूर एक हवेली में फिल्माया गया था। उस जगह का नाम धकूरिया है। यह पुरानी हवेली गैन भाइयों की थी, जो खुद जमींदार थे। इस हवेली में चालीस-पचास कमरे थे। इस हवेली के सामने बड़ा उद्यान था और यह बड़े-बड़े खंभों पर टिकी थी। यह इमारत काफी जीर्ण-शीर्ण हो चुकी थी, लेकिन इसके निर्माण में मजबूती थी। इसका अच्छा रख-रखाव नहीं हो रहा था। अब तो यह पूरी तरह मिट चुकी होगी। हमने उसकी दीवारों, खंभों, दरवाजों तथा

खिड़कियों को पेंट करवाया। उस पूरी जगह को समतुल्य कर उद्यान के बीचोबीच एक छोटा रास्ता भी बनाया। अब तक कोई उद्यान या फव्वारे नहीं बचे थे, इसलिए हमने अपने कला निर्देशक (बिरेन नाग से, जिन्होंने गुरु दत्त की तीन अन्य फिल्मों में काम किया था—'सी.आई.डी.', 'प्यासा' और 'चौदहवीं का चाँद') को पुरानी छवि तैयार करने को कहा। उन्होंने एक फव्वारा बनाया तथा कुछ पौधे लगाए। हमने उस हवेली को पुनः सुंदर बनाया। इस फिल्म में एक शॉट है, जब छोटे बाबू शराब के नशे में चूर हो रात के अँधेरे में दो लोगों के द्वारा लाए जाते हैं तो उस समय भूतनाथ अपने नौकरों वाले कमरे की खिड़की से झाँककर देखता है। यह नौकरों का निवास उस हवेली का अंतर्भाग ही था, इसलिए हमने उसका पुनर्निर्माण किया तथा दो दीवारें खड़ी कीं, जिनमें एक खिड़की थी।

'साहिब, बीवी और गुलाम' में कुछ महान् उदाहरण हैं, जो मूर्ति एवं गुरु दत्त के आत्मविश्वास को दरशाते हैं। उन्होंने जिस तरह प्रकाश का नाटकीय प्रभाव दरशाया, वह अद्वितीय है। जब्बा एक लंबे शॉट में गाती है—'मेरी बात रही मेरे मन में'। उस समय शाम हो रही है और रोशनी उसके चेहरे पर गिर रही है। जैसे ही कैमरा जब्बा की ओर जाने लगता है, वह रोशनी जब्बा के चेहरे से हट जाती है और अंधकार छा जाता है। वह दुःख भरे मन से उस गाने की दूसरी पंक्ति गाती है—'कुछ कह न सकी उलझन में'। इस प्रभाव को याद रखनेवाला एक दूसरा गाना है—'साकिया आज मुझे नींद नहीं आएगी'। इसमें उस कांति के प्रभाव के कारण देखनेवाला दर्शक केवल उस गायिका (मीनू मुमताज—हास्य अभिनेता महमूद की बहन, जिसने गुरु दत्त की कई फिल्मों में काम किया) को देखता है तथा नर्तकियों को परछाईं में, जो समूह में गाती हुई नाचती हैं। इस गाने का संपादन काफी उत्तेजना तथा उत्साह भरा है। टिमटिमाती आँखों की चमकीली रोशनी, चक्रगति में वस्त्रों की आभा तथा उन खंभों के बीच घूमती छायाएँ, जहाँ जमींदारों का भव्य संगीत कक्ष है।

फिल्म के संपादन में मंदक प्रभावों की अद्‍भुत लयकारी इसकी रहस्यात्मक अनुभूति में वृद्धि करती है। संपादक वाई.जी. चौहान ने 'जाल' को छोड़कर गुरु

दत्त की सभी फिल्मों में काम किया। चौहान बहुत गर्व महसूस करते हैं कि गुरु दत्त की फिल्मों के संपादन का अब सिनेमा के विद्यार्थी अध्ययन करते हैं। चौहान जब बंबई आए थे तो वह अभिनेता बनना चाहते थे, लेकिन उन्हें केवल एक्स्ट्रा का काम ही मिला। एक ऐसा ही छोटा रोल ज्ञान मुखर्जी की 'किस्मत' (1943) में भी मिला। एक लोकप्रिय गीत 'दूर हटो ओ दुनियावालो' में वह समूह गायन के सदस्य थे।

वाई.जी. चौहान

मैं नवकेतन में चेतन आनंद के साथ संपादन कार्य कर रहा था। उसी दौरान मैं गुरु दत्त से मिला। मैंने सन् 1946 में बनी फिल्म 'नीचा नगर' का संपादन किया। सन् 1950 में 'अफसर' तथा उसके बाद 'बाजी' का। गुरु दत्त एवं मेरा तालमेल खूब चला और उन्होंने मुझे नवकेतन छोड़कर अपने साथ आने के लिए कहा। जब हम संपादन करते थे, फिल्म के अंशों को संपादन-पटल पर न देखकर परदे पर देखते थे। उदाहरण के लिए, कोई दस टेक फिल्म के लिए हों तो उनमें से हम एक बेहतर सीन को चुनते थे। अगर आप किसी निर्देशक के लिए करते हैं तो आप जानते हैं कि कब क्लोजअप शॉट निकालना है, कब लॉन्ग शॉट और कब मिड शॉट। आप संपादन में यह सीखेंगे कि शॉट कितना लंबा होना चाहिए। गुरु दत्त एक ऐसे इनसान थे, जो हर शॉट को बेहतर बनाना चाहते थे। अगर वह बेहतर नहीं है तो वह उसे फिर से शूट करते थे। गुरु दत्त के अँधेरी स्टूडियो में एक संपादन कक्ष था। उनके पास एक मूवियोला था। एक दृश्य के संपादन के बाद वह उसे स्क्रीन पर देखते थे। जब हमने 'सैलाब' का संपादन किया तो उसे स्क्रीन पर देखा। उन्हें अच्छा नहीं लगा तो उन्होंने गीता के भाई, जो फिल्म के निर्माता थे, उन्हें बुलाया और बोले कि फिल्म रिलीज न करें। फिल्म निर्माता मुकुल राय ने कहा कि मैं बरबाद हो जाऊँगा। इसपर गुरु दत्त ने उन्हें पूरे पैसे वापस देने की बात कही और फिर से आग्रह किया कि फिल्म को रिलीज न करें।

'साहिब, बीवी और गुलाम' फिल्म के लिए अबरार अल्वी मेरे साथ

बैठे थे। अबरार ने इस फिल्म के लिए कड़ी मेहनत की; लेकिन उन्हें कभी श्रेय न मिला। लोगों ने कहा कि यह फिल्म गुरु दत्त ने बनाई, इसलिए उसे गुरु दत्त की फिल्म ही कहना चाहिए।

यह विवाद एवं अस्पष्टता कि किसने 'साहिब, बीवी और गुलाम' का निर्देशन किया, उत्तरोत्तर सालों में बढ़ती चली गई। इसकी शुरुआत अप्रत्यक्ष रूप में गुरु दत्त ने ही की। 'कागज के फूल' की विफलता के बाद उनका मानसिक स्तर इतना कमजोर हो चुका था कि 'चौदहवीं का चाँद' की सफलता के बावजूद संघर्ष करने की भावना उनमें नहीं रही। गुरु दत्त कभी भी 'साहिब, बीवी और गुलाम' के निर्देशन को अपने हाथों में लेना नहीं चाहते थे। उन्होंने इस कार्य के लिए सत्येन बोस तथा नितिन बोस को चुना; लेकिन अंत में उन्होंने अपने सहयोगी लेखक अबरार अल्वी को यह कार्य सौंपा, जो अल्वी की पहली फिल्म थी। अल्वी को एक बंगाली विशेषज्ञ के साथ कलकत्ता भेजा गया, जहाँ वह उन जमींदारों की हवेलियों को तथा उनके तौर-तरीकों को अच्छी तरह से जान सकें, ताकि वह इस फिल्म के निर्देशन के लिए तैयार हो जाएँ। गुरु दत्त ने कभी भी अल्वी के योगदान को नहीं नकारा। न ही उन्होंने कभी फिल्मफेयर के श्रेष्ठ निर्देशन के पुरस्कार (1962) के लिए अपना जवाबी दावा जताया, जो अबरार अल्वी को मिला था। यह विडंबना है कि गुरु दत्त ने स्वयं कभी किसी फिल्म के निर्देशन के लिए पुरस्कार प्राप्त नहीं किया; क्योंकि 'साहिब, बीवी और गुलाम' गहराइयों में गुरु दत्त की अपनी शैली थी। इसलिए इस बात को मानना बहुत कठिन हो जाता है कि उन्होंने इस कार्य को क्यों नहीं चुना। वह इस फिल्म के निर्माता और अभिनेता थे। अबरार अल्वी ने हमेशा इस बात को स्वीकारा कि गुरु दत्त ने गानों का निर्देशन किया है, लेकिन संपूर्ण फिल्म नहीं। अगर इस भ्रम से कुछ पता चलता है तो यह कि जीवन के इस मोड़ पर गुरु दत्त को सार्वजनिक मान्यता की कितनी कम परवाह थी। 'साहिब, बीवी और गुलाम' के निर्माण के पीछे जो कहानियाँ थीं, उनसे गुरु दत्त के निजी जीवन के अँधेरे झलकते थे। उनका विवाहित जीवन पहले से कहीं अधिक परेशानियों से भरा था और वहीदा रहमान के साथ भी उनका संबंध टूट चुका था।

जब गुरु दत्त 'साहिब, बीवी और गुलाम' बना रहे थे, उन्हीं दिनों उन्होंने

तीसरी बार आत्महत्या का प्रयत्न किया। उनकी बहन ललिता लाजमी सदमेवाले उन दिनों को याद करती हैं—

जब 'साहिब, बीवी और गुलाम' के निर्माण के कुछ अंतिम दृश्यों को फिल्माया जा रहा था, उन्होंने अधिक मात्रा में नींद की गोलियाँ ले लीं। वह पूरे ठंडे पड़ चुके थे। उन्हें तुरंत नानावटी अस्पताल ले जाया गया। वह बहुत चिंताजनक स्थिति में थे और तीन दिन, तीन रात बेहोश रहे। मुझे आज भी याद है वह दिन, जब वह बेहोशी से बाहर निकले। वह दोपहर का समय था और वह जोर-जोर से चीख रहे थे, चिल्ला रहे थे। वह बहुत अधिक गुस्से में आ गए, जिसकी वजह से उनके हाथ-पैर बाँध देने पड़े। पहला शब्द, जो उनके मुँह से निकला, वह गीता के बारे में था। मैं चकित रह गई, क्योंकि उन दोनों के बीच काफी अनबन थी। वे अलग होने के कगार पर थे; लेकिन उस मानसिक स्थिति में भी वह गीता को याद कर रहे थे और उसे अपने निकट देखना चाहते थे। □

जान गँवा बैठे

'साहिब, बीवी और गुलाम' की रिलीज के बाद गीता और गुरु दत्त अपने दोनों बच्चों तरुण और अरुण के साथ छुट्टियाँ मनाने कुछ दिनों के लिए कश्मीर गए। गुरु दत्त हमेशा एक बेटी चाहते थे। बंबई में 19 अगस्त, 1962 को उनकी तीसरी संतान नीना का जन्म हुआ तो उनकी खुशी का ठिकाना न रहा। कुछ समय के लिए ऐसा लगा कि गीता और गुरु दत्त के संबंधों में सुधार आया है। एक साल या उसके बाद सन् 1963 की गरमियों में उन्होंने निश्चय किया कि पाली हिल, बांद्रा स्थित अपने पुराने बँगले को गिराकर उसकी जगह एक अपार्टमेंट ब्लॉक बनाएँ। उस समय बंबई के उपनगरीय क्षेत्रों में आधुनिकीकरण का चलन था। उत्तरोत्तर वर्षों में जो पुराने बँगले थे, लोग उन्हें गिराकर ऊँचे लग्जरी अपार्टमेंट बनाने लगे। अपने पाली हिल के बँगले में पूरे परिवार ने धार्मिक अनुष्ठान के बाद उसे गिरा दिया। कुछ लोगों के दिलों में यह उसी तरह की घटना लगी जिस तरह से 'साहिब, बीवी और गुलाम' में हवेली ढह गई थी। ललिता लाजमी याद करती हैं कि गीता चाहती थीं कि उस भवन को गिरा दिया जाए; क्योंकि उन्हें लगता था कि कोई भूत, जो सामने के पेड़ पर रहता था, वह उनके विवाहित जीवन को नष्ट कर रहा था। कई वर्षों के बाद उसी जगह पर एक ऊँचे अपार्टमेंट ब्लॉक का निर्माण किया गया, जिसका नाम 'सी.व्यू. पैलेस' रखा गया। आज यह अपार्टमेंट उस जगह खड़ा है जहाँ पहले गुरु दत्त का बँगला था।

सन् 1963 में गुरु दत्त ने पाली हिल के समीप स्थित पाली नाका में आशीष अपार्टमेंट में एक फ्लैट किराए पर लिया और परिवार को लेकर वहीं चले गए। गुरु दत्त का छोटा बेटा अरुण अपने बचपन के दिनों को याद करता है—

> पापा को पतंग उड़ाने का शौक था। लेकिन पाली हिल के घर पर छत नहीं थी, इसलिए वे जॉनी (वाकर) चाचा के घर पर उड़ाते थे, जो

नजदीक कार्टर रोड पर रहते थे। उन दिनों पाली हिल पर ऊँची इमारतें नहीं थीं। हमारा पाली हिल वाला बँगला पुराने ढंग का था। उसकी छत पर स्लेट्स थे। मुझे याद है कि जुलाई 1963 में हमने पाली हिल छोड़ दिया। हमने सोचा कि पुनर्निर्माण के बाद हम पाली हिल वापस चले जाएँगे। उस साल काफी बारिश हुई और हमारे भोजन कक्ष में पानी टपकने लगा। जो डाइनिंग टेबल आप आज देख रहे हैं, पहले हमारे पुराने बँगले में था। जब हम छोटे-छोटे मकानों में जाने लगे तो इसका आकार भी छोटा होता गया। उन दिनों में यह बड़ी टेबल थी, जिसके ऊपर बड़ा काले रंग का काँच था। जब हम पाली हिल से घर बदल रहे थे, वह काँच फिसलकर टूट गया।

हम आशीष अपार्टमेंट में गए। हमारे सामने बांद्रा में दिलीप कुमार का घर था। हम वहाँ छह महीने रहे। मेरे माता-पिता के बीच बड़ा झगड़ा हुआ होगा, तभी वे अलग रहने लगे। पापा ने सेंट्रल बंबई के पेडर रोड पर एक फ्लैट लिया और हमने बांद्रा के हिल रोड पर एक मकान किराए पर लिया। पापा के देहांत पर मेरी माताजी को नर्वस ब्रेकडाउन हुआ। तीन महीनों तक वह हमें पहचान नहीं पाईं। वह उनके साथ काफी जुड़ी हुई थीं। पुनः विवाह के कई प्रस्ताव आए, लेकिन उन्होंने कहा, ''बिलकुल नहीं। मैं अपना सर नेम कभी नहीं बदलूँगी।''

सन् 1964 की शुरुआत में गुरु दत्त आशीष अपार्टमेंट को छोड़कर पेडर रोड स्थित आर्क रॉयल में रहने लगे। वह वहाँ अपने सेवक रतन तथा रसोइया इब्राहीम के साथ रहते थे। स्टूडियो तथा अपने घर को चलाने के लिए गुरु दत्त ने बाहर की चार अन्य निर्माणवाली फिल्में साइन कीं, जो सन् 1963 तथा '64 में रिलीज हुईं। सन् 1963 की 'बहूरानी', जिसका टी. प्रकाश ने निर्देशन किया, जिसमें माला सिन्हा थीं। सन् 1963 में ही फिल्म 'भरोसा' रिलीज हुई, जिसके निर्देशक के. शंकर थे, जिसमें आशा पारेख थीं। 'शगुण' वर्ष 1964 में रिलीज हुई, जिसे के.एस. गोपालकृष्णन ने निर्देशित किया। इस फिल्म में नायिका माला सिन्हा थीं। सन् 1964 की फिल्म 'साँझ और सवेरा', जिसका निर्देशन ऋषिकेश मुखर्जी ने किया, में मीना कुमारी नायिका थीं।

पहली तीन फिल्में मद्रास में शूट की गई थीं और इस वजह से कुछ समय

के लिए गुरु दत्त को बंबई के वातावरण से राहत मिली। लेकिन ये फिल्में औसत दर्जे की थीं, जिन्हें लोग जल्दी भूल गए। उसी समय आसिफ की फिल्म 'लव ऐंड गॉड' में गुरु दत्त को लिया गया। के. आसिफ का नाम सन् 1960 में बनी फिल्म 'मुगल-ए-आजम' के कारण चमका, जो मुसलिम परिवेश की रोमानी फिल्में बनाने में सिद्धहस्त थे। 'लव ऐंड गॉड' के. आसिफ की विशिष्ट शैली में बनाई जाने वाली एक और अत्यंत भव्य कलात्मक फिल्म थी, जो अरेबियन दंतकथा के प्रेमी लैला-मजनूँ पर आधारित थी। इस फिल्म में गुरु दत्त को उनके मित्र आसिफ ने मजनूँ की भूमिका दी तथा निम्मी को लैला की। सन् 1971 में के. आसिफ की मृत्यु के बाद इस योजना को लगभग त्याग दिया गया था; लेकिन आसिफ की पत्नी अखतर ने निर्णय लिया कि इसे पूरा करना ही चाहिए। सन् 1986 के अंत में यह फिल्म रिलीज हुई, जिसमें संजीव कुमार ने वह रोल किया, जिसे गुरु दत्त को करना था।

आत्माराम

गुरु दत्त अपने आप में एक सफल अभिनेता थे। उस जमाने में वह 3 से 5 लाख रुपए ले रहे थे। दक्षिण भारत के प्रोडक्शंस के लिए उन्हें 3 लाख रुपए मिल रहे थे। वे फिल्में हैं 'बहूरानी' और 'भरोसा'। उन्होंने एक और फिल्म 'पिकनिक' में साधना के साथ अभिनय किया। वह भी पाँचवें दशक के उत्तरार्द्ध में। इस फिल्म को टी.एस. तारा बना रही थीं; लेकिन इसे रद्द कर दिया गया। इसका एक गाना फिल्माया गया था, जिसमें गुरु दत्त की शैली दिख रही थी। गुरु दत्त उस समय के. आसिफ के 'लव ऐंड गॉड' में भी काम कर रहे थे।

मैं और मेरी पत्नी तीन साल लंदन में बहुत शांतिपूर्वक रहे। उसके बाद हम बंबई चले आए। मध्य रात्रि में अचानक मुझे टेलीफोन आते थे। गुरु दत्त मुझे मिलना चाहते हैं, गुरु दत्त अस्पताल में हैं या गुरु दत्त ने नींद की गोलियाँ खा ली हैं। एक दिन वह बोले, "आप मेरे साथ आकर रहिए।" कभी-कभी वह कहते थे कि किसी ज्योतिषी ने यह बताया कि बत्तीस की उम्र में वह पागल हो जाएँगे और उन्होंने इसे माना भी। मैं मानता हूँ कि यह सच भी है। वह बहुत अधिक पीने लगे थे; लेकिन कभी शूटिंग के दौरान नहीं। काम के मामले में वह बहुत अधिक अनुशासित थे,

> लेकिन अपने निजी जीवन में बिलकुल अनुशासित नहीं थे।
>
> सन् 1962 या 63 में कभी गुरु दत्त ने अरेबियन नाइट्स की शैली में एक फिल्म बनाने का निश्चय किया, जिसका नाम 'कनीज' रखा। इसे रंगीन फिल्म पर शूट करना था, जिसमें सिम्मी तथा रणधीर मुख्य भूमिका में थे। इस फिल्म के कुछ भाग की शूटिंग शुरू हो चुकी थी, लेकिन गुरु दत्त ने इस प्रोजेक्ट को त्यागने का निश्चय किया। सिम्मी बहुत भड़क गईं और सिने आर्टिस्ट एसोसिएशन को शिकायत की। के. आसिफ ने मध्यस्थता की तथा अंत में हमने उन्हें पूरा पैसा चुका दिया।

अप्रैल 1964 में गुरु दत्त अपने बेटों तरुण और अरुण को लेकर मध्य प्रदेश की सैर पर शिकार करने गए। उनके साथ जॉनी वाकर तथा गुरुस्वामी भी थे। 'कनीज' को स्थगित करने के बावजूद गुरु दत्त को राजकपूर की फिल्म 'संगम', जो 1964 में रिलीज हुई, इतनी अच्छी लगी कि हमेशा वह जितनी जल्दी हो सके, एक रंगीन फिल्म बनाना चाहते थे। इस समय तक आते-आते गुरु दत्त को स्पष्ट हो गया कि वह अपनी रुचि के अनुरूप फिल्म नहीं बना सकते। अपने जीवनकाल में उन्होंने 'कागज के फूल' के लिए सर्वाधिक प्रयास व परिश्रम किया। उसके बावजूद 'प्यासा' ही एक ऐसी फिल्म थी, जिसकी आलोचकों और लोगों ने प्रशंसा की तथा एक गंभीर कार्य के रूप में देखा। उन्हें विश्वास ही नहीं था कि वह पुन: उस तरह की सफलता को दोहरा सकेंगे। 'सेल्युलाइड' में अपने लेख 'क्लासिक्स ऐंड कैश' में गुरु दत्त अपने एकाकीपन के बारे में लिखते हैं—

> फॉर्मूले पर चलने वाली इस फिल्मी दुनिया में जो साहस करके लीक से हटकर फिल्म बनाते हैं, उन्हें तिरस्कृत ही होना पड़ता है। जैसा कि मैथ्यू अर्नोल्ड ने शैली के संदर्भ में कहा, 'कोई फरिश्ता अपने पंखों को शून्य में फड़फड़ा रहा है।' मैं मानता हूँ कि जो चलन के विरुद्ध जाना चाहता है, उसे कभी फूल-मालाओं या कभी पत्थरों को स्वीकार करने के लिए तैयार रहना चाहिए। उसे सफलता की खुशी और दिल का टूटना, दोनों के लिए तैयार रहना चाहिए। चाहे कोई क्लासिक बनाए या पैसे स्वीकार करे। यह वह अननुमेय निष्फलता है, जो फिल्म बनाने के रोमांच को धार देती है।

सन् 1963 या 64 में 'बहारें फिर भी आएँगी' का निर्माण शुरू हुआ। यह

फिल्म सन् 1937 में बनी फिल्म 'प्रेसिडेंट' पर आधारित थी। इसे दो अलग शीर्षकों से भी जाना जाता है, वह है 'दीदी' तथा 'बड़ी बहन'। क्लासिक फिल्म 'प्रेसिडेंट' (न्यू थिएटर्स की प्रस्तुति) को नितिन बोस ने निर्देशित किया था। इस फिल्म में के.एल. सहगल तथा लीला देसाई मुख्य भूमिका में थे। सन् 1930 के कपड़ा मिल पर आधारित मौलिक रूप को आज के परिप्रेक्ष्य में बदलकर उसे नए रूप में राष्ट्रीय समाचार-पत्र 'जागृति' के कार्यालय के वातावरण में प्रस्तुत किया गया। गुरु दत्त को एक पत्रकार जीतेंद्र के रोल में प्रस्तुत किया गया, जो भ्रष्टाचार को सामने लाता है तथा अपनी नौकरी गँवाता है। उस समाचार-पत्र की मालकिन अनिता (माला सिन्हा) बाद में उसे पुनः काम पर लेती है तथा उससे प्यार करने लगती है। यूँ तो जीतेंद्र अनिता को काफी सम्मान देता है, लेकिन वह अनीता की छोटी बहन सुनीता (तनुजा) से प्यार करता है, संयोगवश जिससे कहीं मुलाकात होती है। आगे एक प्यार का त्रिकोण प्रस्तुत किया जाता है, जहाँ वर्मा (रहमान), जो एक सहयोगी है, अनिता से प्यार करता है, लेकिन इजहार नहीं करता। समाचार-पत्र का फोटोग्राफर चुन्नीलाल (जॉनी वाकर) इस कहानी में हास्य को प्रस्तुत करता है। फिल्म का अंत त्रासदी के रूप में होता है, जब नायिका अनिता पागल होकर मर जाती है।

गुरु दत्त ने शाहिद लतीफ से 'बहारें फिर भी आएँगी' का निर्देशन करने को कहा तथा ओ.पी. नय्यर को संगीत बनाने के लिए राजी किया। कहते हैं, गानों की रिकॉर्डिंग के दौरान गुरु दत्त ने टिप्पणी की कि ओ.पी. नय्यर मनोभावों को प्रस्तुत करते हैं, न कि शब्दों को। कैफी आजमी और अनजान सहित कई गीतकारों ने इस फिल्म के गीत लिखे। इस फिल्म का सबसे लोकप्रिय गाना 'आपके हसीन रुख पे आज नया नूर है' को अनजान ने लिखा तथा गुरु दत्त ने इसका फिल्मांकन किया। जिसने भी इस फिल्म को देखा, इस गाने को सराहा। गुरु दत्त ने इसे अपनी स्वाभाविक शैली में प्रस्तुत किया था। नायिका की बहन सुनीता के रोल में गुरु दत्त ने तनुजा को लिया था। तनुजा अभिनेत्रियों के महान् परिवार से थीं, माँ शोभना समर्थ से शुरू होकर अपनी बड़ी बहन नूतन तक।

तनुजा

मैंने फिल्म 'प्रेसिडेंट' देखी और उसकी रोचकता में डूब गई। मुझे जो चीज बहुत अच्छी लगी, वह थी दो बहनों के बीच का संबंध। गुरु दत्त ने मुझे चुना और अंत तक मेरे साथ रहे। सन् 1962 में मैंने यह फिल्म साइन

की। सन् 1963 व 1964 में हमने लगभग एक साल साथ काम किया। मैं समर्पित अभिनेत्री नहीं थी। यह उन्हें पसंद न था। वह मेरी माँ को फोन करके कहते, "उसे नहीं बताइए कि मैंने आपसे कहा है।…" हमने आपस में अच्छा समय गुजारा। हम दोनों पढ़ने में बहुत रुचि रखते थे तथा इस संदर्भ में चर्चा करते थे। जब उन्होंने सुना कि उनके मित्र कला निर्देशक बिरेन नाग का निधन (सन् 1966 में) हो गया तो वह बड़े हताश हो गए। उस दिन उन्होंने शूटिंग स्थगित कर दी।

बहुत सारे लोगों का कहना था कि गुरु दत्त गरम मिजाज के हैं तथा उनमें आत्महत्या की प्रवृत्ति है। लेकिन मैंने यह बात उनमें नहीं देखी। मैं उन्हें बहुत हँसाती थी। एक दिन उनके ड्राइवर अयूब ने कहा, "साहब बहुत खराब मूड में हैं और सब कर्मचारी आपको बुला रहे हैं।" गुरु दत्त एक बार मद्रास में अपनी शूटिंग संपन्न कर वापस लौटे और अपनी बेटी नीना के लिए एक गुड़िया लाए। वह अपने पिता से मिलने उनके स्टूडियो आई। मुझे याद है कि उनकी बेटी स्टूडियो के गलियारे में दौड़कर आ रही थी। वह दौड़े गए और उसे ऊपर उठाकर घुमाने लगे। उनकी बेटी उनके जीवन की रोशनी थी। उन्होंने मुझे सिखाया कि कभी लोगों में अंतर नहीं करना, हर एक को समान दृष्टि से देखना। उनमें वह आवेग था, जिसे उन्होंने सभी कलाकारों में डालने की कोशिश की। एक अभिनेता या अभिनेत्री के रूप में आप अपने निर्देशक को प्रतिबिंबित करते हैं। यह आप नहीं हैं, जो अभिनय कर रहे हैं, बल्कि जैसा वे चाहते हैं, आप उसी तरह अभिनय करते हैं। मेरी याददाश्त के अनुसार—हमने साथ मिलकर 11 रीलें शूट कीं।

उस समय वी.के. मूर्ति मद्रास में काम कर रहे थे, इसलिए उन्होंने अपने लंबे समय से सहायक रह चुके के.जी. प्रभाकर को 'बहारें फिर भी आएँगी' की फोटोग्राफी को अपने हाथ में लेने को प्रोत्साहित किया। उनके शब्दों में—

वास्तव में मैंने अपने सहायक को इस फिल्म में एक ब्रेक दिया है। मैं उस समय दो फिल्मों के लिए मद्रास में काम कर रहा था, जिसमें सन् 1966 की फिल्म 'सूरज' थी। टी. प्रकाश राव 'सूरज' फिल्म के निर्देशक थे, बहुत लोकप्रिय निर्देशक थे। एक दिन उन्होंने मुझसे पूछा, "तुम्हें मालूम

है कि मैंने निर्देशन कैसे सीखा?" मैंने कहा, "आप मिस्टर एल.वी. प्रसाद के पास काम करते थे।" उन्होंने उत्तर दिया, "मैंने निर्देशन 36 बार 'प्यासा' फिल्म देखकर सीखा।" 'सूरज' के कुछ दृश्य बंबई के महबूब स्टूडियोज में फिल्माए जा रहे थे। गुरु दत्त ने खबर भेजी कि वहाँ का काम समाप्त होने के बाद 'बहारें' के कुछ दृश्यों को शूट करने के लिए आऊँ। मैंने इस फिल्म के कुछ दृश्य जैसे माला सिन्हा के साथ और जॉनी वाकर का गाना 'सुनो-सुनो मिस चटर्जी, मेरे दिल की मैटर जी' को शूट किया।

गुरु दत्त कभी अपनी समस्याओं की चर्चा दूसरों के साथ नहीं करते थे। एक बार जब 'चौदहवीं का चाँद' फिल्मा रहे थे, उस समय हम आपस में बातें कर रहे थे। उन्होंने कहा, "अब मेरे पास नाम और पैसा दोनों हैं, लेकिन मुझे इसमें दिलचस्पी नहीं है। मैं हैरान हूँ कि सच्चे मायने में जीवन का क्या अर्थ है। दुनिया अगर मिल भी जाए तो क्या है (संदर्भ 'प्यासा' का गाना)। लोग कहते हैं कि मैं अच्छी फिल्में बनाता हूँ। लेकिन इससे क्या?" जब वह 'बहारें' बना रहे थे तो उन्होंने मुझे पेडर रोड स्थित अपने फ्लैट पर बुलाया। उस समय गीता और गुरु दत्त अलग हो गए थे तथा गुरु दत्त अपने नौकर रतन के साथ रह रहे थे। रतन ही ऐसा व्यक्ति था, जो कुछ हद तक उन्हें नियंत्रित कर लेता था। हम काफी समय तक खामोश बैठे रहे। उसके बाद उन्होंने कहा, "मेरा परिवार अलग हो गया है। तुम मद्रास चले गए और मैं अकेला रतन के साथ यहाँ रह रहा हूँ। तुम्हें वहाँ मद्रास में कितना पैसा देते हैं? जो एडवांस उन्होंने तुम्हें दिया है, मैं वो पैसे तुम्हें दूँगा, उन्हें लौटा देना। तुम मद्रास वापस मत जाओ।" मैंने महसूस किया कि कुछ तो उनके साथ गलत हुआ है।

सन् 1964 के अक्तूबर की शुरुआत में 'टाइम्स ऑफ इंडिया' का एक रिपोर्टर 'बहारें फिर भी आएँगी' के सेट पर आया, जो गुरु दत्त के स्टूडियो अँधेरी में शूट किया जा रहा था। गुरु दत्त ने उस पत्रकार से पूछा कि क्या वह अगले सप्ताह कभी 'द टाइम्स ऑफ इंडिया' का ऑफिस आकर देख सकते हैं, ताकि समाचार-पत्र कंपनी से संबंधित जो प्रदर्शित कर रहे हैं, वह सही हो। लेकिन उनका यह दौरा कभी न हो सका। 10 अक्तूबर, 1964 को गुरु दत्त ने आत्महत्या कर ली। आर्क

रॉयल के फ्लैट में इसका पता सबसे पहले उनके सेवक रतन को लगा। पोस्टमार्टम से पता चला कि उनकी मृत्यु सुबह-सवेरे हुई थी। गुरु दत्त उस समय केवल उनतालीस साल के थे। गहरी मानसिक अशांति के कारण उन्होंने कई बार आत्महत्या करने की कोशिश की थी। अंत में उन्होंने बहुत अधिक मात्रा में नींद की गोलियाँ खाकर अपनी जान दे दी। यूँ तो उन्होंने कभी अपने मनोभावों को अभिव्यक्त नहीं किया; लेकिन उनकी आत्महत्या से जाहिर हो गया कि वह काफी अवसाद एवं दु:ख में थे। जिस तरह का नाम और सफलता उन्हें उस छोटे से जीवन से प्राप्त हुई, वह भी उनकी आंतरिक खलबली को हटा नहीं सकी। उनमें काफी रचनात्मकता तथा क्षमता होने के बावजूद वह कभी उन्हें तृप्त नहीं कर सकी।

'बहारें फिर भी आएँगी' को बनाते समय वह बहुत अधिक पीने तथा धूम्रपान करने लगे थे और उनकी आदतों पर किसी का कोई वश नहीं था। हर दिन इसी तरह से चलने लगा। यूँ तो उनके परिवार को उनके अवसाद के बारे में मालूम था, लेकिन किसी ने उनकी मानसिक असंतुलन की तीव्रता पर कभी शक नहीं किया।

देवी दत्त

9 अक्तूबर को 'बहारें फिर भी आएँगी' के सेट पर गुरु दत्त एवं तनुजा के साथ मैंने खाना खाया। मैं उन दिनों विज्ञापन फिल्में बना रहा था। गुरु दत्त ने अपने ड्राइवर को भेजकर अपने बच्चों को घर लाने के लिए कहा। वे आए और गुरु दत्त उनके साथ पतंग उड़ाने लगे। मैं क्रिकेट में दिलचस्पी रखता था। उस दिन भारत और ऑस्ट्रेलिया का मैच चल रहा था। उन्होंने दूसरे दिन के मैच के टिकट मुझे दिए और उसके बाद कहा कि मैं उनके साथ बच्चों को लेकर कोलाबा के चिरागदीन (बुटीक) पर चलूँ। गुरु दत्त रेडीमेड शर्ट बहुत पसंद करते थे, अत: वह वहाँ खरीदारी करने लगे। वह जगह काफी महँगी थी। उन्होंने अपने बच्चों के लिए काफी कपड़े खरीदे तथा मेरे लिए दो पैंट एवं दो शर्ट खरीदकर दिए। बच्चे अपने घर चले गए तथा मैं उनके साथ उनके पेडर रोड स्थित फ्लैट पर आ गया। उन्होंने मुझसे पूछा कि क्या आमलेट खाओगे? और मेरे लिए एक आमलेट बनाया। उस समय उनके फ्लैट में टेलीफोन नहीं था तो हम ग्राउंड फ्लोर के पड़ोसियों के पास गए तथा मद्रास गई माला सिन्हा से बातचीत की। उनसे बात करने के बाद हम फिर ऊपर चले गए। रात के

आठ बजे के करीब उन्होंने मुझसे कहा कि मिस्टर आसिफ को बुलाओ। मैंने वैसा ही किया और आसिफ साहब बोले, "मैं वहाँ दस बजे आ सकता हूँ, अभी नहीं।"

गुरु दत्त उस दिन बहुत अच्छे मूड में थे। रात के 9:30 बजे वह मुझसे बोले कि गीता के घर (उनकी माताजी के घर पर सांताक्रुज) पर फोन करो और बोलो कि बच्चों को यहाँ भेजें। मैंने अपनी भाभी से बात की। वह बोलीं, "यह क्या बकवास है! इस समय क्यों बुला रहे हैं? बच्चे उनके साथ दोपहर भर थे। मैं उन्हें कल भेजूँगी। उनसे बोलो, अभी नहीं, क्योंकि वे सो रहे हैं।" मैं ऊपर आया और बोला कि इस समय बच्चों का आना संभव नहीं है। उस समय गुरु दत्त शराब पी रहे थे। वह बोले, "अब तुम जा सकते हो।" मैं जैसे ही जाने की तैयारी कर रहा था, तभी अबरार अल्वी आए। गुरु दत्त उस समय एक बड़ा मकान बनवाना चाह रहे थे और उसका प्रतिरूप अबरार को दिखाया। वे आपस में बात कर रहे थे तो मैंने कोंकणी में गुरु दत्त से पूछा, "क्या मैं जा सकता हूँ?" तब मैंने उनकी आखिरी झलक पाई थी।

सन् 1964 के अधिकतर भाग में अबरार अल्वी मद्रास में काम कर रहे थे और उस साल के सितंबर में वह बंबई लौटकर आए। अल्वी यह जानकर आए कि गुरु दत्त बहुत अकेले हैं। कुछ सप्ताहों तक वह उनके साथ आर्क रॉयल में रहे। अक्तूबर के शुरू में वह अपने घर जुहू चले गए। लेकिन बहुत सारी शामें वह गुरु दत्त के फ्लैट में बैठकर 'बहारों' की पटकथा पर काम कर रहे थे। यह स्वाभाविक ही था। 9 अक्तूबर की शाम को अबरार अल्वी गुरु दत्त के साथ ही थे। गुरु दत्त के टैक्स कंसल्टेंट मिस्टर गोले भी रात्रि भोजन के समय उनके साथ थे। उस समय वे 'बहारें फिर भी आएँगी' के अंतिम दृश्य पर चर्चा कर रहे थे। फिल्म के अंतिम दृश्य में नायिका अकेलेपन के कारण पागल हो जाती है तथा हार्ट अटैक से मर जाती है।

अबरार अल्वी

उस दिन शाम से ही गुरु दत्त पी रहे थे। मैं लिखने में व्यस्त था। वह बैठकर मुझसे बातें करने लगे—कई तरह की बातें, कुछ सनकी बातें भी।

वह अपने एक मित्र के संदर्भ में बातें कर रहे थे, जो किसी पागलखाने में था और उसने उन्हें वहाँ से पत्र लिखा था। गुरु दत्त बोले, ''आप इस पत्र को पढ़कर यह तो नहीं कह सकते कि यह पागल है। कभी-कभी लगता है कि मैं भी पागल हो जाऊँगा।'' मैंने कहा, ''आप क्या कह रहे हैं? आप क्यों पागल हो जाओगे?'' वह बहुत विचलित थे। मैं उनके साथ रात 1 बजे तक था। उन्होंने कभी खुलकर बात नहीं की। अगर मुझे यह मालूम होता कि उस तरह का पागलपन करेंगे तो उन्हें छोड़कर कभी न जाता। वह डाइनिंग टेबल पर मेरे साथ बैठे, परंतु खाया नहीं। अंत में बोले, ''अबरार, अगर तुम बुरा न मानो तो मैं अब सोने जाना चाहता हूँ।''

मैंने वह दृश्य लिखना समाप्त करके रतन को दिया और वहाँ से चल दिया। बाद में मैंने सुना कि गुरु दत्त सुबह 3:30 बजे उठे और रतन को उठाकर पूछा कि अबरार साहब कहाँ हैं? रतन ने कहा कि खाने के बाद वह चले गए और उन्हें बुलाना है तो टेलीफोन करूँ? गुरु दत्त ने कहा, ''नहीं, रहने दो।'' रतन बोला कि क्या एक ड्रिंक बनाऊँ? वह बोले, ''नहीं, मुझे पूरी बोतल दो।'' उन्होंने बोतल ली और कमरे में जाकर दरवाजा बंद कर लिया। वह सोनारिल्ड नींद की गोलियाँ लेते थे, जो उस दिन मात्रा से अधिक रही होंगी। पोस्टमार्टम की रिपोर्ट में यह बताया गया कि सुबह 5:30 बजे से लेकर 6:00 बजे के बीच उनका देहांत हुआ था। वह शनिवार, 10 अक्तूबर, 1964 था।

9 अक्तूबर को उन्होंने राजकपूर को भी फोन किया तथा उनसे अगले दिन मिलने का समय भी तय किया। 'फिल्मफेयर' के एक लेख में, जो 30 अक्तूबर, 1964 को छपा था, अबरार अल्वी ने लिखा कि उस दिन शाम को गुरु दत्त बहुत बेचैन थे। उन्होंने रतन से कहा कि ओ.पी. नय्यर को टेलीफोन करके बुलाओ। लेकिन नय्यर साहब उपलब्ध न थे। गुरु दत्त की मौत के दिन उनकी बहन ललिता लाजमी ने संगीतमय शाम का आयोजन किया हुआ था तथा वह आशा कर रही थीं कि गुरु दत्त उसमें शामिल होंगे। वह याद करती हैं—

हमने 10 अक्तूबर के दिन मेहमानों को अपने घर एक सितार कार्यक्रम के लिए आमंत्रित किया था, जिसे अब्दुल हलीम खान बजा रहे थे। तो कुछ दिन पहले ही मैं गुरु दत्त को आमंत्रित करने गई थी। वह बोले, ''लल्ली, मैं पार्टी में नहीं आ सकता; क्योंकि मुझे भीड़ में खोया-खोया लगता है। मैं किसी दूसरे दिन आऊँगा, जब केवल अपने ही लोग हों।''

उन्हें अचार बहुत पसंद था और मेरी माँ ने एक बड़े मर्तबान में अचार भेजा था। वह बोले, "तुम मेरे साथ खाना खाओ। चलो, माँ के अचार का स्वाद लेंगे।" यही कुछ अंतिम शब्द थे, जो मुझे कहे। जिस दिन वह गुजर गए, मुझे यह बात मालूम न थी। बारह बजे उनके एक सहायक ने फोन करके बताया कि गुरु दत्त अब नहीं रहे। मैं दौड़कर आर्क रॉयल गई। गीता वहीं जोर-जोर से रो रही थीं। मेरी माँ वहीं थीं। पेडर रोड पर आने वाले पहले व्यक्ति देव आनंद थे। उसके बाद कई अभिनेता आए। पूरी फिल्म इंडस्ट्री वहाँ आई।

अपनी मृत्यु में गुरु दत्त एक असाधारण स्थिति में सोए हुए थे। उनके पैर उठे हुए थे। ऐसा लगता था कि वह बिस्तर से उठना चाहते थे। उनके बिस्तर के बगल में एक आधा पढ़ा हिंदी उपन्यास रखा हुआ था। बत्ती जल रही थी। ऐसा लग रहा था मानो किसी शारीरिक हरकत को स्थिर कर दिया गया हो। उन्हें सुबह 10:30 बजे देखा गया। गीता ने फोन करके उनके नौकर से कहा कि दरवाजा तोड़कर अंदर देखो। उसके बाद उनका शव परीक्षा के लिए ले जाया गया। उसी दिन देर शाम को उनकी अंत्येष्टि कर दी गई। जब उन्हें ले जाया गया तो वह काले सूट में थे। उनका शरीर एकदम ताजा दिख रहा था, केवल उनके कान कुछ नीले थे। उसी से उनकी मृत्यु का बोध हो रहा था। इसे छोड़ दिया जाए तो वह बहुत ताजा दिख रहे थे। केवल दस मिनट पहले, जब उनके मृत शरीर को दाह संस्कार के लिए ले जाने ही वाले थे, वहीदा पहुँचीं। वह मद्रास में शूटिंग कर रही थीं। यह एक बड़ा प्रश्न था कि उन्होंने आत्महत्या की या उनकी हृदय गति रुक गई थी। यह कहना मुश्किल है; लेकिन संभवत: यह जान-बूझकर किया गया काम था।

वहीदा रहमान और जॉनी वाकर उस समय मद्रास में थे। जब उन्हें यह समाचार मिला तो वे तुरंत बंबई आ गए तथा अंत्येष्टि में भाग लिया। परंपरा के अनुसार अंतिम संस्कार घर के बड़े बेटे के हाथों होना चाहिए था। लेकिन तरुण बहुत छोटा था, इसलिए सोनापुर के श्मशान में आत्माराम ने अंतिम संस्कार किया। उनका शव सोनापुर के श्मशान में, जो क्वींस रोड पर था, रात के 8:10 पर पहुँचा। राजकपूर ने अंतिम क्रिया के कर्मकांड संपन्न कराने में काफी सहायता की। उन्होंने

उससे पहले दिन की टेलीफोन पर बातचीत को याद किया और बताया कि वह अगले दिन मुलाकात करने वाले थे। के. आसिफ उसी समय अस्पताल से वापस आए थे। उन्होंने भी अंतिम संस्कार में भाग लिया। उनका हाथ अभी भी गलपट्टी में था। मीना कुमारी, पृथ्वीराज कपूर तथा नरगिस भी संवेदना प्रकट करनेवालों में शामिल थे। नरगिस ने बताया कि उस दिन की पहली रात को गीता ने एक दुःस्वप्न देखा और उसी कारण से वह रतन से बोली कि शयनकक्ष का दरवाजा तोड़ दो।

भारत के हर समाचार-पत्र तथा पत्रिका ने अगले दिन गुरु दत्त की मृत्यु का समाचार छापा। 30 अक्तूबर, 1964 के 'फिल्मफेयर' ने एक ऐसा लेख छापा, जिसका शीर्षक था—'खुदा, मौत और गुलाम'। इसमें उनके परिवार व मित्रों ने सदमा तथा अपने मनोभावों को बेहतर तरीके से अभिव्यक्त किया था। कैफी आजमी ने गुरु दत्त की याद में एक कविता लिखी, जिसे 'फिल्मफेयर' के अग्रलेख में छापा गया। वह कविता है—'रहने को सदा दहर में आता नहीं कोई, तुम जैसे गए ऐसे भी जाता नहीं कोई।' यह कविता आजमी के दुःख को सही रूप में प्रकट करती है।

कैफी आजमी

> गुरु दत्त की मौत का मुझ पर जाती तौर से बहुत असर पड़ा। आज भी मैं उन्हें बहुत याद करता हूँ। मैं समझता हूँ कि उनकी नाकामी में यह भी बात थी कि वह वक्त से पहले पैदा हो गए थे। उन्होंने फिल्म को जो कुछ दिया, बहुत कम उम्र में दिया। अगर उनको जिंदगी और मिली होती तो बहुत कुछ देते। मेहनत वह बहुत करते थे। काम के मामले में वह बहुत सख्त थे। लेकिन जब उस तरह बातें करते थे—क्या बनाना चाहिए, कैसे बनाना चाहिए, इंडियन फिल्म्स को कौन सी दिशा देनी चाहिए...तो इसी सिलसिले में जो बातें होती थीं तो बहुत याद आते हैं कि वह नहीं हैं पास, उनको वक्त नहीं मिला।

जब सन् 1966 में 'बहारें फिर भी आएँगी' रिलीज हुई तो वह उनके मुखचित्र के साथ शुरू हुई, जिसके नीचे लिखा गया था—'गुरु दत्त की अंतिम पेशकश'। यूँ तो इस फिल्म को पूरी तरह से धर्मेंद्र के साथ पुनः शूट किया गया था (जिन्होंने गुरु दत्त का रोल किया), लेकिन कुछ दृश्य अपने मूल रूप से उसी तरह रखे गए थे, जिनमें गुरु दत्त की छाप थी। यह असहज लगता है कि उन्होंने

व्यक्तिगत रूप से उस गाने को फिल्माया, जिसके बोल थे, 'वो हँसके मिले हमसे, हम प्यार समझ बैठे', जिसे माला सिन्हा के लिए आशा भोंसले ने गाया था। जिस तरह की चमत्कारी रोशनी तथा छाया का प्रयोग, चाहे वह क्लोजअप शॉट हों या क्रेन शॉट या ट्रैकिंग शॉट, हर तरह से वे मूर्ति के साथ मिलकर नाटकीय अभिव्यक्ति को या मनोभावों को व्यक्त करते थे।

वी.के. मूर्ति

जिस दिन उनकी मौत हुई, मैं बंगलूर में था। जैसे ही मुझे यह खबर टेलीफोन द्वारा मिली तो मैं एकदम टूट गया। मैं जवाब भी न दे सका। "क्या... क्या हुआ? यह कैसे हुआ?" कुछ देर के बाद आप इसे स्वार्थपरता कहिए या कुछ और, मैंने सोचा, मैंने एक अच्छे मित्र के साथ-साथ एक अच्छी तकनीक भी खो दी। यही मेरे जीवन में हुआ। उनकी आँखें जौहरी की आँखें थीं। जिस तरह से एक जौहरी सही हीरे की पहचान करता है, उसी तरह से उनके पास वह क्षमता थी कि वह दूसरों से बेहतर काम ले सकें। उसी तरह से वह काफी सफल हुए एक अच्छी टीम को पाने में। चाहे वह कलाकार हो, तकनीकी विशेषज्ञ हो या संगीत निर्देशक हों या निर्देशक। उनके पास यह खासियत थी, जो उन्हें सबसे अलग या विशेष बनाती थी।

गुरु दत्त ने अपने सहयोगियों में जो भावना जगाई, वह धीरे-धीरे समय के साथ-साथ कमजोर हो गई। जो उनके करीबी सदस्य थे, उन्होंने आपस में कभी मिलकर काम नहीं किया। यूँ तो गुरु दत्त के पसंदीदा कलाकार, जैसे वहीदा रहमान, रहमान तथा जॉनी वाकर ने कई दूसरी फिल्मों में भी अभिनय किया था; परंतु उनका श्रेष्ठ प्रदर्शन गुरु दत्त के साथ ही देखा जा सकता है।

जॉनी वाकर

मैंने हजारों डायरेक्टर देखे हैं, जो संदेश के लिए पिक्चर बनाते हैं। बहुत कम डायरेक्टर ऐसे हैं, जो जेंट्री के लिए पिक्चर बनाते हैं। लेकिन बहुत ही कम डायरेक्टर ऐसे हैं जो जेंट्री और संदेश दोनों के लिए पिक्चर बनाते हैं, और गुरु दत्तजी उनमें से एक थे। यह बड़ा मुश्किल काम है। लेकिन

इस मुश्किल को वह बहुत आसानी से कर लिया करते थे। यह उनमें सबसे बड़ी खूबी थी। तकनीशियन भी बड़े टॉप के थे, आदमी भी बहुत ही अच्छे थे।"

गुरु दत्त की मौत के बाद आत्माराम और एस. गुरुस्वामी ने उनकी कंपनी को चलाया। उनका पहला काम था 'बहारें फिर भी आएँगी' को पूरा करना। यह फिल्म बॉक्स ऑफिस पर बहुत सफल नहीं रही। कुछ वर्षों बाद आत्माराम ने फिल्म निर्देशन का काम करना शुरू किया। कुछ अच्छी चलीं, कुछ असफल रहीं।

आत्माराम

फिल्म बनाने का व्यापार हम सबको असुरक्षित कर देता है। गुरु दत्त को सनकी कहा जा सकता है। उनके साथ जीना मुश्किल था, काम करना मुश्किल था। वह काफी अंतर्ज्ञानी थे। कभी-कभी वह अपने खोल में चले जाते और कोई उनसे संपर्क नहीं कर पाता। वे उनतालीस की उम्र में चले गए। मैं उनको उस रूप में याद करना चाहता हूँ जैसे कोई कवि शेली को, कीट्स को या बायरन को याद करता है। उनके साथ काम करते समय मैंने कभी यह नहीं सोचा कि लोग इतने लंबे समय तक तथा इतनी अच्छी तरह से उन्हें याद रखेंगे, जिस तरह से अन्य कलाकृतियाँ जीवित हैं। इसका कारण यह है कि उनके रचनाकारों ने अपनी पूरी शक्ति को, जो उनके व्यक्तित्व में थी, अपने काम में डाला। गुरु दत्त ने भी ऐसा ही किया।

गुरु दत्त ने स्वयं कभी यह अनुमान नहीं लगाया होगा कि समय के साथ उनका प्रभाव भारत में ही नहीं बल्कि यूरोप के कई भागों में होगा। उनकी मृत्यु ने सचमुच वह पहचान दिलाई है, जो खुद उनके मनोभावों से व्यक्त होती है, जैसे 'प्यासा' में बताया गया कि एक मरे हुए कलाकार को लोग अधिक सम्मान देते हैं। उनकी मृत्यु के पंद्रह वर्षों के बाद उनके कार्य का पुन:प्रवर्तन किया गया। इसकी शुरुआत धीमी गति से हुई, लेकिन बाद में इसका शैक्षणिक महत्त्व तथा गूढ़ अभिरुचि लोकप्रिय भारतीय सिनेमा के अध्ययन में हुई।

सन् 1973 में फिरोज रंगूनवाला ने गुरु दत्त पर एक प्रबंधात्मक चित्र बनाया

तथा कई शहरों में सुबह के शो में गुरु दत्त की फिल्में दिखाई जाने लगीं। खासकर दिल्ली एवं बंबई के शहरों में वितरकों में यह विश्वास दृढ़ हुआ कि अभी भी उनके अनेक चाहनेवाले हैं। 1970 के दशक के उत्तरार्द्ध में गुरु दत्त की फिल्मों में दिलचस्पी अधिक होने लगी। 1980 के दशक की शुरुआत में एक फ्रेंच आलोचक हेनरी मिकोली ने एक बेहतर शोधकार्य उनकी फिल्मों पर प्रस्तुत किया। वह उस समय अलायंस फ्रानसैस के लिए बंबई में काम कर रहे थे। उस समय एक दिन वह 'प्यासा' फिल्म देखने सुबह के शो में गए। फिल्म में सब-टाइटिल नहीं थे, फिर भी वह फिल्म तथा उसके निर्देशन से इतने प्रभावित हुए कि उन्होंने अपने लेख में गुरु दत्त के कार्य की पश्चिम के कार्य से तुलना की। यह उस समय लिखा गया था, जब यूरोप के दर्शकों को उनकी फिल्में देखने का मौका भी नहीं मिला था। फिर भारत में भी आलोचक तथा फिल्म के जानकारों ने गुरु दत्त के बारे में तथा उनके कार्य के बारे में लिखना शुरू किया।

सन् 1980 की शुरुआत में गुरु दत्त की फिल्मों के प्रदर्शन का आयोजन बंबई में उनके बेटे तरुण एवं अरुण ने फिल्म वितरक एल. लक्ष्मण की सहायता से किया। उसी दौरान अंतरराष्ट्रीय फिल्म फेस्टिवल का आयोजन फ्रांस में हुआ। इसके साथ-साथ इटली एवं अमेरिका में भी 1950 के दशक के भारतीय निर्देशकों के कार्य को प्रस्तुत किया गया और जिन फिल्मों को दिखाया गया उनमें गुरु दत्त के कार्य को अधिक प्रमुखता से दिखाया गया। उनकी लगभग सभी फिल्मों को यू.के. के चैनल 4 पर दिखाया गया तथा 'प्यासा' और 'कागज के फूल' को पेरिस में रिलीज किया गया। गुरु दत्त के चाहनेवालों की संख्या में काफी वृद्धि हुई। अनेक उनके कार्य के दीवाने हो गए तो अनेक उनके जीवन की त्रासदी को लेकर। एक जापानी लाइब्रेरियन, जिन्होंने सन् 1988 के टोक्यो शहर के भारतीय फिल्म फेस्टिवल में 'प्यासा' फिल्म को देखा, लिखते हैं कि 'गुरु दत्त की फिल्म अपने आप में एक संसार है। अगर यह फिल्म उस चुनाव में नहीं रहती तो मैं कभी अपने आपको भारतीय फिल्मों से नहीं जोड़ता, जिस तरह से अभी जुड़ा हूँ।'

गुरु दत्त के परदे की छवि तथा उनकी निजी छवि के बीच का संबंध इतना गहरा हो गया है कि वह अभी भी अपनी फिल्मों में जीवित हैं, क्योंकि उनका हर कार्य हमें उनके बारे में कुछ और बताता है। जिस तरह से प्रीतम, विजय एवं सुरेश सिन्हा रोशनी से अंधकार की ओर काले खंभों के पीछे गायब हो जाते हैं, गुरु दत्त भी उन लोगों के लिए दुर्ग्राह्य रहे, जो उनके बहुत करीब थे। उनकी खामोशी तथा

उनके अंतर्मुखीपन पर विचार करने से हमारी समझ में आता है कि स्वयं को अभिव्यक्त करने के लिए सिनेमा को ही उन्होंने क्यों माध्यम बनाया।

राज खोसला

आप गुरु दत्त के अंतर्मन को पढ़ नहीं सकते; लेकिन मैंने उनके बारे में एक चीज पढ़ी। उन दिनों में भी वह सचमुच खोए हुए थे—फिल्म बनाने में खो गए, लेकिन जीवन भी गँवा बैठे।

□

परिशिष्ट

क्लासिक्स ऐंड कैश

—गुरु दत्त

क्या क्लासिक्स एवं कैश में कोई समानता है, केवल उसके प्रथम अक्षर सी. के अलावा ? क्या उत्कृष्ट कलाकृति और पैसा फिल्मी दुनिया में साथ-साथ चल सकते हैं ? यह मुझसे अकसर पूछा जाता है। इन प्रश्नों के लिए कोई सटीक उत्तर देना असंभव है, क्योंकि यह अर्थशास्त्र एवं कला के संपूर्ण विस्तार के संबंधों से वास्ता रखता है। यह प्रयोग तथा फॉर्मूले पर चलने के संबंध को दरशाता है और त्वरित गति से सस्ती सफलता प्राप्त करने तथा रचनात्मक प्रयोग का जोखिम उठाने के बीच के संबंध को दरशाता है। फिल्म निर्माण एक जटिल कला है, जिसकी अपनी समस्याएँ हैं। इसमें चोरगढ़ा भी है, लाभ भी। एक अच्छी क्लासिक फिल्म बनाने में जितनी संभावनाएँ हैं उतने जोखिम भी हैं, जिस तरह से अन्य क्रियात्मक क्षेत्रों में हैं। अगर साहित्य, काव्य या चित्रकला को पैसों के लिहाज से उचित पुरस्कृत नहीं किया जाता या नहीं पहचाना जाता तो यह अधिकतर उन लोगों की प्रवृत्ति को दरशाता है, जिन्हें उसका दायित्व उठाना चाहिए, न कि उस महान् तपस्वी का, जिसने उसकी रचना की है। यही सच्चाई फिल्म के साथ भी है। अगर वह सचमुच में क्लासिक फिल्म है, पर अपेक्षित कमाई नहीं करती तो उसका दोष पूरी तरह से रचनाकार पर नहीं मढ़ा जाना चाहिए। इसका अर्थ यह है कि वित्तीय सफलता व विफलता अकसर दर्शकों की सौंदर्यानुभूति की क्षमता, बौद्धिक स्तर तथा उनकी इच्छाओं-आकांक्षाओं आदि बाहरी तत्त्वों पर निर्भर रहती है।

कई शताब्दियों से गौरव ग्रंथों के रचनाकार लीक से हटकर चलने और वर्तमान चलन से ऊपर उठने के दु:साहस का दंड भोगते रहे हैं। आइए, हम कुछ उदाहरण देखें। कहा जाता है कि महान् कवि होमर को अपने जीवन काल में भीख माँगनी पड़ी।

उन सात नगरों ने होमर को मृत घोषित किया, जहाँ जीवित होमर जीने के लिए

भीख माँगते थे। गोल्ड स्मिथ को 'विकार ऑफ वेकफील्ड' की पांडुलिपि को अपना किराया भरने के लिए बेचना पड़ा। जॉनसन ने 'रसेल्स' लिखकर अपने परिवार के एक सदस्य के अंतिम संस्कार का खर्चा पूरा किया। वान गो रंग खरीदने के लिए कई सप्ताहों तक भूखा रहा—अपनी पेंटिंग 'सूरजमुखी फूल' को कैनवास पर उतारने के लिए। रेम ब्रांडस की स्थिति भी इससे बेहतर न थी।

अपने ही देश में देखिए, रामायण के रचनाकार तुलसीदास को आर्थिक संकटों से गुजरना पड़ा। अपनी काव्यमयी महानता के बावजूद कबीर को अंत तक एक गरीब जुलाहे की तरह ही रहना पड़ा। नरेश मेहता को, जिन्होंने 'वैष्णव जन' जैसे कालजयी गीत लिखे, को अपने सबसे पसंदीदा राग केदार को गिरवी रखना पड़ा अपना घरेलू ऋण चुकाने के लिए। अगर हाल ही की बातें करें तो अपने जीवन की मुसीबतों से तंग आकर भारत की महान् कलाकार मिस अमृता शेरगिल ने अपनी जान दे दी। वर्ष 1944 में सिर्फ उनतीस साल की उम्र में अपनी असमय मृत्यु से पहले उन्होंने लिखा—'मैं प्रशंसा की भूखी हूँ। मैं सचमुच भूखों मर रही हूँ। मेरे काम को कम समझा जाता है और समय के साथ-साथ और भी कम।' यह सच है कि कई क्लासिक रचनाकारों ने मरने के बाद ही सम्मान प्राप्त किया है।

अपने समय के रंगमंच के महान् कलाकार पृथ्वीराज कपूर को, जिन्होंने देश को 'दीवार' और 'पठान' जैसे महान् क्लासिक नाटक दिए और उनकी पृथ्वी थिएटर्स वह नर्सरी थी जिसने फिल्मी दुनिया के लिए कई महान् कलाकारों को पैदा किया, अपनी कंपनी को आखिर में बंद करना पड़ा; क्योंकि उन्हें निरंतर संरक्षण नहीं मिला। हमारे देश में किसी महान् व्यक्ति को आँकने का अलग मानदंड है। गुरुदेव रवींद्रनाथ टैगोर को लोगों ने तब पहचाना जब उन्हें विदेश से नोबल पुरस्कार मिला। हाल ही का उदाहरण देना है तो किसी ने सत्यजित रे को नहीं पहचाना, जब तक उनकी फिल्मों को विदेशों में पहचाना नहीं गया तथा कई महान् पुरस्कारों से नवाजा नहीं गया।

विभिन्न रचनात्मक क्षेत्रों से उदाहरण देने का मेरा उद्‌देश्य उन जटिल विरोधाभासों को स्पष्ट करना है, जो उत्कृष्ट रचनाओं के इतिहास में मर्मस्पर्शी पदचिह्न छोड़ जाते हैं। जैसा मैंने पहले कहा कि कैश एवं क्लासिक्स के बीच कोई निश्चित नियम नहीं हो सकता। दूसरी तरफ विक्टर ह्यूगो, थॉमस हार्डी, बर्नार्ड शॉ और सोमरसेट मॉम आदि ने काफी पैसे कमाए। पिकासो के एक चित्र ने उनके जीवन काल में ही लाखों रुपए कमाए। अपने ही कुछ महान् लेखक, चित्रकार, कवि हाल ही में काफी फले-

फूले हैं, जबकि दूसरों को जीवित रहने के लिए कड़ा संघर्ष करना पड़ा।

फिल्मी संसार में विदेशी फिल्म क्लासिक्स में ऑफ द क्रॉस, बेनहर, हैमलेट, हाऊ ग्रीन वाज माई वॉली, रैंडम हारवेस्ट, ए सॉन्ग टु रिमेंबर, वदरिंग हाइट्स आदि फिल्मों ने करोड़ों-अरबों रुपए कमाए, जबकि मास्टर पीसेस जैसे—स्टेइनबैक्स की ग्रेप्स ऑफ राथ, शॉ की डेविल्स डिसाइपल तथा ऑनड्रोसलेस ऐंड द लायन, हेमिंग्वे की दि ओल्ड मैन ऐंड द सी और अमेरिकी राष्ट्रपति वुडरो विल्सन के जीवन पर आधारित एक फिल्म बड़ी फ्लॉप रहीं।

भारतीय स्क्रीन पर पौराणिक एवं ऐतिहासिक क्लासिक्स जो फिल्मों में तबदील की गई हैं, जैसे भरत मिलाप, राम राज्य, पुकार, सिकंदर एवं राम शास्त्री बहुत लोकप्रिय सफल फिल्में रहीं। जबकि उसी तरह की अन्य फिल्में, जैसे सीता, चित्रलेखा, विक्रमादित्य आदि को वह लोकप्रियता नहीं मिली तथा वे उतने पैसे नहीं कमा पाईं। दर्शकों की प्रवृत्ति की इसमें अहम भूमिका है, जो किसी फिल्म को सफल या विफल बना देती है। इसी तरह से सामाजिक क्लासिक फिल्में भी हैं, जो इस विरोधाभास से परे नहीं हैं।

इस अननुमेय तत्त्व के बावजूद हमने कई ऐसे निडर रूढ़िभंजक देखे हैं, जो इस तरह की क्लासिक फिल्में बनाने की दृढ़ इच्छा को कभी त्याग नहीं पाए। इस तरह के महान् लोगों में, जो हमें छोड़कर गए हैं, उनमें सबसे पहले बरुआ का नाम आता जाता है। जन्म से वह राजकुमार थे। महान् चित्रकार राजा रवि वर्मा की तरह ही उन्होंने अपने आपको बड़े-बड़े महलों में बंद नहीं किया, बल्कि आम आदमी के लिए कार्य किया। बरुआ ने उस समय के रूढ़िवादी समाज की निस्सारता को इतनी सुंदरता से अभिव्यक्त किया कि मुझे यह कहना ही पड़ता है कि वह एक जन निर्देशक हैं। उन्होंने कभी अपनी स्क्रीन रचनाओं की वित्तीय सफलता के संदर्भ में नहीं सोचा। बरुआ को अव्यावहारिक, आदर्श स्वप्नदर्शी आदि कहना गलता होगा; क्योंकि वह अपने बारे में आश्वस्त थे। वह जानते थे कि वह क्या कर रहे हैं। उनकी फिल्मों की यह विशेषता थी कि स्क्रिप्ट से लेकर हर चीज की योजना फिल्म के शुरू होने से पहले ही तैयार रखी जाती थी। उनकी अधिकतर फिल्मों में शास्त्रीय दृष्टिकोण थे और फिर भी अधिकतर फिल्में सफल रहीं। दो ऐसी क्लासिक फिल्में हैं, जो सफल नहीं हो सकीं—'मंजिल' एवं 'अधिकार'। अस्थिर चित्त दर्शकों ने इन फिल्मों को जो सम्मान मिलना चाहिए था, नहीं दिया। भारतीय सिनेमा बरुआ, देवकी बोस जैसे अन्य महान्

लोगों का ऋणी है। हमारे फिल्म निर्माताओं में कुछ नव-यथार्थवादी जब ऐसी बातें करते हैं, मानो भारतीय फिल्म उद्योग का कोई अतीत है ही नहीं, तो बहुत दुःख होता है।

न्यू थिएटर्स, प्रभात और बॉम्बे टॉकीज के कई क्लासिक्स बहुत हिट साबित हुए। फिर भी ऐसी महान् कंपनियों का बंद होना उनके महत्त्व को कम नहीं करता, भले ही उनके बंद होने के पीछे कोई भी कारण क्यों न हो। इधर, फिल्मों के संरक्षक वर्ग में बहुत बदलाव आया है। युद्धोत्तर मंदी में मध्यम वर्ग के लोग, जो इन क्लासिक्स के संरक्षक थे, धीरे-धीरे कम होते गए। आज के बॉक्स ऑफिस की प्रवृत्ति पर कामकाजी वर्ग तथा अमीर वर्ग का आधिपत्य है, इसलिए अपराध तथा सस्ता संगीत वर्तमान में परदे पर अधिक लोकप्रिय हो रहे हैं।

आज की फिल्मी दुनिया के वित्तीय स्वरूप में प्रायोगिक फिल्म निर्माण कार्य बहुत मुश्किल हो गया है। मैं मानता हूँ कि ऐसे लीक से हटकर प्रयोग तभी संभव हैं, जब हम अपनी लागत घटाकर 3 से 4 लाख पर ला सकें। बड़े बजट, बड़े स्टार तथा महँगे संगीत के बावजूद 80 प्रतिशत फिल्में, जो एक साल में बनती हैं, बहुत सफल नहीं होतीं। अधिकतर विफल ही होती हैं। इसका मतलब यह है कि बड़े-बड़े कलाकार, बड़े-बड़े सेट, संगीत तथा बढ़-चढ़कर मसाले का प्रयोग किसी फिल्म के अंतिम तत्त्व नहीं हैं। 4 लाख से कम खर्चे में हम एक नया प्रयोग करके इस निश्चलता को तोड़ सकते हैं। कहानी पर ज्यादा जोर देकर तथा संगीत पर कम पैसे खर्च करके हम प्रस्तुत फिल्म निर्माण के तरीके को बदल सकते हैं। मैं यह मानता हूँ कि गाने फिल्म की कहानी के मनोभावों को उजागर करने से रोकते हैं, भले ही पिक्चर के गाने कितने ही मधुर क्यों न हों, उसका साहित्य श्रेष्ठ क्यों न हो, उसका संगीत कितना ही मधुर क्यों न हो, जब तक कि फिल्म संगीत-प्रधान न हो। प्रयोग के रास्ते में हमेशा कठिनाइयाँ आती ही हैं। जब आप कोई अलग विषय लेते हैं तथा कुछ नए तरीके से प्रस्तुत करने की कोशिश करते हैं, तो फिल्मी दुनिया के पंडित उस तरह का जोखिम उठाने से आपको रोकते हैं। अगर आप अपने प्रयोग में सफल हुए तो यह आपके लिए अच्छा है, लेकिन आप अपने प्रयोग में विफल हुए तो हर कोई आपकी आलोचना करने लगता है, सुझाव देने लगता है।

किसी निश्चित कथानक या निश्चित स्थिति पर दर्शकों की प्रतिक्रिया बड़ा सशक्त प्रभाव रखती है। उदाहरण के लिए, जब मैंने 'प्यासा' का निर्माण आरंभ किया,

मेरे इस प्रयोग को, जिसमें हतोत्साहित करनेवाली कहानी थी, जिसे काव्यमय गानों से जोड़ा गया था, जोखिम कहा गया था। लेकिन लोगों ने पूरे दिल से इसे स्वीकारा। लेकिन जब मैंने 'कागज के फूल' में लीक से हटकर विषय लिया तो दर्शकों का उत्साह ठंडा पड़ गया। इसके प्रति कोई तीव्र प्रतिक्रिया भी न थी। 'साहिब, बीवी और गुलाम' उपन्यास पर फिल्म बनाने के मेरे निर्णय को भी फिल्म पंडितों ने कड़वा घूँट ही माना। यह सही है कि एक घरेलू स्त्री को शराब पीते देखना, भले ही वह अपने पति का साथ पाने के लिए ऐसा कर रही हो, लोगों के गले नहीं उतरा। लेकिन प्रेस ने इस प्रयोग को इतना सराहा, जो मेरी अपेक्षा से भी अधिक था। कुल मिलाकर लोगों की प्रतिक्रिया भी उत्साहवर्धक ही थी।

बंबई में जब यह फिल्म शुरुआती दिनों में थी, तब लोगों ने दो दृश्यों को लेकर काफी अप्रसन्नता तथा आलोचनात्मक प्रतिक्रियाएँ व्यक्त कीं। इनमें से पहला दृश्य वह था, जिसमें छोटी बहू आत्मीयतावश अपना सिर भूतनाथ की गोद में रखती है। दूसरा दृश्य वह था, जब वह अपने पति से कहती है कि मुझे शराब का यह आखिरी घूँट पीने दो, आखिरी बार। मैंने निश्चय किया है, इसे पूरी तरह से छोड़ दूँगी। हमने ये दृश्य निकाल दिए।

मेरे मित्र एवं आलोचकों ने मेरा काफी मजाक उड़ाया, जब मैंने 'अली बाबा' को अगली फिल्म के रूप में लिया। उत्तेजनात्मक सामाजिक संदर्भ से हटकर अरेबियन नाइट्स? यह क्या पतन है, गुरु? वे मुझे इसी तरह से परेशान कर रहे थे। मुझे हर बार यह कहना पड़ता, "मैं दिखाना चाहता हूँ, 'अली बाबा' भी आज के परिप्रेक्ष्य में एक महत्त्वपूर्ण विषय है। इसमें विविध प्रकार के रोचक पात्र हैं, जिनके जीवन को आधुनिक जीवन से जोड़ा जा सकता है।" इस फॉर्मूले की गुलाम फिल्मी दुनिया में, जो पिटे-पिटाए रास्ते से हटकर फिल्में बनाते हैं, वे अपनी करनी का दंड भुगतते हैं। जैसा कि शेली के संदर्भ में मैथ्यू अर्नोल्ड ने कहा, "एक फरिश्ता, जो शून्य में अपने पंख फड़फड़ा रहा है।" मैं मानता हूँ कि जो हवा के रुख के विपरीत चलता है, उसे फूलों के साथ-साथ पत्थरों को भी स्वीकार करने के लिए तैयार रहना चाहिए। सफलता के साथ दिल न टूटने के लिए भी, भले ही आप कलासिक बना रहे हों या पैसा बटोरने के लिए फिल्म बना रहे हों। यह वही अस्थिरता तथा असंभाव्यता है, जो फिल्म बनाने के रोमांच को धार देती है।

□□□

* 9 7 8 9 3 5 0 4 8 1 5 6 1 *

MAN - #0681 - 230726 - C0 - 216/140/11 - PB - 9789350481561 - Matt Lamination